JN457849

새로 펴낸
종합아랍어 1

개정판

송산출판사

새로 펴낸 **종합아랍어** 개정판

2011 년 3 월 2 일 초판 발행
2017 년 2 월 28 일 개정판 발행

편 저 자 이규철
발 행 인 윤우상
책임편집 최다연, 윤병호
발 행 처 송산출판사
주　　소 서울시 서대문구 통일로 32 길 14 (홍제 2 동)
전　　화 (02) 735-6189
팩　　스 (02) 737-2260
홈페이지 http://www.songsanpub.co.kr
등록일자 1976 년 2 월 2 일. 제 9-40 호

ISBN 978-89-7780-243-8 14790
978-89-7780-242-1 14790 (세트)

*잘못된 책은 구입하신 서점이나 본사에서 교환해 드립니다.
*정가는 표지에 표시되어 있습니다.

≪새로 펴낸 종합아랍어 I≫을 펴내면서

21 세기를 사는 우리들은 지식과 정보를 전세계적으로 공유하고 살아간다. 중동과 북아프리카의 아랍세계도 이제는 머나먼 이국으로만 느껴지지 않고, 가까운 이웃으로 다가온다. 우리가 지구촌의 이웃으로 살아가기 위해서는 우리와 그들의 문화를 서로 이해하고 나누어야 한다. 그러기 위해서는 서로의 언어를 아는 것이 무엇보다도 중요하다.

아랍세계의 공용어인 아랍어를 우리나라 교육기관에서 정식으로 가르치기 시작한 지도 반세기가 되어온다. 아랍어와 그 문화를 연구하는 수많은 학자들의 그 동안의 업적은 우리나라와 아랍세계를 잇는 교량 역할을 하고 있다.

아랍어를 교육할 수 있는 교과서의 개발도 꾸준히 이루어져 지고 있으며, 다양한 교재들이 후학들에게 올바른 안내자의 역할을 담당하고 있다. 이 ≪새로 펴낸 종합아랍어 I≫은 25 년 전에 나온 ≪종합아랍어≫ 제 1 권이 21 세기 정보산업의 발달로 첨단의 옷을 갈아입고 나온 것이다. 이 책에서는 지난 책의 오류와 탈자가 수정되었으며, 현대적인 감각의 편집으로 학습하기가 즐거워지도록 구성되어 있다. 이 책은 ≪종합아랍어≫의 기본 틀을 유지하고 있으며, 학습의 효과를 위해서 다양한 글꼴과 도안을 도입하였다. 이 책은 ≪종합아랍어≫ 제 1 권의 부피가 많은 것을 감안하여 제 1 과부터 제 18 과까지를 다루고 있으며, 나머지 제 19 과부터 제 30 과까지는 II 에서 다루기로 한다. 그러나 부록의 '아랍어-한국어 단어집'에는 제 1 과부터 제 30 과까지의 모든 단어를 수록하였다.

이 책이 나오기까지에는 많은 이들의 노고가 쌓여있다. 어렵고 까다로운 아랍어를 비롯한 책의 내용을 입력해 준 부산외국어대학교의 정진왕 군과 강보혜 양의 노력이 없었으면 이 결실이 빛을 발하지 못하였을 것이다. 또한 이 책을 교육 현장에서 사용하면서 조언과 충고를 아끼지 않은 여러 선생님들과 학생들에게 감사를 드린다. 무엇보다도 어려운 출판계의 사정에서도 이 책의 출판을 허락하신 송산출판사의 윤우상 사장님과 편집진께도 감사를 드린다.

그러나 많은 이의 노력에도 불구하고 이 책에서 발견되는 잘못된 부분은 모두 편저자의 책임으로 돌려야 할 것이다. 사용자 여러분의 아낌 없는 질정을 바라마지 않는다.

2011 년 새봄을 맞으면서

우암골에서 편저자

≪새로 펴낸 종합아랍어 I≫ 개정판을 펴내면서

≪새로 펴낸 종합아랍어 I≫이 나온 지도 6 년이 지났다. 그동안 아랍어 학습 분야에도 다양한 변화가 있었고, 학습 자료도 훨씬 많아졌다. 수업하다 보니 군데군데 고칠 곳이 눈에 많이 띄었는데 이제야 손을 보게 되었다. 특히 아랍어 글꼴에서 وصلة(ٱ)와 ألف قصيرة(ٰ)가 없어서 불편했었는데, MS Word 의 최신판에서는 이 글꼴이 구현이 되어서 이 개정판에 적용하게 되어 다행이다.

또 연습 중 녹음 자료에만 있는 '듣기 대본'도 이 개정판에 부록으로 실었다. 이 대본은 제 1 과부터 제 30 과까지의 분량이다.

이 개정판을 내는데 수고해 주신 송산출판사의 여러분께 감사의 말씀을 드린다.

2017 년 봄이 오는 길목에서

남산동의 새터에서 편저자

초판의 머리말

우리나라에서 아랍어를 정식 학교 교과로 가르치기 시작한 지도 올해로 22 년째가 된다. 그 동안 여러 선생님들의 피나는 노력으로 우리나라의 아랍어 교육도 어느 정도의 궤도에 올라 있다. 또 그분들의 정성 어린 노력의 결과로 우리말로 된 문법서와 회화책들이 많이 나오게 되었다. 그러나 아직 학교 교육을 위한 일정한 수준의 지식을 체계적이고 점진적으로 가르칠 수 있는 종합교과서가 없어서 그 필요성이 요구되어 왔다. 몇 년 전부터 한국외대에서는 미국 미시간대학의 근동연구학과에서 낸 *Elementary Modern Standard Arabic I·II*(1975)를 종합 교과서로 채택하여 많은 효과를 보고 있다. 그러나 위의 책은 영어를 사용하는 학생들을 위해 영어로 쓴 책이기 때문에 일선에서 가르치시는 여러 선생님들이나 배우는 학생들에게 어려운 점이 많았다.

이 책은 위와 같은 점을 고려하여, 우리의 실정에 맞는 우리말로 된 종합 교과서를 만들려는 의도하에 기획되었다. 또한 위의 책 I 권을 기본으로 하되, 필요에 따라 떼어버리거나 덧붙였다. 또 문법용어는, 이미 나온 우리말 문법책들을 참고하여 가능한 한 용어의 원의미를 살리기 위해 일부 용어의 변경을 감수하였다.

이 책은 다음과 같이 되어 있으며, 필요에 따라 문법·강독·언어실습에 맞게 지도할 수 있게 꾸몄다.

첫째, 각과의 구성은 기본문·단어·문법과 연습·(6 과부터) 강독·종합연습의 순으로 되어 있다.

둘째, 문법 사항은 일괄적으로 나오지 않고, 조금씩 부분적으로 다룸으로써 지루함을 느끼지 않게 되어 있다. 또 뒤의 과에서 이들 문법 사항이 종합적으로 정리되어 있다.

셋째, 기본문·단어·문법 설명·강독 부분에 나오는 아랍어에는 모두 모음부호를 정확히 붙여 놓아 초보자가 혼자 공부하기에 편리하도록 하였다. 그러나, 연습문제 부분은 모음부호가 없는 문장을 연습하도록 문맥상 꼭 필요한 경우를 제외하고는 모음부호를 붙이지 않았다.

이 책은, 아랍어의 문자와 발음을 익히기만 하면 혼자서도 쉽게 배울 수 있도록 되어 있다. 문자와 발음부터 시작하려면 다른 문법서나 *Introduction to Modern Standard Arabic Pronunciation and Writing*(1968)을 참고하기 바란다.

편저자는 이 책을 내는데 물심양면으로 많은 도움을 주신 여러분들의 노고에 감사드린다. 먼저, 이 책을 내는데 처음부터 격려를 주신 홍순남 한국외대 중동문제연구소 소장님께 감사를 드린다. 또 재정적인 어려움에도 불구하고 이 책을 제작해 주신 송산출판사의 윤한 사장님과, 편집과 교정에 힘써 준 한국외대 아랍어과의 이동은 선생과 대학원생 이태영 조교, 한규, 류승완 군에게 감사 드린다.

이 책의 내용상의 잘못이나 오자는 모두 편저자에게 있으므로 이 책을 사용하시는 여러 선생님과 독자들의 질정을 바라마지 않는다.

1986. 2.

편저자

개정판에 붙여서

몇 해 전에 나온 이 ≪종합아랍어≫ 제 1 권의 초판을 사용하신 여러 선생님들과 학생들의 충고와 조언을 들어 이번에 개정판을 내게 되었다. 여기에서는 초판에서 발견된 오자를 많이 고치고 필요한 부분을 추가하였다. 그러나, 아직도 완전히 흡족하지는 않다. 앞으로도 더 좋은 책을 만들기 위하여 이 책을 사용하시는 여러분들의 아낌없는 충고를 듣고자 한다. 또, 아직도 잘못된 부분이 있으면 모두 편저자의 책임으로 돌려야 하리라 믿는다.

이번 교정에 온갖 수고를 아끼지 않은 류승완 선생에게 진심으로 감사를 드리며, 어려운 출판 여건에서도 이 개정판을 내어주신 송산출판사의 윤한 사장님께도 다시 한번 감사를 드린다.

1990. 2.

부산외대 연구실에서 편저자

일러두기

이 책에서 쓰인 준말은 다음과 같다.

【준말】

[주] 주격	[소] 소유격	[목] 목적격
[단] 단수	[쌍] 쌍수	[복] 복수
[남] 남성	[여] 여성	
[집] 집합명사	[개] 개체명사	[동] 동명사
[연] 연계형대명사	[관] 관계대명사	[의] 의문대명사
[관형] 관계형용사		
[1] 1인칭	[2] 2인칭	[3] 3인칭
[4] 4자음어근		
[완] 완료형	[미] 미완료형	[직] 직설법
[접] 접속법	[축] 단축법	
[부] 부사	[전] 전치사	[속] 접속사
[강] 강세사	[호] 호격사	[문] 의문사
[래] 미래사		
فعل 어근	ف 첫번째 어근자	ع 두번째 어근자
ل 세번째 어근자		
II - X 파생형		

차 례

[부 록]

제 1 과 나와 당신

اَلدَّرْسُ ٱلْأَوَّلُ : أَنَا وَأَنْتَ

1 명사문

2 대명사의 성

3 의문사

4 호격사 : يَا

5 어순 : 대명사

가-1. 기본문 나와 당신 أَنَا وَأَنْتَ

١ أَنَا سَلِيمٌ. مَنْ أَنْتَ؟

٢ أَنَا سَمِيرٌ.

٣ وَمَنْ أَنْتِ؟

٤ أَنَا مَرْيَمُ.

٥ مَنْ هٰذَا يَا مَرْيَمُ؟

٦ هٰذَا سَامِي.

٧ وَمَنْ هٰذِهِ يَا سَامِي؟

٨ هٰذِهِ وِدَادُ.

٩ هَلْ أَنْتَ فَرِيدٌ؟

١٠ نَعَمْ. أَنَا فَرِيدٌ.

١١ هَلْ أَنْتِ وِدَادُ؟

١٢ لَا. أَنَا مَرْيَمُ.

가-2. 한국어 나와 당신 أَنَا وَأَنْتَ

1 나는 살림입니다. 당신은 누구십니까?

2 나는 사미르입니다.

3 그리고 당신은 누구입니까?

4 나는 마리아입니다.

5 마리아, 이분은 누구입니까?

6 이분은 사미입니다.

7 사미, 그리고 이분은 누구입니까?

8 이분은 위다드입니다.

9 당신은 파리드입니까?

10 예, 나는 파리드입니다.

11 당신은 위다드입니까?

12 아니요, 나는 마리아입니다.

나. 단 어　　　　ب – اَلْمُفْرَدَاتُ

دَرْسٌ 과

اَلْأَوَّلُ 첫번째의

نَصٌّ 본문

أَسَاسِيٌّ 기본의, 기초의

أَنَا 나

وَ 그리고

أَنْتَ [남] 너

سَلِيمٌ 살림(남자 이름)

مَنْ 누구

سَمِيرٌ 사미르(남자 이름)

أَنْتِ [여] 너

مَرْيَمُ 마르얌, 미리암, 마리아(여자 이름)

هٰذَا [남] 이, 그(분, 것), 여기서는 ‘이분’

يَا (호격사 : 아래의 다. 4 참조)

سَامِي 사미(남자 이름)

هٰذِهِ [여] 이, 그(분, 것), 여기서는 ‘이분’

وِدَادُ 위다드(여자 이름)

هَلْ (의문사)

فَرِيدٌ 파리드(남자 이름)

نَعَمْ 예

لَا 아니요

다. 문법과 연습　　　ج - اَلْقَوَاعِدُ وَٱلتَّمَارِينُ

1 명사문

아랍어의 문장은 명사문(اَلْجُمْلَةُ ٱلِاسْمِيَّةُ)과 동사문(اَلْجُمْلَةُ الْفِعْلِيَّةُ)의 두 가지로 나뉜다. 전자는 명사(2. 다. 2 참조)로 시작되는 문장이고, 후자는 동사로 시작되는 문장이다. 동사문은 6과에서 배우게 된다.

명사문은 주부(اَلْمُبْتَدَأُ)와 술부(اَلْخَبَرُ)의 두 부분으로 이루어진다. 주부에는 명사나 대명사가 올 수 있고, 술부에는 명사·대명사·형용사·부사·전치사구가 올 수 있다. 다음에 명사문의 구성을 보인다(오른쪽에서 왼쪽으로 읽음).

술 부	주 부	
سَلِيمٌ.	أَنَا	'나는 살림이다.'
مَرْيَمُ.	أَنْتِ	'당신은 마리아다.'
فَرِيدٌ.	هٰذَا	'이분은 파리드다.'

아랍어의 명사문은 상태나 존재를 나타내며, 대체로 우리말의 '~은 ~이다' 또는 '~은 ~에 있다'의 문장이나, 영어의 be 동사를 쓴 문장과 일치한다. 이때 아랍어에서 현재 시제를 나타낼 경우에는 '이다'나 '있다'에 해당하는 동사를 쓰지 않는 것이 보통이다.

2 대명사의 성

우리말에는 대명사(اَلضَّمِيرُ)에 성의 구별이 없지만 아랍어에서는 2인칭과 3인칭에 남성·여성의 구별이 있다. 즉 2인칭에서 أَنْتَ 는 남성 단수에, أَنْتِ 는 여성 단수에 사용된다.

هَلْ أَنْتَ سَلِيمٌ؟	'당신은 살림이냐?'
هَلْ أَنْتِ مَرْيَمُ؟	'당신은 마리아냐?'

문장의 끝이나 쉼 상태로 말을 할 때 쓰이는 쉼발음(وَقْفٌ)에서 남성형만은 أَنْتْ 로

발음된다. 그러나 철자에서는 أَنْتَ 로 쓴다.

مَنْ أَنْتَ؟	'당신[남]은 누구냐?'
مَنْ أَنْتِ؟	'당신[여]은 누구냐?'

아랍어의 지시사(اِسْمُ ٱلْإِشَارَةِ)도 성의 구별이 있다. 즉 هٰذَا 는 남성 단수형이고, هٰذِهِ는 여성 단수형이다.

هٰذَا سَلِيمٌ وَهٰذَا فَرِيدٌ وَهٰذِهِ وِدَادُ.	'이분은 살림이고, 이분은 파리드이고, 이분은 위다드이다.'

هٰذَا 와 هٰذِهِ 는 발화자뿐만 아니라 청취자에게서도 가까이 있는 것을 가리킨다. 그러므로 경우에 따라 '이분(것)은' 또는 '그분(것)은'으로 옮길 수 있다.
모든 아랍어의 명사는 문법적으로 남성·여성의 두 가지로 구분된다. 그러므로 사람이나 사물을 3인칭으로 받을 때는 성에 따라서 هُوَ (남성 단수)나 هِيَ (여성 단수)로 나타내어야 한다. 따라서 فَرِيدٌ 나 اَلدَّرْسُ 는 هُوَ 로 받는다.

연습1. 남성·여성을 가려내기

첫째 사람이 다음 단어를 주면 둘째 사람은 남자나 여자 이름을 말한다.

أَنَا سَلِيمٌ. أَنْتِ
أَنْتِ وِدَادُ.

هٰذَا	أَنَا	أَنْتَ
هٰذَا	هٰذِهِ	أَنْتِ

3 의문사

아랍어 문장에 '누구'와 같은 의문사가 들어 있으면 그 의문사는 문장의 첫머리에 위치한다.

مَنْ أَنْتَ؟	'당신은 누구냐?'

서술문을 예-아니요 의문문으로 바꿀 때는 문장의 첫머리에 의문사 هَلْ 을 붙이고 문장의 끝을 약간 올려서 발음한다. 이 هَلْ 은 한국어 '입니까?'의 '까?'에 해당된다.

서술문	هٰذَا سَمِيرٌ.	'이분은 사미르다.'
의문문	هَلْ هٰذَا سَمِيرٌ؟	'이분은 사미르냐?'
서술문	أَنْتِ وِدَادُ.	'당신은 위다드다.'
의문문	هَلْ أَنْتِ وِدَادُ؟	'당신은 위다드냐?'

연습2. 연속 연습

첫째 사람이 자신을 소개한 후 둘째 사람에게 من أنت؟ 라고 물으면, 둘째 사람은 대답하고 다음 사람에게 من أنت؟ 라고 또 묻는다. 이런 식으로 계속 묻고 대답한다.

أنا (영수). من أنت؟

أنا (철수). من أنت؟

أنا (순희).

연습3. هَلْ 로 묻고 대답하기

첫째 사람이 각 사람의 이름을 들면서 هل أنت______؟ 라고 묻는다.

هل أنت (نامسو)؟

نعم. أنا (نامسو).

هل أنت (جيهي)؟

لا. أنا (سوني).

녹음

연습4. هَلْ로 의문문 만들기

첫째 사람이 서술문을 주면 둘째 사람이 هَلْ 을 사용하여 의문문을 만든다.

هذا سيمر .
هل هذا سمير ؟

هذه مريم.	هذا سامي.
هذا سليم.	هذه نانسي.
هذه وداد.	هذا فريد.

4 호격사 : يَا

아랍어에서 남을 이름이나 호칭을 부를 때는 그 이름이나 호칭 앞에 يَا 라는 호격사를 붙인다.

مَنْ هٰذَا يَا سَلِيمُ؟	'살림, 이분은 누구냐?'
يَا وِدَادُ!	'위다드!'

연습5. (연속 연습) 호격사와 من هذا؟

첫째 사람이 둘째 사람에게 셋째 사람에 대해 묻고, 둘째 사람은 셋째 사람에게 넷째 사람에 대해 묻는 식으로 계속한다. 만약 둘째 사람이 셋째 사람의 이름을 모르면 먼저 그의 이름을 물어본다.

من هذه يا (철수)؟

من أنت؟

أنا (순희).

هذه (순희).

من هذا يا (순희)؟

5 어순 : 대명사

아랍어에서 대명사끼리 또는 대명사와 명사를 나열할 때는 보통 우리말에서처럼 1인칭, 2인칭, 3인칭, 명사의 순서로 놓는다.

أَنَا وَأَنْتَ	'나와 당신'
أَنَا وَسَمِيرٌ	'나와 사미르'
أَنْتَ وَوِدَادُ	'당신과 위다드'

연습6. 받아쓰기

녹음

제 2 과

교수와 학생 – 당신은 어디에서 왔습니까?

اَلدَّرْسُ ٱلثَّانِي : أُسْتَاذٌ وَطَالِبٌ – مِنْ أَيْنَ أَنْتَ؟

1 의문사구

2 명사의 탄원

3 격 : 일반적인 설명

4 주 격

5 명사의 성

가-1. 기본문(1) 교수와 학생 أُسْتَاذٌ وَطَالِبٌ

١ مَا هٰذَا يَا فَرِيدُ؟

٢ هٰذَا كِتَابٌ.

٣ وَمَا هٰذِهِ؟

٤ هٰذِهِ وَرَقَةٌ.

٥ هَلْ هٰذَا بَابٌ؟

٦ لَا. هٰذَا شُبَّاكٌ.

٧ وَهٰذِهِ؟

٨ هٰذِهِ طَاوِلَةٌ.

가-2. 한국어(1) 교수와 학생 أُسْتَاذٌ وَطَالِبٌ

1 파리드, 이것은 무엇입니까?

2 이것은 책입니다.

3 그리고 이것은 무엇입니까?

4 이것은 종이입니다.

5 이것은 문입니까?

6 아니요, 이것은 창문입니다.

7 그리고 이것은요?

8 이것은 탁자입니다.

가-3 기본문(2) 당신은 어디에서 왔습니까? مِنْ أَيْنَ أَنْتَ؟

٩ سَلِيمٌ : أَنَا سَلِيمٌ. وَهٰذَا سَامِي.

١٠ رُوبِرْت : أَنَا رُوبِرْت. وَهٰذِهِ نَانْسِي. مِنْ أَيْنَ أَنْتَ يَا سَلِيمُ؟

١١ سَلِيمٌ : أَنَا مِنْ بَيْرُوتَ.

١٢ رُوبِرْت : أَنَا مِنْ آن آرْبِر.

١٣ سَلِيمٌ : أَيْنَ آن آرْبِر؟

١٤ رُوبِرْب : آن آرْبِر فِي مِيشِيغَان.

١٥ سَلِيمٌ : هَلْ أَنْتَ طَالِبٌ؟

١٦ رُوبِرْت : نَعَمْ، أَنَا طَالِبٌ.

١٧ سَلِيمٌ : وَنَانْسِي؟

١٨ رُوبِرْت : هِيَ طَالِبَةٌ مِنْ آن آرْبِر كَذٰلِكَ. هَلْ سَامِي طَالِبٌ؟

١٩ سَلِيمٌ : نَعَمْ، هُوَ طَالِبٌ مِنْ دِمَشْقَ.

가-4. 한국어(2) 당신은 어디에서 왔습니까? مِنْ أَيْنَ أَنْتَ؟

9 살림 : 나는 살림입니다. 그리고 이분은 사미입니다.

10 로버트 : 나는 로버트입니다. 그리고 이분은 낸시입니다. 살림, 어디에서 오셨습니까?

11 살림 : 나는 베이루트에서 왔습니다.

12 로버트 : 나는 앤 아버에서 왔습니다.

13 살림 : 앤 아버는 어디 있습니까?

14 로버트 : 앤 아버는 미시간에 있습니다.

15 살림 : 당신은 학생입니까?

16 로버트 : 예, 나는 학생입니다.

17 살림 : 그리고 낸시는요?

18 로버트 : 그도 역시 앤 아버에서 온 학생입니다. 사미는 학생입니까?

19 살림 : 예, 그는 다마스쿠스에서 온 학생입니다.

나. 단 어 — ب – اَلْمُفْرَدَاتُ

اَلثَّانِي	두번째의
أُسْتَاذٌ	교수
مَا	무엇?
كِتَابٌ	책
وَرَقَةٌ	종이, 종이 한 장
بَابٌ	문
شُبَّاكٌ	창문
طَاوِلَةٌ، طَاوْلَةٌ	탁자
مِنْ	~에서부터
أَيْنَ	어디
رُوبِرْت	로버트
نَانْسِي	낸시
بَيْرُوتُ	베이루트
آن آرْبِر [آرْبَر]	앤 아버
فِي	~의 안에
مِيشِيغَان	미시간
طَالِبٌ	(남)학생
طَالِبَةٌ	여학생
كَذٰلِكَ	~도 역시, 또한
هِيَ	[여] 그
هُوَ	[남] 그
دِمَشْقُ	다마스쿠스

보충어

قَلَمٌ	연필, 붓, 펜
لَوْحٌ	(칠)판
كُرْسِيٌّ	의자
كُورِيَا	[여] 한국
لُبْنَانُ	[남] 레바논
سُورِيَا	[여] 시리아
أَمْرِيكَا	[여] 미국, 아메리카
سِيُول، سِيوُل	서울

다. 문법과 연습 ج – اَلْقَوَاعِدُ وَٱلتَّمَارِينُ

1 의문사구

지난 과(1. 다. 3)에서 설명한 대로 의문사는 문장의 첫머리에 온다. 이 의문사는 경우에 따라 مِنْ أَيْنَ '어디에서부터'처럼 전치사의 목적어로 쓰여 의문사구를 이룬다. 이 때 의문사구의 각 요소는 항상 함께 쓰이며, 문장의 첫머리에 놓인다.

أَيْنَ سَلِيمٌ؟	'살림은 어디 있느냐?'
مِنْ أَيْنَ سَلِيمٌ؟	'살림은 어디에서 왔느냐?'

연습1. 연속 연습

'나는 ________에서 왔다.'	أنا من ________.
'당신은 어디에서 왔느냐?'	من أين أنت؟
'나는 ________에서 왔다.'	أنا من ________.
'당신은 어디에서 왔느냐?'	من أين أنت؟

녹음

연습2. 의문문 만들기

다음 문장을 من أين؟ 를 사용하여 의문문으로 만들어라.

'사미는 레바논에서 왔다.' →	سامي من لبنان. ←
'사미는 어디에서 왔느냐?'	من أين سامي؟

١ هي من سوريا.

٢ وداد من بيروت.

٣ أنتَ من أمريكا.

٤ هو من دمشق.

٥ سمير من لبنان.

٦ أنتِ من ميشيغان.

2 명사의 탄윈

아랍어의 단어는 크게 명사(اِسْمٌ)·동사(فِعْلٌ)·불변사(حَرْفٌ)의 세 품사로 나뉜다. 명사는 다시 협의의 명사·대명사(ضَمِيرٌ)·수사(عَدَدٌ)·형용사(صِفَةٌ)로 나뉘고, 불변사는 명사와 동사 이외의 모든 단어, 즉 순수부사(ظَرْفٌ)·전치사(حَرْفُ جَرٍّ)·감탄사 등을 포함한다. 광의의 명사는 성·수·격·한정여부에 따라 변화한다.

'한정상태'라는 것은 '비한정상태'의 상대어로서, ① 관사 اَلْ 이 붙은 경우, ② 고유명사, ③ 대명사, ④ 위의 ①, ②, ③의 단어와 연결형(6. 다. 4 참조)을 이루어 그 연결형의 제1요소가 될 경우를 말한다. 아랍어의 명사는 한정상태가 아닐 경우는 항상 비한정상태로 놓아야 하며, 그 표시는 격어미모음에 'ㄴ(ن)음'을 첨가한다. 이를 아랍어로 탄윈(تَنْوِينٌ), 우리말로는 'ㄴ달기'라고 하며, 격어미 모음을 두 번 사용하여 표시한다. 이 탄윈은 단수명사에서는 '하나'의 개념을 나타낼 수 있다. 탄윈은 일부 고유명사에서도 쓰인다.

한정상태		비한정상태	
اَلطَّالِبُ	'(그) 남학생'	طَالِبٌ	'(한) 남학생'
اَلطَّالِبَةُ	'(그) 여학생'	طَالِبَةٌ	'(한) 여학생'

일반적으로 도시·국가·여성의 이름은 탄윈을 붙이지 않는다. 이를 '쌍격명사'라고 하며, 세 가지의 격모음과 탄윈을 붙일 수 있는 명사를 '삼격명사'라고 한다(13. 다. 3 참조).

بَيْرُوتُ	'베이루트'
لُبْنَانُ	'레바논'
مَرْيَمُ	'마리아'

3 격 : 일반적인 설명

명사가 한 문장 중에서 다른 말에 대해 갖는 문법적 관계를 '격'이라고 한다. 우리말에서 명사에 격조사를 붙여서 격을 표시하듯이, 아랍어에서도 명사에 격어미 모음을 붙여서 격을 나타낸다. 아랍어의 명사에는 주격·소유격(속격)·목적격(대격 및 여격)이 있으며, 각각 ـُ , ـِ , ـَ 의 모음으로 나타낸다.

	남성		여성
주격	طَالِبٌ		طَالِبَةٌ
소유격	طَالِبٍ	'학생'	طَالِبَةٍ
목적격	طَالِباً		طَالِبَةً

각 격은 각기 다른 문장기능을 나타내는 데에 쓰이는데, 이들은 해당되는 곳에서 설명한다. 이 과에서는 주격의 두 가지 기능을 설명한다(아래의 4참조).

현대 아랍어에서 외국어에서 온 고유명사는 일반적으로 격어미를 붙이지 않는다.

رُوبِرْت	'로버트'
مِيشِيغَان	'미시간'

연습3. 쓰기, 가려내기 : 비한정 명사와 형용사의 격표시어

다음 각 단어의 격을 표시하는 모음을 써라.

ـُ	طَالِبٌ

لوحٍ	أستاذٌ	شباكًا	البةٌ
ورقةً	طاولةٍ	درسٌ	بابًا
كتابًا	سليمٍ	أساسيٌّ	نصٍّ

4 주 격

ㄱ. 아랍어의 명사는 우리말과 달리 세 가지 격 중에서 한 가지를 나타내어야 한다. 즉 특별히 소유격이나 목적격으로 나타내지 않을 경우에는 항상 주격이어야 한다. 가령 표제어나 목록·문법 설명 등에 주격형이 쓰이며, 이를 '인용형'이라고 한다.

> هَلْ هٰذِهِ "بَابٌ"؟ '이것이 '문(이라는 단어)'이냐?'
>
> اَلنَّصُّ ٱلْأَسَاسِيُّ : "أُسْتَاذٌ وَطَالِبٌ" '기본문 : '교수와 학생''

ㄴ. 명사가 명사문에서 주어 또는 술어로 쓰일 경우에도 물론 주격형으로 쓰인다. 이 명사는 하나 이상의 수식어를 가질 수 있다.

> سَلِيمٌ طَالِبٌ. '살림은 학생이다.'
>
> وِدَادُ طَالِبَةٌ مِنْ بَيْرُوتَ. '위다드는 베이루트에서 온 학생이다.'

위 문장에서 سَلِيمٌ 과 وِدَادٌ 는 주어이고, طَالِبٌ 과 طَالِبَةٌ 는 술어이다. 따라서 이들은 주격형이다. (뒤에서 명사문의 주어가 목적격형인 경우와 동사의 술어가 목적격인 경우를 배우게 된다.)

ㄷ. 호격사 يَا 의 뒤에 오는 명사는 탄윈 없는 주격형으로 쓰인다.

> يَا سَلِيمُ! '살림!'
>
> يَا أُسْتَاذُ! '교수님!'

녹음

연습4. 말바꾸기

5 명사의 성

아랍어 명사는 남성과 여성의 두 가지 문법성으로 분류된다. 따라서 사물도 남성이나 여성 중의 하나를 가지고 있다. 유정 명사(생명체를 나타내는 명사)의 성은 그 자연성을 따른다.

남성명사				
	سَلِيمٌ	'살림'	أُسْتَاذٌ	'교수'
	رُوبِرْت	'로버트'	طَالِبٌ	'남학생'
	سَمِيرٌ	'사미르'		

여성명사				
	وِدَادُ	'위다드'	طَالِبَةٌ	'여학생'
	مَرْيَمُ	'마리아'	سَامِيَةُ	'사미야'

지명인 경우는 현대아랍어에서 몇몇 국가명이 남성으로 취급되는 경우 외에는 모두 여성명사이다.

سِيُول، سِيوُل	'서울'	بَيْرُوتُ	'베이루트'
كُورِيَا	'한국'	وَاشِنْطُن	'워싱턴'

흔히 남성으로 쓰이는 국가명

لُبْنَانُ	'레바논'	اَلْعِرَاقُ	'이라끄'
اَلْأُرْدُنُّ	'요르단'	اَلسُّودَانُ	'수단'
اَلْمَغْرِبُ	'모로코'	اَلْكُوَيْتُ	'쿠웨이트'
اَلْيَمَنُ	'예멘'		

그 밖의 예외는 나오는 대로 단어 목록에 표시하였다.

다른 대부분의 명사의 성은, 여성 어미 타마르부따(ة، تَاءٌ مَرْبُوطَةٌ)가 있는 것은 대부분 여성이고, 없는 것은 대부분 남성이다.

여성명사	وَرَقَةٌ '종이 한 장'	طَاوِلَةٌ '탁자'

남성명사	كِتَابٌ '책'	بَابٌ '문'
	شُبَّاكٌ '창문'	قَلَمٌ '연필'
	لَوْحٌ '(칠)판'	كُرْسِيٌّ '의자'
	نَصٌّ '본문'	

몇 가지 예외는 나오는 대로 지적한다.

여성어미 ة 는 남성명사를 여성명사로 바꿀 때도 사용된다. 즉 켤레말의 여성형을 만들 때 사용된다.

[보기] طَالِبٌ – طَالِبَةٌ '학생'　　سَيِّدٌ '~님, ~씨' – سَيِّدَةٌ '부인, 여사'

أُسْتَاذٌ – أُسْتَاذَةٌ '교수'　　مُدَرِّسٌ – مُدَرِّسَةٌ '교사'

어떤 켤레말은 각각 다른 단어를 쓰는 경우도 있다.

[보기] أَبٌ '아버지'와 أُمٌّ '어머니'

또 آنِسَةٌ '아가씨, ~양'처럼 남성형이 없는 경우나, إِمَامٌ '이맘'처럼 여성형이 없는 경우도 있다. 앞으로 이 책에서 유정 남성명사가 나오면 여성형은 ة 를 붙여서 자동적으로 만들어 낼 수 있다.

[보기] مُرَاسِلٌ '기자'는 مُرَاسِلَةٌ '여기자'를 함의하고, مُرَاسِلَةٌ 는 مُرَاسِلٌ 의 밑에 수록된다.

أَبٌ '아버지'와 أُمٌّ '어머니'같이 여성형이 다르면 둘 다 수록된다. 남성형이나 여성형이 없으면 그 사실을 밝혔다. 같은 규정이 형용사에도 적용된다.

연습5. 쓰기, 가려내기 연습 : 성

다음 명사의 성이 남성이면 '남', 여성이면 '여'라고 표시하라.

مَكْتَبٌ	'사무실'	مُدِيرٌ	'임원, 이사, 지배인, 장'
آنِسَةٌ	'아가씨, ~양'	اَلْقَاهِرَةُ	'카이로'
سَيِّدٌ	'주인, ~씨'	اَلْعِرَاقُ	'이라끄'
جَامِعَةٌ	'대학'	أُسْتَاذَةٌ	'교수'
حَمْدٌ	'찬양'	مَتْحَفٌ	'박물관'
سَيَّارَةٌ	'자동차'	مُوَظَّفٌ	'고용인, 종업원, 공무원'
بَغْدَادُ	'바그다드'	أُمٌّ	'어머니'
تَارِيخٌ	'역사'	مَسَاءٌ	'저녁'

연습6. 쓰기, 남성 → ة 있는 여성

다음에 ة 를 붙여서 남성명사를 여성명사로 바꾸어라.

زَائِرٌ	'방문자'	كَرِيمٌ	'카림'
صَدِيقٌ	'친구, 벗'	سَامِي	'사미'
عَرَبِيٌّ	'아랍인'	مُوَظَّفٌ	'고용인'
مُدَرِّسٌ	'선생'	أَجْنَبِيٌّ	'외국인'
مُدِيرٌ	'지배인'	جَدِيدٌ	'새로운'

연습7. 쓰기

아래의 서술문을 مَنْ 이나 مَا 를 적당히 사용하여 의문문으로 바꾸어라.

'이분은 사미르다. → 이분은 누구냐?'	من هذا؟ ← هذا سمير.
'이것은 종이 (한 장)이다. → 이것은 무엇이냐?'	ما هذه؟ ← هذه ورقة.

هذا درس.   هذا لوح.

هذه طاولة.   هذا سليم.

هذا سامي.   هذا كتاب.

هذه وداد.   هذا شبّاك.

هذا نصّ.   هذه وداد.

연습8. (말하기 또는 쓰기) وَ 로 결합하기

주어진 두 문장을 وَ 로 결합된 주어가 있는 한 문장으로 만들어라.

'나는 레바논에서 왔다.' +	أنا من لبنان. +
'파리드는 레바논에서 왔다.' →	فريد من لبنان. ←
'나와 파리드는 레바논에서 왔다.'	أنا وفريد من لبنان.

١ هو من ميشيغان. +
نانسي من ميشيغان.

٢ أنا من سوريا. +
أنتَ من سوريا.

٣ أنتِ من بيروت. +
سامي من بيروت.

٤ هي من دمشق. +
وداد من دمشق.

연습9. 여러 가지 말바꾸기

밑줄 친 단어를 변화 시키면서 필요한 다음 단어로 바꾸어라

أنا طالب من لبنان.

١ أنتِ _____ __ _____.

٢ هو _____ __ _____.

٣ نانسي _____ __ _____.

٤ ___ أستاذ __ _____.

٥ أنتَ _____ __ _____.

٦ هذه _____ __ _____.

٧ ___ طاولة __ _____.

연습10. 쓰기, 받아쓰기

녹음

제 3 과 사무실에서

اَلدَّرْسُ ٱلثَّالِثُ : فِي ٱلْمَكْتَبِ

1 소유격 : 전치사의 목적어

2 보조모음

3 관 사

4 지시사구

5 술부형용사의 일치

6 수사 : 1 ~ 5

가-1. 기본문 사무실에서 فِي ٱلْمَكْتَبِ

١ اَلْأُسْتَاذُ فَرِيدٌ : صَبَاحَ ٱلْخَيْرِ.

٢ اَلْآنِسَةُ هِنْدُ : صَبَاحَ ٱلنُّورِ.

٣ اَلْأُسْتَاذُ فَرِيدٌ : مَنِ ٱلسِّكْرِتِيرَةُ فِي هٰذَا ٱلْمَكْتَبِ؟

٤ اَلْآنِسَةُ هِنْدُ : أَنَا.

٥ اَلْأُسْتَاذُ فَرِيدٌ : مَنِ ٱلْمُدِيرُ؟

٦ اَلْآنِسَةُ هِنْدُ : اَلسَّيِّدُ سَلِيمٌ.

٧ اَلْأُسْتَاذُ فَرِيدٌ : هُوَ عَرَبِيٌّ، أَلَيْسَ كَذٰلِكَ؟

٨ اَلْآنِسَةُ هِنْدُ : نَعَمْ، هُوَ مِنَ ٱلْقَاهِرَةِ. هَلْ أَنْتَ مُدَرِّسٌ؟

٩ اَلْأُسْتَاذُ فَرِيدٌ : نَعَمْ، أَنَا مُدَرِّسٌ.

١٠ اَلْآنِسَةُ هِنْدُ : هَلْ أَنْتَ جَدِيدٌ هُنَا؟

١١ اَلْأُسْتَاذُ فَرِيدٌ : نَعَمْ.

가-2. 한국어 사무실에서 فِي ٱلْمَكْتَبِ

1 파리드 교수 : 안녕하십니까.

2 힌드 양 : 안녕하십니까.

3 파리드 교수 : 누가 이 사무실의 비서입니까?

4 힌드 양 : 접니다.

5 파리드 교수 : 누가 실장입니까?

6 힌드 양 : 살림 씨입니다.

7 파리드 교수 : 그분은 아랍인이지요?

8 힌드 양 : 예, 그분은 카이로에서 오셨습니다. 당신은 선생님입니까?

9 파리드 교수 : 예, 나는 선생입니다.

10 힌드 양 : 당신은 여기가 처음이십니까?

11 파리드 교수 : 예.

나. 단 어 ب – اَلْمُفْرَدَاتُ

اَلثَّالِثُ	세번째의	مُدِيرٌ	실장
مَكْتَبٌ	사무실	اَلسَّيِّدُ	~씨, ~님
اَلْأُسْتَاذُ	(그) 교수; 님(아래의 주1. 참조)	عَرَبِيٌّ	아랍(인)의; 아랍인
صَبَاحَ ٱلْخَيْرِ	안녕하십니까(아침인사)	أَلَيْسَ كَذٰلِكَ؟	그렇지 않습니까?
آنِسَةٌ	~양, 아가씨	اَلْقَاهِرَةُ	카이로
صَبَاحَ ٱلنُّورِ	안녕하십니까(대답)	مُدَرِّسٌ	선생
سِكْرِتِيرٌ	[-tēr]; 비서	جَدِيدٌ	새로운
هِنْدُ	힌드(여자 이름)	هُنَا	여기

(★단어에서 '(그)'는 관사를 표시함)

보충어

اَلْخَرْطُومُ	하르뚬	اَلسُّعُودِيَّةُ، اَلسَّعُودِيَّةُ	사우디(아라비아)
اَلسُّودَانُ	[남] 수단	اَلْكُوَيْتُ	[남] 쿠웨이트
اَلرِّيَاضُ	리야드	اَلْعِرَاقُ	[남] 이라끄

주 1 아랍어의 أُسْتَاذٌ (أُسْتَاذَةٌ) 는 대학교수뿐만 아니라 법률가·문인·고등학교의 교사 등 지식층의 인사를 칭할 때도 널리 쓰인다. 또는 일반적으로 알든지 모르든지 남자를 존대 또는 예의로써 대할 때 쓰이는데, 우리말의 '선생님'에 해당한다. 이 경우 여성에게는 آنِسَةٌ '아가씨, ~양' 이나 سَيِّدَةٌ '부인'의 칭호를 사용한다.

주 2 아랍어에서는 친근하게 말할 때는 أُسْتَاذٌ , سَيِّدٌ , آنِسَةٌ 같은 칭호에 성보다는 개인이름을 붙여 사용한다.

다. 문법과 연습 جـ - ٱلْقَوَاعِدُ وَٱلتَّمَارِينُ

1 소유격 : 전치사의 목적어

전치사의 목적어는 소유격을 취한다. 즉 전치사의 뒤에는 소유격이 온다. 대다수의 명사는 소유격 어미의 모음이 ــِ 이다(2. 다. 3 참조).

فِي ٱلْمَكْتَبِ	'그 사무실에서'	مِنَ ٱلْقَاهِرَةِ	'카이로에서부터'
فِي ٱلْخَرْطُومِ	'하르뚬에서'	مِنَ ٱللَّوْحِ	'그 칠판에서부터'
فِي ٱلشُّبَّاكِ	'그 창문에서'	مِنْ فَرِيدٍ	'파리드에게서'
فِي ٱلْكِتَابِ	'그 책에서'	مِنَ ٱلْكِتَابِ	'그 책에서부터'
فِي ٱلنَّصِّ	'그 본문에서'	مِنَ ٱلسُّودَانِ	'수단에서부터'

탄윈을 취하지 않는 쌍격명사(2. 다. 2 참조)의 소유격 어미의 모음은 ــَ 이다.

فِي بَيْرُوتَ	'베이루트에서'	مِنْ دِمَشْقَ	'다마스쿠스에서부터'
فِي لُبْنَانَ	'레바논에서'	مِنْ مَرْيَمَ	'마리아에게서'

그러나 위의 명사가 관사를 갖거나 한정이 되면 삼격명사의 소유격 어미의 모음인 ــِ 를 취한다.

فِي هٰذَا ٱللُّبْنَانِ	'이 레바논에서'

연습1. 쓰기, 가려내기 연습 : 격

다음 단어나 구에서 격을 나타내는 모음(또는 모음+탄윈)에 동그라미를 치고, 주격([주])인가 소유격([소])인가를 써라.

[주]	الطالبُ

١	اَلْقَلَمُ	٥	مِنَ ٱلْكِتَابِ
٢	مِنْ مُدِيرٍ	٦	فِي بَيْرُوتَ
٣	فِي ٱلْمَكْتَبِ	٧	بَيْرُوتُ
٤	وَرَقَةٌ		

2 보조모음

한번에 발음할 수 있는 소리들을 '음절'이라고 하며, 대개 모음을 중심으로 그 앞뒤에 자음이 결합되어 있다. 아랍어의 음절은 다음과 같은 규칙이 있다.

① 모든 음절은 반드시 한 개의 자음으로만 시작한다. (أَنْتَ 에서 ء 는 성문폐쇄음인 자음이다.)

② 음절의 중간에서는 세 개 이상의 자음이 못 온다.

③ 음절의 끝은 쉼발음이 아니면 모음 또는 한 개의 자음으로 끝난다. 전자를 개음절, 후자를 폐음절이라 한다. 음절에는 (단모음이든, 장모음이든, 이중모음이든) 단 한 개의 모음 밖에 없다. 함자(هَمْزَةٌ)로 시작하는 어떤 단어들은 문장의 첫머리에 오지 않으면 이 함자와 뒤따르는 모음이 탈락된다. 그리고 그 모음 자리(ا)에 ٱ(وَصْلَةٌ)를 대신 쓴다. 이런 함자를 '연독함자'(هَمْزَةُ ٱلْوَصْلِ, 함자툴와슬)이라고 한다. 연독함자는 일반적으로 ء 없이 쓴다. 연독함자로 시작되는 단어 중에 관사 اَلْ 이 있다.

예를 들어서, اَلْمُدِيرُ [ʔal-mu-dīr] '(그) 실장'가 문장 중에 오면 أَنْتَ ٱلْمُدِيرُ [ʔan-tal-mu-dīr] '당신은 실장이다'로 되어 앞 단어의 모음과 관사의 لْ 이 연독되어 폐음절을 이른다. 이때는 음절 규칙상 문제점이 없다. 그러나 앞의 단어가 مَنْ '누구'과 같은 폐음절로 끝나면 [man-l-mu-dīr]로 되어 자음이 연달아 세 개가 오므로 규칙 ②에 어긋난다. 그러므로 첫째 자음 다음에 모음을 첨가하여 자음충돌을 피해준다. 이때 연결부분은 폐음절 [nil]로 발음된다.

مَنِ ٱلْمُدِيرُ؟	[ma-nil-mu-dīr]	'누가 실장이냐?'

이러한 삽입모음을 '보조모음'이라고 한다. 보조모음은 대부분 ـِ 이며, 전치사 مِنْ '에서부터'이 관사 앞에 올 경우만 ـَ 로 된다.

مِنَ ٱلْمُدِيرِ	[mi-nal-mu-dīr]	'(그) 실장에게서'

몇몇 경우에 보조모음이 ـُ 로 될 경우가 있다(8. 다. 3 ~ 6 참조).

이러한 자음충돌 회피 규칙에는 물론 샷다(شَدَّةٌ)로 쓰이는 중자음의 경우도 있다.

مَنِ ٱلطَّالِبُ؟	[ma-niṭ-ṭā-lib]	'(그) 학생은 누구냐?'
مِنَ ٱلطَّالِبِ	[mi-naṭ-ṭā-lib]	'(그) 학생에게서'

3 관 사

ㄱ. 아랍어의 관사는 اَلْ 이며, 영어의 정관사 the와 기본적으로 같은 뜻을 나타낸다. 관사는 다음 단어와 붙여서 쓰며, 발음은 쉼발음의 다음이냐 아니냐에 따라 다른 두 가지가 있다. 전자의 경우는 اَلْمُدِيرُ '(그) 실장' [ʔal-mu-dīr]로 발음된다.

فِي ٱلْمَكْتَبِ	[fil-mak-tab]	'(그) 사무실에서'
أَيْنَ ٱلْمَكْتَبُ؟	[ʔay-nal-mak-tab]	'(그) 사무실이 어디 있느냐?'

후자의 경우는 위에서처럼 [ʔa]가 탈락되고 앞 단어의 모음과 연독되어 폐음절로 발음된다. 폐음절에서는 장모음이 단모음으로 발음된다. 그러므로 فِي ٱلْمَكْتَبِ 에서, فِي 는 [fi]로 발음된다. 만약 앞 단어가 폐음절로 끝나면 보조모음 ـِ 가 필요하게 된다.

[ma-nil-mu-dīr]	مَنْ + اَلْمُدِيرُ ← مَنِ ٱلْمُدِيرُ

전치사 مِنْ 은 관사 앞에서 مِنَ (보조모음은 ـَ)의 형을 취한다(위의 2. 참조).

مِنَ ٱلْقَاهِرَةِ	[mi-nal-qā-hi-ra]	'카이로에서부터'

관사는 اَلسَّيِّدُ, اَلنَّصُّ, اَلسِّكْرِتِيرَةُ, اَلدَّرْسُ 와 같은 단어에서 ل 이 발음되지 않고 다음 자음에 동화되어 그 자음이 중복 발음된다. 이렇게 관사의 ل 을 동화시키는 자음은 ل 자신과 윗니나 그 뒤에서 조음되는 것인데, 이를 태양문자(اَلْحُرُوفُ اَلشَّمْسِيَّةُ)라고 한다.

한편, 동화시키지 않는 자음을 월문자(اَلْحُرُوفُ ٱلْقَمَرِيَّةُ)라고 한다. 이는 اَلْقَمَرُ '달'과 اَلشَّمْسُ '해'라는 단어의 첫 소리가 각각 월문자와 태양문자에 포함되기 때문에 붙인

이름이다.

태양문자는 ج 과 ي 를 제외한 모든 치음과 구개음의 14글자(우리말의 ㄴ, ㄷ, ㄹ, ㅅ, ㅈ 계통의 소리)인데 다음과 같다.

ن ل ظ ط ض ص ش س ز ر ذ د ث ت

اَلْ 의 ل 이 어떻게 발음되는지 글자상으로는 표시된다. 또 월문자 앞에서는 실제발음을 나타내어 اَلْ 로 모음부호를 붙이고, 태양문자 앞에서는 다음 자음 위에 ـّ 를 붙여 쓴다.

اَلدَّرْسُ، اَلسَّيِّدُ

ㄴ. 지명에 쓰이는 관사 : 아랍어에서는 اَلْقَاهِرَةُ '카이로', اَلْخَرْطُومُ '하르뚬'에서처럼 습관적으로 지명에 관사를 쓰는 경우가 있다. 이는 관행적인 용법이므로 나올 때마다 따로 외워야 한다.

ㄷ. 칭호에 쓰이는 관사 : 아랍어에서는 또 칭호를 붙여서 사람을 칭할 때, 직접 호칭하지 않을 때는 그 칭호에도 관사를 붙여 쓴다.

أَيْنَ ٱلسَّيِّدُ سْمِيث؟	'스미스씨는 어디 있느냐?'
صَبَاحَ ٱلْخَيْرِ يَا سَيِّدُ سْمِيث.	'스미스씨, 안녕하십니까?'

녹음

연습2. 변형 : 비한정 → 한정

제시된 비한정 명사와 형용사로 관사를 붙여서 문장을 만들어라.

الأستاذ : كتابٌ – جديدٌ	'책 – 새로운'
الطالب : الكتابُ جديدٌ.	'(그) 책은 새롭다.'

١ مدير – جديد

٢ قلم – جديد

٣ أستاذ – جديد

٤ مكتب – جديد

٥ مدرس – جديد

٦ كرسيّ – جديد

٧ باب – جديد

٨ كتاب – جديد

녹음

연습3. 변형 : 비한정 → 한정

제시된 비한정 명사와 술어로 관사를 붙여서 문장을 만들어라.

'학생' - '새로운'	الأستاذ : طالب – جديد
'(그) 학생은 신입생이다.'	الطالب : الطالب جديد.

نصّ – جديد　　　　شبّاك – جديد

لوح – جديد　　　　طالب – جديد

سكرتير – جديد　　　　درس – جديد

녹음

연습4. 쓰기, 가려내기 : 한정/비한정

녹음

연습5. 말바꾸기

연습6. 의문문 만들기 : مَنْ 과 관사

'(그) 실장'	المدرس
'(그) 실장은 누구냐?'	من المدير؟
'그는 누구냐?'	من هو؟

١ السيّد سليم　　　　٥ الطالب

٢ الأستاذ　　　　٦ المديرة

٣ السكرتيرة　　　　٧ المدير

연습7. مِنْ أَيْنَ 를 써서 묻고 대답하기 : مِنْ 과 관사

처음에 이름과 지명을 주면, 두번째로 مِنْ أَيْنَ 를 써서 질문을 만들고, 그에 대답을 한다.

'파리드' — '카이로'	فريد — القاهرة
'파리드는 어디에서 왔느냐?'	من أين فريد؟ ؟
'카이로에서 (왔다)'	من القاهرة.

١ سامي – الرياض　　٤ هند – السعوديّة

٢ وداد – العراق　　٥ سمير – السودان

٤ سليم – الكويت　　٦ فريد – القاهرة

4 지시사구

지시사는 관사를 가진 명사 앞에 위치하여 지시사구를 이룬다. 이때 관사는 지시사와 명사를 밀접히 연결시켜 주어 한 단위를 이루게 하는 기능을 갖는다.

그러므로 지시사는 형용사의 구실을 하게 된다.

'이 아가씨'	هٰذِهِ ٱلْآنِسَةُ	'이 과'	هٰذَا ٱلدَّرْسُ
'이 종이'	هٰذِهِ ٱلْوَرَقَةُ	'이 학생'	هٰذَا ٱلطَّالِبُ
'이 탁자'	هٰذِهِ ٱلطَّاوِلَةُ	'이 의자'	هٰذَا ٱلْكُرْسِيُّ
'이 여학생'	هٰذِهِ ٱلطَّالِبَةُ	'이 선생님'	هٰذَا ٱلْمُدَرِّسُ

관사가 없으면 지시사와 명사는 각각 별개의 요소, 즉 주부와 술부로 되어 문장이 된다.

다음 문장을 비교하라.

술 부	주 부	
جَدِيدٌ.	هٰذَا ٱلْكِتَابُ	'이 책은 새 것이다.'
جَدِيدَةٌ.	هٰذِهِ ٱلْمُدَرِّسَةُ	'이 선생님이 새로 오셨다.'
مُدَرِّسَةٌ.	هٰذِهِ	'이분은 여선생님이다.'
وَرَقَةٌ.	هٰذِهِ	'이것은 종이 (한 장)이다.'
هٰذَا الطَّالِبُ.	مَنْ	'이 학생은 누구냐?'

맨 마지막 문장에서는 주부와 술부의 위치가 바뀌어 있다.

녹음

연습8. 쓰기, 가려내기 : 지시사구

녹음

연습9. 의문문 만들기 : 지시사구

주어진 문장에 지시사구를 사용하여 의문문을 만들어라.

'이분은 실장이다.'	هذا مدير.
'이 실장이 누구냐?'	من هذا المدير؟

١ هذه مدرّسة.

٢ هذا طالب.

٣ هذا سكرتير.

٤ هذه مديرة.

٥ هذا مدرّس.

٦ هذه طالبة.

٧ هذه سكرتيرة.

٨ هذا مدير.

5 술부형용사의 일치

명사문에서 술부로 쓰이는 형용사를 술부형용사라고 한다. 술부형용사는 문장의 주어와 성·수에 일치해야 하고, 주격 비한정상태로 놓는다.

هَلْ أَنْتَ جَدِيدٌ هُنَا؟	'당신[남]은 여기가 처음이냐?'
هَلْ أَنْتِ جَدِيدَةٌ هُنَا؟	'당신[여]은 여기가 처음이냐?'

주어가 복수인 보기는 뒤에 나온다.

녹음

연습10. 말바꾸기 : 술부형용사의 일치

필요한 부분을 바꾸면서 예문의 밑줄 친 단어를 주어진 단어로 바꾸어라.

‘사미는 아랍인이다.’	سامي عربيّ.

السيد سمير	هو	هي
الآنسة وداد	هذا	أنتِ
أنتَ	هذه	سامي

녹음

연습11. 쓰기 · 완성 및 번역

적당한 단어나 구를 써서 다음을 완성하고, 그 문장을 우리말로 옮겨라.

‘이 책’ → ‘이 책은 새 것이다.’	هذا الكتاب ← هذا الكتاب جديد.

١ هذه المديرة ________.

٢ السيّد سمير ________.

٣ هذا ________.

٤ أنا ________.

٥ الأستاذ فريد ________.

녹음

6 수사 : 1 ~ 5

다음 수사의 형은 셈하는 데에 쓰인다.

1	하나	وَاحِدٌ	١
2	둘	اِثْنَانِ	٢
3	셋	ثَلَاثَةٌ	٣
4	넷	أَرْبَعَةٌ	٤
5	다섯	خَمْسَةٌ	٥

제 4 과 대학교에서

اَلدَّرْسُ ٱلرَّابِعُ : فِي ٱلْجَامِعَةِ

1 명사문의 부정 : لَيْسَ

2 의문사 أَ

3 어순 : جِدًّا

4 수사 : 6 ~ 10

가-1. 기본문 대학교에서 فِي ٱلْجَامِعَةِ

١ نَجِيبٌ : مَرْحَبًا.

٢ اَلْأُسْتَاذَةُ : مَرْحَبًا.

٣ نَجِيبٌ : كَيْفَ ٱلْحَالُ؟

٤ اَلْأُسْتَاذَةُ : بِخَيْرٍ ، اَلْحَمْدُ لِلّٰهِ.

٥ نَجِيبٌ : هَلْ أَنْتِ ٱلسِّكْرِتِيرَةُ؟

٦ اَلْأُسْتَاذَةُ : لَا. لَسْتُ سِكْرِتِيرَةً. أَنَا أُسْتَاذَةٌ.

٧ نَجِيبٌ : أَلَيْسَ ٱلْأُسْتَاذُ فَرِيدٌ مَوْجُودًا هُنَا؟

٨ اَلْأُسْتَاذَةُ : هُوَ فِي ٱلْمَكْتَبَةِ.

٩ نَجِيبٌ : هَلِ ٱلْمَكْتَبَةُ بَعِيدَةٌ؟

١٠ اَلْأُسْتَاذَةُ : لَا. لَيْسَتْ بَعِيدَةً جِدًّا.

١١ نَجِيبٌ : شُكْرًا يَا أُسْتَاذَةُ.

١٢ اَلْأُسْتَاذَةُ : عَفْوًا.

가-2. 한국어 대학교에서 فِي ٱلْجَامِعَةِ

1 나집 : 안녕하세요.

2 여교수 : 안녕하세요.

3 나집 : 어떻게 지내세요?

4 여교수 : 잘 지냅니다. 덕택입니다.

5 나집 : 당신이 비서입니까?

6 여교수 : 아니요, 나는 비서가 아닙니다. 나는 교수입니다.

7 나집 : 파리드 교수님은 여기 계시지 않습니까?

8 여교수 : 그분은 도서관에 계십니다.

9 나집 : 도서관은 멉니까?

10 여교수 : 아니요, 그리 멀지 않습니다.

11 나집 : 고맙습니다, 교수님.

12 여교수 : 천만에요.

나. 단 어 ب – اَلْمُفْرَدَاتُ

لَيْسَ	그[남]가 아니다(없다)	اَلرَّابِعُ	네번째의
مَوْجُودٌ	존재하는	جَامِعَةٌ	대학교
مَكْتَبَةٌ	도서관	نَجِيبٌ	나집(남자 이름)
بَعِيدٌ (عَنْ)	(~에서) 먼	مَرْحَبًا	안녕(인사말)
لَيْسَتْ	그[여]가 아니다(없다)	كَيْفَ ٱلْحَالُ؟	어떻게 지내십니까?
جِدًّا	매우	بِخَيْرٍ	잘 있습니다
شُكْرًا	고맙다	اَلْحَمْدُ لِلّٰهِ	찬양이 하나님께
عَفْوًا	천만에(대답)	لَسْتُ	내가 아니다(없다)
		أَ	(의문사 : 아래의 다. 2 참조)

보충어

تُونِسُ	튀니스; 튀니지	لَسْتِ	네[여]가 아니다(없다)
اَلْأُرْدُنُّ	[남] 요르단	لَسْتَ	네[남]가 아니다(없다)
كَلِمَةٌ	단어	مِصْرُ	이집트
جُمْلَةٌ	문장	اَلْمَغْرِبُ	[남] 모로코
		اَلرِّبَاطُ	라바트(모로코의 서울)

인사말에 대한 주

주 1 مَرْحَبًا ([marḥaban] 또는 [marḥabā]로 발음)은 친근하고 조금은 격식을 갖추지 않은 인사말이다. 대답도 같은 말을 쓴다.

주 2 كَيْفَ ٱلْحَالُ 은 '상태가 어떠냐?'는 뜻으로, 건강에 대해 공손히 묻는 말이다. 대답은 بِخَيْرٍ 인데 '좋은 상태에'라는 뜻이다.

주 3 اَلْحَمْدُ لِلّٰهِ 는 '찬양이 하나님께 (있음)'이라는 뜻으로 위의 2번의 인사말에 대한 답례로 흔히 쓰인다. 또 이는 하나님의 덕택으로 모든 것이 좋다는 것을 말하며, 따라서 اَلْحَمْدُ لِلّٰهِ 만으로도 완전한 답이 된다. 이 문구는 일어난 일에 대한 기쁨이나 단념 등을 표현하는 경우에도 사용된다.

다. 문법과 연습 جـ - اَلْقَوَاعِدُ وَٱلتَّمَارِينُ

1 명사문의 부정 : لَيْسَ

1. 다. 1에서 보았듯이 명사문은 현재 시제에서 동사를 쓰지 않는다. 그러나 부정을 할 때에는 لَيْسَ '그[남]가 아니다(없다)' 동사를 써서 나타낸다. 이때 주의할 점은 다음과 같다.

첫째, 일반적인 어순은 동사(لَيْسَ) + 주부(어) + 술부(어)의 순이다.

둘째, لَيْسَ 는 주어의 인칭·성·수에 따라 다른 형을 취한다. 따라서 특별히 강조할 때를 제외하면 인칭대명사를 쓸 필요가 없다. لَيْسَ 자신은 3인칭 남성단수의 형이지만 이 동사의 원형(대표형)으로도 사용된다.

긍정문 :	سَلِيمٌ مِنْ بَيْرُوتَ.	'살림은 베이루트에서 왔다.'
부정문 :	لَيْسَ سَلِيمٌ مِنْ بَيْرُوتَ.	'살림은 베이루트에서 오지 않았다.'
긍정문 :	مَرْيَمُ هُنَا.	'마리아는 여기 있다.'
부정문 :	لَيْسَتْ مَرْيَمُ هُنَا.	'마리아는 여기 없다.'

셋째, لَيْسَ 의 주어는 주격을 취한다.

넷째, لَيْسَ 의 의해 부정된 술부(어)가 격변화할 수 있는 명사나 형용사이면 목적격을 취한다.

다음에 لَيْسَ 의 단수형 변화와 보기를 보인다

<변화표>

3남단	لَيْسَ
여단	لَيْسَتْ
2남단	لَسْتَ
여단	لَسْتِ
1 단	لَسْتُ

긍정문 :	هُوَ فِي ٱلْقَاهِرَةِ.	'그[남]는 카이로에 있다.'
부정문 :	لَيْسَ فِي ٱلْقَاهِرَةِ.	'그[남]는 카이로에 없다.'
긍정문 :	هِيَ هُنَا.	'그[여]는 여기 있다.'
부정문 :	لَيْسَتْ هُنَا.	'그[여]는 여기 없다.'
긍정문 :	أَنْتَ مِنَ ٱلْخَرْطُومِ.	'당신은 하르뚬에서 왔다.'
부정문 :	لَسْتَ مِنَ ٱلْخَرْطُومِ.	'당신은 하르뚬에서 오지 않았다.'

강조의 인칭대명사를 사용할 경우

لَسْتَ أَنْتَ ٱلْمُدِيرَ هُنَا. أَنَا ٱلْمُدِيرُ.	'여기서는 당신이 실장이 아니다. 내가 실장이다.'

술부(어)가 목적격을 취하는 경우

لَيْسَ فَرِيدٌ ٱلْمُدِيرَ.	'파리드는 실장이 아니다.'
لَيْسَتْ سِكْرِتِيرَةً.	'그[여]는 비서가 아니다.'
لَسْتَ جَدِيدًا هُنَا.	'당신[남]은 여기가 처음이 아니다.'
لَسْتِ عَرَبِيَّةً.	'당신[여]은 아랍인이 아니다.'
لَسْتُ طَالِبًا.	'나는 학생이 아니다.'

녹음

연습1. 가려내기 : لَيْسَ 의 주어

다음 ليس 의 해당 인칭대명사를 적어라.

‘그는 베이루트에서 오지 않았다.’	هو – ليس من بيروت.

١ لستِ من بيروت

٢ لستُ من بيروت

٣ ليستْ من بيروت

٤ لستَ من بيروت.

٥ ليسَ من بيروت.

٦ لستِ من بيروت.

연습2. 부정

녹음

لَيْسَ 의 알맞은 형을 사용하여 다음 문장을 부정문으로 만들어라.

‘그[여]는 신입생이다.’	هي طالبةٌ جديدةٌ.
‘그[여]는 신입생이 아니다.’	لَيْسَتْ طالبةً جديدةً.

١ هو طالب.

٢ أنتِ جديدة هنا.

٣ أنتَ المدير هنا.

٤ هي عربيّة من لبنان.

٥ أنا من الأردنّ.

٦ أنتَ في المكتبة.

연습3. 쓰기, 부정

لَيْسَ 의 알맞은 형을 사용하여 다음 문장을 부정문으로 만들어라. 술어의 격어미 모음을 꼭 붙여라.

‘사미르는 교수이다.’	سَمِيرٌ أُسْتَاذٌ.
‘사미르는 교수가 아니다.’	لَيْسَ سَمِيرٌ أُسْتَاذًا.

١ نانسي مدرّسة.

٢ فريد موجود في المكتب.

٣ الجامعة بعيدة.

٤ سامي في المكتبة.

٥ سليم من المغرب.

٦ المدير عربيّ.

٧ نجيب في الجامعة.

٨ الشبّاك جديد.

2 의문사 أَ

예-아니요 의문사에는 هَلْ (1. 다. 3 참조) 외에 أَ 도 쓰인다. 이 أَ 는 هَلْ 과 기능이나 뜻이 똑같다. 다만 أَ 는 한 글자로 된 단어이므로 다음 단어에 붙여서 쓴다.

هَلْ هَذَا كِتَابٌ؟ = أَهَذَا كِتَابٌ؟	'이것은 책이냐?'
هَلْ هُوَ مِنْ بَيْرُوتَ؟ = أَهُوَ مِنْ بَيْرُوتَ؟	'그는 베이루트에서 왔느냐?'

그러나 관사와 같은 연독함자(함자툴와슬)로 시작되는 단어의 앞에서는 هَلْ 이 더 많이 쓰인다.

هَلِ ٱلْمُدِيرُ فِي ٱلْمَكْتَبِ؟	'실장님이 사무실에 계시냐?'

또 부정사의 앞에서는 대개 أَ 를 더 많이 쓴다.

أَلَيْسَ ٱلْمُدِيرُ فِي ٱلْمَكْتَبِ؟	'실장님이 사무실에 계시지 않느냐?'
أَلَيْسَ كَذٰلِكَ؟	'그렇지 않느냐?'

연습4. 의문문 만들기 : أَ / هَلْ

أَ 나 هَلْ 을 적당히 사용하여 다음 문장을 의문문으로 만들어라.

'이것은 문이다.' →	هذا باب. ←
'이것은 문이냐?'	أهذا باب؟ ← هل هذا باب؟
'그 단어는 새로운 것이다.' →	الكلمة جديدة. ←
'그 단어는 새로운 것이냐?'	هل الكلمة جديدة؟
'그 도서관은 멀지 않다.' →	ليست المكتبة بعيدة. ←
'그 도서관은 멀지 않느냐?'	أليست اللمكتبة بعيدة؟

١ المدير موجود هنا.　　　٤ هذه الجامعة جديدة.

٢ هذه الطالبة عربية. ٥ ليست الجملة عربية.

٣ لستَ من تونس. ٦ الأستاذ فريد من الرباط.

녹음

연습5. 의문문 만들기 : أَلَيْسَ

سليم طالب.	'살림은 학생이다.'
أليس سليم طالبًا؟	'살림은 학생이냐?'

١ الأستاذ من القاهرة. ٥ هذا الكتاب جديد.

٢ هو من بيروت. ٦ هي طالبة من لبنان.

٣ المديرة موجودة هنا. ٧ أنا عربيّ.

٤ المكتب بعيد عن الجامعة. ٨ أنتِ من السودان.

3 어순 : جِدًّا

부사 جِدًّا '매우, 아주'은 그것이 수식하는 형용사 바로 뒤에 위치한다.

'그 도서관은 매우 멀다.'	اَلْمَكْتَبَةُ بَعِيدَةٌ جِدًّا.
'이 의자는 아주 새 것이 아니다.'	لَيْسَ هٰذَا ٱلْكُرْسِيُّ جَدِيدًا جِدًّا.

녹음

연습6. 문장에 جِدًّا 을 추가하기

연습7. 쓰기, 의문문 만들기

다음 문장에서 밑줄 친 부분을 묻는 의문문을 아래의 의문사를 사용하여 만들어라.

مَنْ، ما، أين، هل، أ، أليس، من أين

١ هذا الأستاذ من مصر. ٥ الطالب من المغرب.

٢ الآنسة هند موجودة في المكتبة. ٦ الجامعة بعيدة عن هنا.

٣ هذا المدرّس سامي.

٤ هذا الكتاب جديد.

٧ ليس هذا الأستاذ من الرباط.

٨ الأستاذ في بيروت.

녹음

4 수사 : 6 ~ 10

٦	سِتَّةٌ	여섯	6
٧	سَبْعَةٌ	일곱	7
٨	ثَمَانِيَةٌ	여덟	8
٩	تِسْعَةٌ	아홉	9
١٠	عَشَرَةٌ	열	10

녹음

연습8. 말바꾸기

제 5 과 국립박물관 앞에서

اَلدَّرْسُ ٱلْخَامِسُ : أَمَامَ ٱلْمَتْحَفِ ٱلْوَطَنِيِّ

1 명사-형용사구

2 분리의 대명사

3 니스바 : 관계형용사

4 وَهْوَ와 وَهْيَ

5 명사에 붙는 연계형대명사

가-1. 기본문 국립박물관 앞에서 أَمَامَ ٱلْمَتْحَفِ ٱلْوَطَنِيِّ

١ اَلزَّائِرُ : أَهٰذَا هُوَ ٱلْمَتْحَفُ ٱلْوَطَنِيُّ ٱلْقَدِيمُ أَمِ ٱلْحَدِيثُ؟

٢ اَلْمُوَظَّفُ : هٰذَا هُوَ ٱلْمَتْحَفُ ٱلْحَدِيثُ. اَلْمَتْحَفُ ٱلْقَدِيمُ بِنَاءٌ بَعِيدٌ عَنْ هُنَا.

٣ اَلزَّائِرُ : هَلْ أَنْتَ مُوَظَّفٌ هُنَا؟

٤ اَلْمُوَظَّفُ : نَعَمْ.

٥ اَلزَّائِرُ : مَنِ ٱلْمُدِيرُ؟

٦ اَلْمُوَظَّفُ : اَلدُّكْتُورُ بْرَاوْن، هُوَ رَجُلٌ أَجْنَبِيٌّ مَشْهُورٌ.

٧ اَلزَّائِرُ : مِنْ أَيْنَ هُوَ؟

٨ اَلْمُوَظَّفُ : هُوَ مِنْ أَمْرِيكَا. هَلْ أَنْتَ أَمْرِيكِيٌّ؟

٩ اَلزَّائِرُ : لَا. أَنَا فَرَنْسِيٌّ. هَلِ ٱلْمُدِيرُ مَوْجُودٌ فِي ٱلْمَتْحَفِ؟

١٠ اَلْمُوَظَّفُ : نَعَمْ. هُوَ فِي مَكْتَبِهِ.

١١ اَلزَّائِرُ : أَيْنَ مَكْتَبُهُ؟

١٢ اَلْمُوَظَّفُ : مَكْتَبُهُ هُوَ ٱلْمَكْتَبُ ٱلْكَبِيرُ ٱلْقَرِيبُ مِنَ ٱلْبَابِ.

١٣ اَلزَّائِرُ : وَأَيْنَ مَكْتَبُكَ؟

١٤ اَلْمُوَظَّفُ : مَكْتَبِي أَمَامَ مَكْتَبِهِ.

가-2. 한국어 국립박물관 앞에서 أَمَامَ ٱلْمَتْحَفِ ٱلْوَطَنِيِّ

1 방문자 : 이것은 구국립박물관입니까, 신관입니까?

2 직원 : 이것은 신박물관입니다. 구박물관은 여기서 먼 건물입니다.

3 방문자 : 당신은 여기의 직원입니까?

4 직원 : 예.

5 방문자 : 누가 관장이십니까?

6 직원 : 브라운박사입니다. 그분은 저명한 외국인입니다.

7 방문자 : 그분은 어디에서 오셨습니까?

8 직원 : 그분은 미국에서 오셨습니다. 당신은 미국인입니까?

9 방문자 : 아니요, 나는 프랑스인입니다. 관장님은 박물관에 계십니까?

10 직원 : 예, 그분은 그분의 사무실에 계십니다.

11 방문자 : 그분의 사무실이 어디에 있습니까?

12 직원 : 그분의 사무실은 문에서 가까운 큰 사무실입니다.

13 방문자 : 당신의 사무실은 어디에 있습니까?

14 직원 : 제 사무실은 그분의 사무실 앞에 있습니다.

나. 단 어 ب – اَلْمُفْرَدَاتُ

اَلْخَامِسُ 다섯번째의

أَمَامَ ~의 앞에, ~의 맞은편에

مَتْحَفٌ 박물관

وَطَنِيٌّ 국립의; 민족주의자(의)

زَائِرٌ 방문하는; 방문자

قَدِيمٌ 옛, 오래된, 구식의

أَمْ 또는

حَدِيثٌ 새, 새로운, 현대의, 신식의

مُوَظَّفٌ 고용인, 공무원

بِنَاءٌ 건물

دُكْتُورٌ [-tōr]; 박사

بْرَاوْن 브라운(이름)

أَمْرِيكِيٌّ 미국의; 미국인

رَجُلٌ 남자

أَجْنَبِيٌّ 외국의; 외국인

مَشْهُورٌ (بِـ) (~으로) 유명한

فَرَنْسِيٌّ 프랑스의; 프랑스인

مَكْتَبُهُ 그의 사무실

كَبِيرٌ (사물이) 큰; (사람이) 나이가 많은

قَرِيبٌ (مِنْ) (~에) 가까운

مَكْتَبُكَ 너[남]의 사무실

مَكْتَبِي 나의 사무실

보충어

فَرَنْسَا 프랑스

صَفٌّ 반, 학급, 교실

다. 문법과 연습   جـ - اَلْقَوَاعِدُ وَٱلتَّمَارِينُ

1 명사-형용사구

아래의 문장에서 밑줄 친 구를 살펴보자.

هٰذَا هُوَ اَلْمَتْحَفُ ٱلْحَدِيثُ.	'이것이 신박물관이다.'

이 구에서 명사 اَلْمَتْحَفُ '그 박물관'은 형용사 اَلْحَدِيثُ '새로운, 현대의'에 의해 수식되어 있다. 이런 구문을 명사-형용사구라고 하며, 다음과 같은 특징이 있다.

첫째, 수식어(형용사)는 항상 피수식어(명사)의 뒤에 위치한다. 이것은 우리말과 정반대이다.

둘째, 형용사는 명사와 (ㄱ)성, (ㄴ)수, (ㄷ)격, (ㄹ)한정여부에 일치해야 한다.

(ㄱ) 성 : 명사가 남성이냐 여성이냐에 따라서 형용사도 남성형 또는 여성형을 쓴다.

اَلرَّجُلُ ٱلْمَشْهُورُ	'그 유명한 남자'
اَلْجَامِعَةُ ٱلْمَشْهُورَةُ	'그 유명한 대학교'

(ㄴ) 수 : 아랍어의 수에는 단수(하나)·쌍수(둘)·복수(쌍수가 없으면 둘 이상, 그 나머지는 셋 이상)의 세 가지가 있다. 위의 (보기)에서는 둘 다 단수형이 쓰였다. 쌍수형과 복수형은 뒤에서 배우게 된다.

(ㄷ) 격 : 형용사는 명사와 격이 같다.

هٰذَا هُوَ اَلدَّرْسُ ٱلثَّالِثُ.	'이것이 제3과이다'
فِي اَلدَّرْسِ ٱلثَّالِثِ	'제3과에서'

(ㄹ) 한정여부 : 명사가 한정되면(2. 다. 2 참조) 형용사는 관사를 가져서 한정상태가 된다. 명사가 연계형대명사(아래의 5 참조)에 의해 수식되어도 이는 연결형의 한 종류이므로 역시 한정상태이다. 명사가 비한정상태이면 형용사도 물론 비한정상태로 쓰여야 한다.

명사가 한정상태인 보기

اَلْمَكْتَبُ ٱلْجَدِيدُ	'그 새로운 사무실'
مَكْتَبُهُ ٱلْجَدِيدُ	'그의 새 사무실'
مِصْرُ ٱلْقَدِيمَةُ	'고대 이집트'
جُورْج ٱلثَّالِثُ	'조지 3세'

명사가 비한정상태인 보기

بِنَاءٌ بَعِيدٌ	'(한) 먼 건물'
فِي جَامِعَةٍ مَشْهُورَةٍ	'(한) 유명한 대학에서'

이 명사-형용사구는 문장에서 단일 단위로서, 주부·술부·전치사의 목적어· هٰذَا 뒤의 지시사구 따위로 쓰인다.

다음 두 구문을 살펴보자.

اَلْمَتْحَفُ مَشْهُورٌ.	'그 박물관은 유명하다.'
اَلْمَتْحَفُ ٱلْمَشْهُورُ	'그 유명한 박물관'

첫째 구문은 주부와 술부로 구성된 완전한 문장으로서, 술부(어)인 형용사는 주부(어)인 명사와 성과 수는 일치하지만 한정여부는 그렇지 않다. 격은 주부와 술부가 모두 주격이다(2. 다. 4 참조). (술어는 의미상 한정여부가 필요하지 않는 한 보통 비한정상태이다.)

둘째 구문은 형용사가 명사와 성·수·격·한정여부가 일치한 명사-형용사구이다. 명사-형용사구에서 형용사 자체도 단순 부사나 전치사구에 의해 수식될 수 있다. 이 경우 명사·형용사·수식어 모두가 명사-형용사구를 이룬다.

بِنَاءٌ بَعِيدٌ جِدًّا ‘매우 먼 (한) 건물’

بِنَاءٌ بَعِيدٌ عَنْ هُنَا ‘여기서 먼 (한) 건물’

또 명사-형용사구는 명사 한 개와 두 개 이상의 형용사로 이루어질 수도 있는데, 물론 각 형용사는 위의 모든 일치 규칙을 따른다. 이때 둘 이상의 형용사 중 마지막 형용사만이 수식어를 가질 수 있다. 또 어순은 대체로 우리말과 정반대이다.

اَلْمَتْحَفُ ٱلْوَطَنِيُّ ٱلْقَدِيمُ ‘그 구식 국립박물관’

فِي جَامِعَةٍ عَرَبِيَّةٍ مَشْهُورَةٍ جِدًّا ‘한 매우 유명한 아랍대학교에서’

연습1. 쓰기, 가려내기 연습 : 일치

아래의 각 명사-형용사구의 요소들의 자질(성·수·격·한정여부)을 판단하라.

الطالبُ الجديد	‘그 신입생’ 한정·남성·단수·주격

١ في المتحف الوطنيّ

٢ زائر أجنبيّ

٣ المكتبة الحديثة

٤ أمام الرجل الأمريكيّ

٥ من مكتب كبير

٦ الدرس الأوّل

녹음

연습2. 말바꾸기 : 명사-형용사구

다음의 비한정상태의 형용사를 한정상태로 만들어 밑줄 친 한정상태의 형용사와 바꾸어 써라.

ㄱ. 남성형

'그 새로 온 (남)교수는 하르뚬에서 왔다.'	الأستاذ الجديد من الخرطوم.

مشهور

جامعيّ

موجود هنا

أجنبيّ

عربيّ

ㄴ. 여성형

'그 새로 온 여교수는 하르뚬에서 왔다.'	الأستاذة الجديدة من الخرطوم.

위와 같은 형용사를 사용하여 계속하라.

연습3. 쓰기 또는 말하기, 단어 합성

다음 단어에 필요한 변화를 더하여 의미 있는 문장을 만들어라.

واشنطن	أجنبي	أستاذ
'워싱턴'	'외국의'	'교수'

'그 외국인 교수는 워싱턴에서 왔다.' الأستاذ الأجنبي من واشنطن.

١ مدير - سودانيّ - الخرطوم

٢ مدرّسة - عربيّ - العراق

٣ طالب - سعوديّ - الرياض

٤ أستاذة - مصريّ - القاهرة

٥ موظّف - جديد - تونس

녹음

연습4. 쓰기, 가려내기 : 명사-형용사구

2 분리의 대명사(ضَمِيرُ ٱلْفَصْلِ)

이미 배웠듯이 هٰذَا مَتْحَفٌ 은 '이것은 박물관이다'라는 뜻의 명사문이고, هٰذَا ٱلْمَتْحَفُ 은 '이 박물관'이라는 뜻의 지시사구이다. 그런데 아랍어로 '이것이 그 박물관이다'라고 할 경우는 (즉, 술어가 한정상태인 경우) هٰذَا هُوَ ٱلْمَتْحَفُ 처럼 지시사와 한정상태의 명사를 هُوَ 로 갈라 놓는다. 이때의 هُوَ 를 '분리의 대명사'라고 하며, 이는 주어의 성과 수에 일치하는 3인칭으로 해야 한다.

구	هٰذَا ٱلْبِنَاءُ	'이 건물'
문장	هٰذَا هُوَ ٱلْبِنَاءُ.	'이것이 그 건물이다.'
구	هٰذِهِ ٱلْجَامِعَةُ	'이 대학'
문장	هٰذِهِ هِيَ ٱلْجَامِعَةُ.	'이것이 그 대학이다'
구	هٰذَا ٱلرَّجُلُ ٱلْمَشْهُورُ	'이 유명한 남자'
문장	هٰذَا هُوَ ٱلرَّجُلُ ٱلْمَشْهُورُ.	'이분이 그 유명한 남자이다.'

분리의 대명사는 주어가 길거나 복잡할 때, 술어가 관사로 시작할 때, 그밖에 한정상태에 있을 때는, 보통 그 주어나 지시사의 뒤에 쓰기도 하고 안 쓰기도 한다.

هٰذَا هُوَ ٱلْقَدِيمُ.	'이것이 그 오래된 것이다.'
اَلْأُسْتَاذُ هُوَ فَرِيدٌ.	'그 교수는 파리드다.'
سَلِيمٌ هُوَ ٱلْأُسْتَاذُ.	'살림이 그 교수이다.'

마지막 문장과 سَلِيمٌ ٱلْأُسْتَاذُ (보통, '교수인 살림'으로 이해됨)를 비교해 보아라.

연습5. 변형 : 지시사구 → 한정상태 또는 비한정상태의 술어가 있는 문장

'이 큰 건물'	هذا البناءُ الكبيرُ
'이것이 그 큰 건물이다.'	هذا هو البناء الكبير.
'이것은 큰 건물이다.'	هذا بناء كبير.

١ هذا المتحف القديم

٢ هذه الموظّفة الأجنبيّة

٣ هذا الرجل المشهور

٤ هذه المكتبة الحديثة

٥ هذا البناء الكبير

٦ هذا الموظّف المشهور

3 니스바 : 관계형용사

명사에서 그에 관계되는 형용사를 만들 때 아랍어에서는 접미사 ـِيٌّ ([여] ـِيَّةٌ) 를 그 명사의 어간에 붙인다. 이를 관계형용사(아랍어 : نِسْبَةٌ '관계')라고 하며, 이것은 보통의 형용사처럼 격변화를 할 수 있다.

명사		형용사		
		[남]	[여]	
لُبْنَانُ	'레바논'	لُبْنَانِيٌّ	لُبْنَانِيَّةٌ	'레바논의'
مِصْرُ	'이집트'	مِصْرِيٌّ	مِصْرِيَّةٌ	'이집트의'
وَطَنٌ	'조국'	وَطَنِيٌّ	وَطْنِيَّةٌ	'조국의, 국립의'
أَسَاسٌ	'기본, 기초'	أَسَاسِيٌّ	أَسَاسِيَّةٌ	'기초적인'

이 관계형용사는 명사의 의미로 쓰이기도 한다. 따라서 위의 보기에서 لُبْنَانِيٌّ 는 경우에 따라 '레바논인'을 의미하기도 한다.

관계형용사를 만들 때 명사에서 다음의 요소는 제외시키고 그 접미사를 붙인다.

(ㄱ) 관사 : اَلْعِرَاقُ '이라끄' عِرَاقِيٌّ '이라끄의'

(ㄴ) 여성접미사 : اَلْقَاهِرَةُ '카이로' قَاهِرِيٌّ '카이로의'

(ㄷ) 다음과 같은 요소 :

ـَا	أَمْرِيكَا	'미국'	أَمْرِيكِيٌّ	'미국의'
	فَرَنْسَا	'프랑스'	فَرَنْسِيٌّ	'프랑스의'
ـِيَا	كُورِيَا	'한국'	كُورِيٌّ	'한국의'
	لِيبِيَا	'리비아'	لِيبِيٌّ	'리비아의'
	سُورِيَا	'시리아'	سُورِيٌّ	'시리아의'

ـِيٌّ 은 보통 실제적으로는 쉼발음인 ـِي 로 발음된다.

위의 규칙에 어긋나거나 특별한 의미를 가진 관계형용사는 나올 때마다 단어표에 실었다.

녹음

연습6. 변형 : 전치사구 → 관계형용사

ㄱ. '그 교수는 레바논에서 왔다.' → 'الأستاذ من لبنان. ←

'그 교수는 레바논인이다.' الأستاذ لبنانيّ.

١ الأستاذ من مصر.
٢ الأستاذ من القاهرة.
٣ الأستاذ من أمريكا.
٤ الأستاذ من الرباط.
٥ الأستاذ من العراق.
٦ الأستاذ من تونس.
٧ الأستاذ من لبنان.
٨ الأستاذ من الأردنّ.

ㄴ. '그 도서관은 미국에 있다.' → المكتبة في أمريكا. ←

'그 도서관은 미국적이다.' المكتبة أمريكيّة.

١ في تونس
٢ في فرنسا
٣ في السودان
٤ في المغرب
٥ في الجامعة
٦ في السعوديّة

연습7. 말바꾸기 : أَمْ 과 관계형용사

'관장은 레바논에서 왔느냐 이라끄에서 왔느냐?' →	هل المدير من لبنان أم العراق؟ ←
'관장은 레바논인이냐 이라끄인이냐'?	هل المدير لبنانيّ أم عراقيّ؟

١ من أمريكا أم فرنسا؟	٤ من الرياض أم الرباط؟
٢ من تونس أم المغرب؟	٥ من مصر أم سوريا؟
٣ من بيروت أم دمشق؟	٦ من الأردنّ أم الكويت؟

연습8. 쓰기 변형 : 여성형 → 남성형

다음 문장들의 모든 여성형을 남성형으로 바꾸어 다시 써라.

الطالبة الجديدة لبنانيّة.	'그 신입 여학생은 레바논인이다.'
الطالب الجديد لبنانيّ.	'그 신입 남학생은 레바논인이다.'

١ الزائرة الأجنبية أردنيّة.

٢ الموظّفة الجديدة عربيّة.

٣ المديرة الموجودة هنا سودانيّة.

٤ الأستاذة الجامعيّة مشهورة.

٥ المدرّسة المصريّة قاهريّة.

4 وَهْوَ와 وَهْيَ

불변사 وَ '그리고, 와'는 한 글자로 된 아랍어 불변사 중의 하나로서, 다음 단어와 한 요소처럼 붙여 쓰고 강세가 없다. 그러나 두 단어, هُوَ '그[남]'와 هِيَ '그[여]' 앞에서 وَ 는 오히려 강세가 있고, 두 대명사의 첫째 모음이 묵음이 되기도 한다.

وَهْوَ، وَهُوَ	'그리고 그[남]는'	[wáhwa] 또는 [wahúwa]
وَهْيَ، وَهِيَ	'그리고 그[여]는'	[wáhya] 또는 [wahíya]

연습9. 변형 وَهُوَ 와의 접속

وَهُوَ 또는 وَهِيَ 를 사용하여 주어진 두 문장을 한 문장으로 연결하라.

'그 학생은 도서관에 있다.' +	الطالب في المكتبة. +
'그 학생은 레바논인이다.' →	الطالب لبنانيّ. ←
'그 학생은 도서관에 있는데, 그는 레바논인이다.'	الطالب في المكتبة وهو لبنانيّ.

١ المدير موجود هنا. +
المدير قاهريّ.

٢ المكتبة في القاهرة. +
المكتبة حديثة.

٣ الجملة في الدرس. +
الجملة أساسيّة.

٤ الكرسيّ في المكتب. +
الكرسيّ كبير.

٥ المتحف قديم. +
المتحف كبير جدّا.

٦ الكلمة موجودة في الكتاب. +
الكلمة عربيّة.

٧ الطالب في الصفّ. +
الطالب أجنبيّ.

5 명사에 붙는 연계형대명사

아랍어의 대명사는 독립적으로 쓰이는 أَنَا '나', أَنْتَ '너[남]', هُوَ '그'와 같은 분리형대명사(ضَمِيرٌ مُنْفَصِلٌ) 외에도 여러 품사의 뒤에 부가되어 특별한 뜻을 갖는 연계형대명사(ضَمِيرٌ مُتَّصِلٌ)가 있다. 연계형대명사는 명사에 부가되면 소유의 뜻을 나타낸다. 다음에 이의 단수형을 보인다.

	분리형	연계형	보기	
3남단	هُوَ	ـهُ	مَكْتَبُهُ	'그[남]의 사무실'
3여단	هِيَ	ـهَا	مَكْتَبُهَا	'그[여]의 사무실'
2남단	أَنْتَ	ـكَ	مَكْتَبُكَ	'너[남]의 사무실'
2여단	أَنْتِ	ـكِ	مَكْتَبُكِ	'너[여]의 사무실'
1단	أَنَا	ـي	مَكْتَبِي	'나의 사무실'

연계형을 쓰면서 주의할 점은 다음과 같다.

(1) 연계형대명사가 명사에 부가되면 그 명사는 한정상태가 된다. 따라서 탄윈이나 관사가 붙지 않는다.

مَكْتَبٌ	'사무실'	مَكْتَبُهُ	'그의 사무실'
اَلْمَكْتَبُ	'그 사무실'		

또 명사-형용사구에서 그런 명사는 관사를 가진 형용사를 취한다.

مَكْتَبُهُ ٱلْجَدِيدُ	'그의 새 사무실'
جَامِعَتُكَ ٱلْكَبِيرَةُ	'너의 큰 대학'

(2) 연계형대명사는 명사의 격어미 모음의 다음에 부가된다.

[주]	مَكْتَبُكَ	'너의 사무실이'
[소]	مَكْتَبِكَ	'너의 사무실의'
[목]	مَكْتَبَكَ	'너의 사무실을'

1인칭 단수 연계형인 ـِي '나의'만은 격어미 모음 없이 바로 명사의 어간에 부가된다. 즉 격의 구분이 없게 된다. 이는 아랍어의 모음 중에서 ـِ 모음이 가장 강하므로 다른 모음이 ـِ 모음에 흡수되기 때문이다.

[주/소/목]	مَكْتَبِي	'나의 사무실-이/의/을'

(3) هُ '그의'가 ـِ , ـِي , ـَيْ 로 끝나는 단어에 부가되면 그 모음이 ـهِ 로 바뀐다.

[주]	مَكْتَبُهُ	'그의 사무실이'
[소]	مَكْتَبِهِ	'그의 사무실의'
[목]	مَكْتَبَهُ	'그의 사무실을'

연습10. 말바꾸기/변형 : 분리형대명사 또는 명사 → 연계형대명사

녹음

كِتَابُهُ	←	كِتَابٌ – هُوَ
'그[남]의 책'		'그[남]' - '책'
كتابها	←	كِتَابٌ – مَرْيَمُ
'그[여]의 책'		'마리아' – '책'

أنا	المدرّس
أنتِ	الأستاذة
هي	أنتَ
مريم	هو
سامي	المدرّسة

연습11. 쓰기, 가려내기 : 소유의 대명사

다음 명사에는 연계형대명사가 붙어 있다. 각각에 해당되는 분리형대명사(هُوَ, أَنَا 따위)를 써라.

هُوَ	كِتَابُهُ
'그[남]'	'그[남]의 책'

درسكَ	أستاذها
قلمها	مديركَ
مكتبي	كتابكِ
مدرّسكِ	مكتبتي
ورقته	جامعته

연습 12. 쓰기, 가려내기 : 연계형대명사

녹음

제 6 과 미국에서의 공부

اَلدَّرْسُ ٱلسَّادِسُ : اَلدِّرَاسَةُ فِي أَمْرِيكَا

1 관사 : 총칭적 용법

2 동사 : 완료시상 3인칭 남성 단수, 3인칭 여성 단수

3 동사문

4 연결형(اَلْإِضَافَةُ)

가-1. 기본문 미국에서의 공부 اَلدِّرَاسَةُ فِي أَمْرِيكَا

حَضَرَ كَرِيمٌ إِلَى أَمْرِيكَا مِنْ لُبْنَانَ وَدَرَسَ فِي جَامِعَةِ جُورْجْتَاوْن. وَبَعْدَ ٱلْحُصُولِ عَلَى شَهَادَةٍ فِي ٱللُّغَةِ ٱلْإِنْكِلِيزِيَّةِ رَجَعَ إِلَى بَيْرُوتَ وَدَرَّسَ فِي مَدْرَسَةٍ ثَانَوِيَّةٍ.

وِدَادُ صَدِيقَةُ كَرِيمٍ. دَرَسَتِ ٱللُّغَةَ ٱلْعَرَبِيَّةَ فِي ٱلْجَامِعَةِ ٱلْأَمْرِيكِيَّةِ فِي بَيْرُوتَ، وَبَعْدَ سَنَةٍ ٱنْتَقَلَتْ إِلَى جَامِعَةِ تِكْسَاس فِي أُوسْتِن. بَعْدَ ٱلِٱنْتِهَاءِ مِنَ ٱلدِّرَاسَةِ، رَجَعَتْ إِلَى ٱلشَّرْقِ ٱلْأَوْسَطِ وَدَرَّسَتْ فِي جَامِعَةِ بَغْدَادَ.

~의 끝남

가-2. 한국어 미국에서의 공부 اَلدِّرَاسَةُ فِي أَمْرِيكَا

카림은 레바논에서 미국으로 와서 조지타운 대학에서 공부했다. 그는 영어에서 학위를 얻은 후에 베이루트로 돌아와서 한 고등학교에서 가르쳤다.

위다드는 카림의 친구이다. 그는 베이루트의 아메리칸 대학에서 아랍어를 공부하고 일 년 후에 오스틴의 텍사스 대학으로 옮겼다. 그는 공부를 마친 후에 중동으로 돌아와서 바그다드 대학에서 가르쳤다.

나. 단어 ب – اَلْمُفْرَدَاتُ

اَلسَّادِسُ 여섯번째의

دِرَاسَةٌ 공부(하기)

حَضَرَ (إِلَى، مِنْ) 그[남]가 (~으로, ~에서) 왔다

كَرِيمٌ 카림(남자 이름)

إِلَى ~으로

دَرَسَ 그[남]가 공부했다

جُورْجْتَاوْن، جُورْج تَاوْن 조지타운

بَعْدَ ~의 뒤에

اَلْحُصُولُ (عَلَى) (~의) 얻음(획득)

شَهَادَةٌ 학위, 증명서

لُغَةٌ 언어, 말

لُغَوِيٌّ (لُغَةٌ의 [관형]) 언어의, 어학의; (언)어학자, 문법가

إِنْكِلِيزِيٌّ، إِنْجِلِيزِيٌّ [-gi-]); 영어의, 영국의; 영국인

دَرَّسَ 그[남]가 가르쳤다

مَدْرَسَةٌ 학교

ثَانَوِيٌّ 두번째 급의, 제2의, 고등학교의

صَدِيقٌ 친구

دَرَسَتْ 그[여]가 공부했다

سَنَةٌ 해, 연

سَنَوِيٌّ (سَنَةٌ의 [관형]) 해의, 해마다의

اِنْتَقَلَتْ 그[여]가 옮겼다, 이사했다

تِكْسَاس 텍사스

أُوسْتِن 오스틴

رَجَعَتْ 그[여]가 돌아왔다

اَلشَّرْقُ ٱلْأَوْسَطُ 중동

دَرَّسَتْ 그[여]가 가르쳤다

رَجَعَ 그[남]가 돌아왔다　　　　　　　　بَغْدَادُ 바그다드

주　الخ 는 إِلَى آخِرِهِ ‘따위, 등등’(글자 뜻 대로는 ‘그것의 끝까지’)의 약자이다.

다. 문법과 연습 　 جـ - اَلْقَوَاعِدُ وَٱلتَّمَارِينُ

1 관사: 총칭적 용법

우리말에서 "소는 유용한 동물이다"라고 할 때 '소'는 특정한 것을 가리키는 것이 아니라 '소라는 것' 전체를 말한다. 이 '소'는 총칭적으로 쓰인 것이다. 아랍어에서는 이런 경우에 단수 또는 복수명사에 관사를 붙여 쓰게 된다. 일반적으로 아랍어의 관사가 쓰이는 경우는 다음과 같다.

ㄱ. 사람이나 사물의 일반적인 종류
"학생(들)은 방학을 고대한다."
"수박은 당신에게 좋다."
"거기서는 가격이 높다."

ㄴ. 추상명사
"용기는 그들의 가장 칭찬할 만한 자질이었다."
"진실은 허구보다 강하다."

ㄷ. 동작이나 상태(동명사)

'학위 취득 후에'	بَعْدَ ٱلْحُصُولِ عَلَى شَهَادَةٍ
'여기서의 공부에서'	فِي ٱلدِّرَاسَةِ هُنَا
'공부를 마친 뒤에'	بَعْدَ ٱلْإِنْتِهَاءِ مِنَ ٱلدِّرَاسَةِ

2 동사 : 완료시상 3인칭 남성 단수, 3인칭 여성 단수

아랍어 동사는 완료(اَلْمَاضِي)와 미완료(اَلْمُضَارِعُ)의 두 가지 시상('시제'라고 할 때는 과거-현재-미래로 나눔)으로 나눌 수 있다. 전자는 동작이나 상태가 완료 즉 끝난 것을 나타내고, 후자는 동작이나 상태가 미완료 즉 끝나지 않고 계속되고 있는 것을 나타낸다. 흔히 완료는 과거시제로, 미완료는 현재 또는 미래시제로 옮길 수 있다.

이 과에서는 완료시상을 배우기로 한다.
다음은 완료시상의 동사들이다.

حَضَرَ إِلَى	'그[남]가 ~에 왔다'	حَضَرَتْ إِلَى	'그[여]가 ~에 왔다'
دَرَسَ	'그[남]가 공부했다'	دَرَسَتْ	'그[여]가 공부했다'
رَجَعَ	'그[남]가 돌아왔다'	رَجَعَتْ	'그[여]가 돌아왔다'
دَرَّسَ	'그[남]가 가르쳤다'	دَرَّسَتْ	'그[여]가 가르쳤다'

동사의 완료형은 어간과 주어 표지어로 이루어져 있다.

위의 표에서 보듯이 주어표지어는 3인칭 남성 단수에서는 동사 끝의 ـَ , 3인칭 여성 단수에서는 ـَتْ 이며, 나머지 부분이 어간이다. (아랍어 문법에서는 어간을 동사, 주어표지어를 대명사로 본다.)

حَضَرَ كَرِيمٌ.	'카림이 왔다.'
حَضَرَتْ وِدَادُ.	'위다드가 왔다.'

이처럼 동사에 주어표지어가 포함되어 있으므로 아랍어에서는 주어를 강조하거나 대조해서 쓸 때 외에는 보통 대명사 주어(분리형대명사)를 나타내지 않는다.

رَجَعَ	'그가 돌아왔다'
رَجَعَتْ	'그[여]가 돌아왔다'

3인칭 여성단수 완료형 ـَتْ 는 연독함자(함자툴와슬) 앞에서 보조모음 ـِ 를 첨가한다.

دَرَسَتِ ٱلطَّالِبَةُ.	'그 여학생이 공부했다.'
دَرَسَتِ ٱللُّغَةَ.	'그[여]가 그 언어를 공부했다.'

연습1. 가려내기 : 동사의 주어

다음 각 문장의 동사의 주어에 해당하는 분리형대명사를 써라.

‘그가 아랍어를 공부했다.’	درس اللغة العربيّة – هو

١ درّست في مدرسة ثانويّة.

٢ رجع إلى لبنان.

٣ حضر إلى الصفّ.

٤ انتقلت إلى جامعة تكساس.

٥ درس اللغة الإنكليزيّة.

٦ رجعت من بيروت.

٧ درّس في جامعة القاهرة.

٨ انتقل إلى بغداد.

٩ حضرت إلى بيروت من دمشق.

١٠ درست اللغة العربيّة في بيروت.

연습2. 말바꾸기 : 동사문

녹음

밑줄 친 말을 주어진 단어로 바꾸어라.

ㄱ. ‘카림이 미국에 왔다.’	حضر كريم إلى أمريكا.

سمير المدير

الزائر الأجنبيّ السيّد سليم

سامي

ㄴ. ‘위다드가 프랑스어를 공부했다.’	درست وداد اللغة الفرنسيّة.

الطالبة السكرتيرة

سميرة مريم

الآنسة هند

ㄷ. ‘파리드가 바그다드 대학으로 옮겼다.’
انتقل فريد إلى جامعة بغداد.

الطالبة السيّد سامي

هند — الآنسة نانسي

الأستاذ

3 동사문

5과까지는 명사문에 대해서 배웠다. 이제는 동사문에 대해서 배우기로 한다. 동사문은 동사로 시작하는 문장을 말한다. 따라서 어순은 동사(+주어)+목적어의 순이다. 주어는 동사 자체에 포함되기도 하고, 주격 상태의 명사 또는 명사-형용사구일 수도 있다. 동사는 주어의 성에 일치해야 한다.

رَجَعَ.	'그[남]가 돌아왔다.'
رَجَعَتْ.	'그[여]가 돌아왔다.'

주어	동사	
كَرِيمٌ.	رَجَعَ	'카림이 돌아왔다.'
اَلطَّالِبَةُ اَلْجَدِيدَةُ.	رَجَعَتِ	'그 여신입생이 돌아왔다.'

여성 주어와 동사의 사이에 다른 단어나 구가 개입되어 있으면, 그 동사는 남성형이나 여성형 어느 것도 쓸 수 있다.

حَضَرَ [حَضَرَتْ] إِلَى ٱلْجَامِعَةِ زَائِرَةٌ أَجْنَبِيَّةٌ.	'한 외국 여자 방문객이 그 대학에 왔다.'

주어가 복합일 때는 동사와 가까운 쪽의 성에 일치한다.

رَجَعَتْ كَرِيمَةُ وَسَمِيرٌ.	'카리마와 사미르가 돌아왔다.'

동사문에서 목적어가 필요하면 목적격 상태의 목적어가 온다.

목적어	주어	동사	
اَللُّغَةَ ٱلْعَرَبِيَّةَ.	وِدَادُ	دَرَسَتْ	'위다드가 아랍어를 공부했다.'
لُغَةً أَجْنَبِيَّةً.		دَرَسَتْ	'그[여]가 외국어 하나를 공부했다.'

또 동사문은 하나 이상의 부사 수식어(부사 또는 부사구)가 동사를 꾸밀 수도 있다. 이들은 다음의 보기처럼 자유로운 위치에 올 수 있다.

بَعْدَ سَنَةٍ ٱنْتَقَلَتْ إِلَى أُوسْتِن.	‘일 년 후에 그[여]가 오스틴으로 옮겼다.’
حَضَرَ كَرِيمٌ إِلَى أَمْرِيكَا مِنْ لُبْنَانَ.	‘카림이 레바논에서 미국으로 왔다.’
دَرَّسَتْ فِي جَامِعَةِ بَغْدَادَ.	‘그[여]가 바그다드 대학에서 가르쳤다.’

여러 종류의 문장들은 وَ ‘그리고’와 같은 접속사로 문장이 시작되거나(이 경우, 우리말로 옮기지 않아도 되는 경우가 많음) 연결될 수가 있다.

أَنَا طَالِبٌ وَأَنْتَ أُسْتَاذٌ.	‘나는 학생이고 당신은 교수이다.’
حَضَرَ كَرِيمٌ مِنْ لُبْنَانَ وَدَرَسَ فِي جَامِعَةِ جُورْجْتَاوْن.	‘카림이 레바논에서 와서 조지타운 대학에서 공부했다.’
وَبَعْدَ سَنَةٍ رَجَعَ إِلَى بَيْرُوتَ.	‘(그리고) 일 년 후에 그가 베이루트로 돌아왔다.’

연습3. 쓰기, 가려내기

다음 문장을 옮겨 쓰고, 주어가 있으면 괄호 안에 넣고, 동사의 목적어가 있으면 밑줄을 한 번, 부사 수식어가 있으면 밑줄을 두 번 쳐라.

‘카림이 바그다드에서 아랍어를 공부했다.’	درس (كريم) اللغة العربية في بغداد.

١ رجعت وداد من القاهرة.

٢ وبعد سنة انتقل إلى جامعة الرياض.

٣ درس فريد اللغة الفرنسيّة ودرست نانسي اللغة العربيّة.

٤ رجع سليم وفريدة من المغرب.

٥ هل حضر كريم إلى الصفّ؟

4 연결형 : اَلْإِضَافَةُ

다음 보기를 살펴보자.

مَكْتَبُ ٱلْمُدِيرِ	'실장실'
بَابُ ٱلْمَتْحَفِ	'박물관의 문'
لُغَةُ ٱلنَّصِّ	'본문의 언어'

위와 같은 구문을 연결형 관계(아랍어: اَلْإِضَافَةُ '부가, 연결')라고 하며, 아랍어에서 가장 많이 쓰이는 구문의 하나이다. 연결형은 두 명사가 그 사이에 다른 단어의 개입 없이 연결되어 있는 구로서, 이들 명사를 각각 연결형의 제 1 요소(اَلْمُضَافُ)와 제 2 요소(اَلْمُضَافُ إِلَيْهِ)라고 한다. 연결형의 가장 대표적인 용법은 소유관계를 표현하는 것이다. 이때 제 1 요소는 소유물, 제 2 요소는 소유자가 된다. (아랍어에서 수식어는 항상 피수식어의 뒤에 오는 사실에 유의할 것). 다시 말하면 제 1 요소가 이 명사구의 핵이 된다. 연결형은 다음과 같은 특징을 가지고 있다.

ㄱ. 전체 연결형은 명사구로서 문장 안에서 명사로서의 구실(주어·술어·동사나 전치사의 목적어 등)을 한다. 따라서 제 1 요소는 문장 안에서의 연결형의 기능에 따라서 어느 격이라도 취할 수 있다. 제 2 요소는 항상 소유격을 취한다.

주격의 제1요소	هَذَا مَكْتَبُ ٱلْمُدِيرِ.	'이것이 실장실이다.'
소유격의 제1요소	سَلِيمٌ فِي مَكْتَبِ ٱلْمُدِيرِ.	'살림이 실장실에 있다.'
목적격의 제1요소	دَرَسَتْ نَصَّ ٱلدَّرْسِ.	'그[여]가 그 과의 본문을 공부했다.'

ㄴ. 제2요소만이 관사 또는 탄윈을 취할 수 있다. 이 경우 제2요소가 비한정상태이면 제1요소도 비한정상태이고, 한정상태이면 역시 제1요소도 한정상태이다. 다시 말하면 연결형의 한정상태의 여부는 제2요소에 따른다.

비한정상태

كِتَابُ طَالِبٍ	'(한) 학생의 책 (한 권)'
مُوَظَّفُ حُكُومَةٍ	'(한) 공무원'
مُدِيرُ مَتْحَفٍ	'(한) 박물관장'
قَلَمُ مُدَرِّسٍ	'(한) 선생님의 연필 (한 자루)'
مُدَرِّسُ تَارِيخٍ	'(한) 역사선생님'

한정상태

قَلَمُ ٱلْمُدَرِّسِ	'(그) 선생님의 (그) 연필'
قَلَمُ أُسْتَاذِهِ	'그의 교수의 연필'
قَلَمُ مَرْيَمَ	'마리아의 연필'
جَامِعَةُ جُورْج تَاوْن	'조지타운 대학'

2. 다. 4에서 배웠듯이 호격사 يَا 뒤의 명사는 주격을 취하지만, 그 명사가 연결형의 제1요소이면 목적격을 취한다. 다음을 비교하라.

يَا أُسْتَاذُ	'교수님!'
يَا أُسْتَاذَ ٱللُّغَةِ ٱلْعَرَبِيَّةِ	'아랍어 교수님!'

연습4. 쓰기

다음 각 문장에서 연결형을 찾아내어 밑줄을 쳐라.

'카림이 라바트 대학에서 공부했다.'	درس كريم في جامعة الرباط.

١ مكتب المدير فريب من هنا.

٢ رجع بعد الانتهاء من دراسة اللغة العربيّة.

٣ انتقل بعد سنة إلى جامعة بغداد.

٤ صديقها مدير متحف وصديقتها مدرّسة تاريخ.

٥ كتاب الطالب جديد.

٦ انتقل صديق وداد إلى تونس.

연습5. 쓰기

괄호 안의 단어로 연결형을 만들어 문장에 넣어라. 또 각 문장에 모음부호를 붙이고 우리말로 옮겨라.

(الكتاب – الرجل) هنا ← كِتَابُ ٱلرَّجُلِ هُنَا.	'그 남자의 책이 여기에 있다.'

١ صديقي في (المكتب – السكرتير).

٢ هل درست (الكتاب – الأستاذ) أم (الكتاب – الأستاذة)؟

٣ (المتحف – الجامعة) مشهور.

٤ (الشهادة – صديقه) في اللغة الإنكليزيّة.

٥ رجع من (المكتب – الموظّف).

٦ درّس (النصّ – الدرس) الجديد.

라. 강 독

د – نُصُوصٌ لِلْفَهْمِ

다음 문장을 읽고 각각 연습6과 연습7을 하라.

أ – حَضَرَ ٱلسَّيِّدُ فَرِيدٌ مِنَ ٱلسُّودَانِ إِلَى ٱلْقَاهِرَةِ. دَرَسَ ٱللُّغَةَ ٱلْعَرَبِيَّةَ فِي جَامِعَةِ ٱلْقَاهِرَةِ. وَبَعْدَ ٱلدِّرَاسَةِ رَجَعَ إِلَى ٱلسُّودَانِ وَهُوَ ٱلْآنَ مُوَظَّفٌ كَبِيرٌ فِي ٱلْخَرْطُومِ.

지금

연습6. **쓰기**

أَسْئِلَةٌ

١ من أين السيّد فريد؟

٢ أين درس؟

٣ هل حَصَلَ عَلَى شهادة جامعيّة؟ 그가 ~을 얻었다

٤ هل هو طالب الآن؟

ب – اَلسَّيِّدُ ٱلدُّكْتُورُ سَمِيرٌ سَلِيمٌ مُدِيرُ ٱلْمَكْتَبَةِ فِي جَامِعَةِ ٱلْقَاهِرَةِ. مَكْتَبَةُ ٱلْجَامِعَةِ بِنَاءٌ قَدِيمٌ قَرِيبٌ مِنَ ٱلْمَتْحَفِ. سِكْرِتِيرَةُ ٱلدُّكْتُورِ سَمِيرٍ آنِسَةٌ مِصْرِيَّةٌ وَهِيَ وِدَادُ نَجِيبٌ. حَصَلَتِ ٱلْآنِسَةُ وِدَادُ عَلَى ٱلْوَظِيفَةِ بَعْدَ سَنَةٍ مِنِ ٱنْتِهَاءِ دِرَاسَتِهَا.

그[여]가 얻었다; 일자리, 직업;
끝(남)

연습7. 쓰기

أسئلة

١ من الدكتور سمير سليم؟

٢ من سكرتيرة الدكتور سليم؟

٣ أين مكتبة الجامعة؟

٤ هل بناء المكتبة جديد؟

٥ هل السكرتيرة لبنانيّة؟

마. 종합연습　　　　هـ - اَلتَّمَارِينُ اَلْعَامَّةُ

연습8. 쓰 기

남성형은 여성형으로, 여성형은 남성형으로 바꾸어서 기본문을 다시 써라. (وداد 는 كريم 으로, كريم 은 وداد 로 바꾸어라.)

حضرت وداد إلى أمريكا ٠٠٠٠

연습9. 번 역

مكتبة الجامعة بناء حديث.	'그 대학 도서관은 현대식 건물이다.'

١ درس نصّ الدرس.

٢ صديق فريد طالب عراقيّ.

٣ درّست هند في جامعة القاهرة.

٤ انتقلت السكرتيرة إلى مكتب المدير.

٥ مدير المتحف رجل مشهور.

٦ الأستاذ كريم مدرّس اللغة الإنكليزيّة.

연습10. 다음 말에 알맞은 대답을 하여라.

١ مرحبا.

٢ صباح الخير.

٣ كيف الحال؟

٤ من أنت؟

٥ من أين أنت؟

٦ هل أنت لبنانيّ؟

٧ ما هذا؟ (كتاب، لوح، باب الخ).

٨ أهذا كتابك؟

٩ هل المكتبة قريبة من هنا؟

١٠ من أستاذك؟

١١ من أين هو؟

١٢ شكرا.

제 7 과 남학생과 여학생

اَلدَّرْسُ ٱلسَّابِعُ : طَالِبٌ وَطَالِبَةٌ

1. 완료시상 : 2인칭 남성 단수, 2인칭 여성 단수, 1인칭 단수
2. '무엇' : مَا와 مَاذَا
3. 단어 또는 구의 부정 : لَيْسَ
4. 지시사 : ذَٰلِكَ 와 تِلْكَ
5. 수사 : 11 ~ 19

가-1. 기본문 남학생과 여학생 طَالِبٌ وَطَالِبَةٌ

سَالِي : أَيْنَ دَرَسْتَ ٱللُّغَةَ ٱلْإِنْكِلِيزِيَّةَ يَا أَحْمَدُ؟

أَحْمَدُ : دَرَسْتُ ٱللُّغَةَ ٱلْإِنْكِلِيزِيَّةَ فِي مَدْرَسَةٍ ثَانَوِيَّةٍ.

سَالِي : وَأَيْنَ دَرَسْتَ بَعْدَ ذٰلِكَ؟

أَحْمَدُ : فِي جَامِعَةِ ٱلْأَزْهَرِ فِي ٱلْقَاهِرَةِ. (알-)아즈하르

سَالِي : مَاذَا دَرَسْتَ فِي تِلْكَ ٱلْجَامِعَةِ؟

أَحْمَدُ : اَلتَّارِيخَ ٱلْإِسْلَامِيَّ.

سَالِي : هَلْ دَرَسْتَ عَنْ أَمْرِيكَا؟

أَحْمَدُ : لَيْسَ فِي ٱلْجَامِعَةِ، لٰكِنْ قَرَأْتُ شَيْئًا عَنْ تَارِيخِ أَمْرِيكَا. وَأَنْتِ يَا سَالِي، أَيْنَ تَعَلَّمْتِ ٱلْعَرَبِيَّةَ؟

سَالِي : تَعَلَّمْتُ ٱلْعَرَبِيَّةَ فِي مَدْرَسَةٍ خَاصَّةٍ فِي مِصْرَ. وَبَعْدَ ذٰلِكَ بَدَأْتُ ٱلدِّرَاسَةَ فِي جَامِعَةِ ٱلْقَاهِرَةِ.

أَحْمَدُ : هَلْ أَكْمَلْتِ ٱلدِّرَاسَةَ ٱلْجَامِعِيَّةَ هُنَاكَ؟

سَالِي : لَا. رَجَعْتُ إِلَى أَمْرِيكَا، وَتَابَعْتُ ٱلدِّرَاسَةَ فِي جَامِعَةٍ أَمْرِيكِيَّةٍ.

가-2. 한국어 남학생과 여학생 طَالِبٌ وَطَالِبَةٌ

샐리 : 아흐마드, 어디에서 영어를 공부했습니까?

아흐마드 : 고등학교에서 영어를 공부했습니다.

샐리 : 그 뒤에는 어디에서 공부했습니까?

아흐마드 : 카이로의 (알-)아즈하르 대학에서입니다.

샐리 : 그 대학에서 무엇을 공부했습니까?

아흐마드 : 이슬람사입니다.

샐리 : 미국에 대해서 공부했습니까?

아흐마드 : 대학에서는 아닙니다만 미국사에 대해 무엇인가 읽었죠. 그런데 샐리, 당신은 어디에서 아랍어를 배웠습니까?

샐리 : 이집트의 한 사립학교에서 아랍어를 배웠습니다. 그 뒤에 카이로 대학에서 공부를 시작했습니다.

아흐마드 : 거기서 대학공부를 마쳤습니까?

샐리 : 아니요, 미국에 돌아와서 한 미국 대학에서 공부를 계속했습니다.

나. 단 어 ب – اَلْمُفْرَدَاتُ

اَلسَّابِعُ	일곱번째의	قَرَأْتُ	내가 읽었다
سَالِي	샐리(여자 이름)	شَيْءٌ	일, 사물
دَرَسْتَ	네[남]가 공부했다.	تَعَلَّمْتِ	네[여]가 배웠다
اَللُّغَةُ ٱلْإِنْكِلِيزِيَّةُ، اَلْإِنْكِلِيزِيَّةُ	영어	اَللُّغَةُ ٱلْعَرَبِيَّةُ، اَلْعَرَبِيَّةُ	아랍어
أَحْمَدُ	아흐마드(남자 이름)	تَعَلَّمْتُ	내가 배웠다
دَرَسْتُ	내가 공부했다	خَاصٌّ	특별한; 사사로운, 개인의
مَاذَا ؟	무엇?	ذٰلِكَ	[남] 그, 저
تِلْكَ	[여] 그, 저	بَدَأْتُ	내가 시작했다
تَارِيخٌ	역사	أَكْمَلْتِ	네[여]가 끝마쳤다
اَلْإِسْلَامُ	이슬람(교)	هُنَاكَ	거기, 저기
عَنْ	~에 대해서	رَجَعْتُ	내가 돌아왔다
لٰكِنْ	그러나	تَابَعْتُ	내가 계속했다

다. 문법과 연습 ج - اَلْقَوَاعِدُ وَالتَّمَارِينُ

1 완료시상 : 2인칭 남성 단수, 2인칭 여성 단수, 1인칭 단수

완료시상에서 2인칭 남성 단수(أَنْتَ '너'[남])의 주어표지어는 ـْـتَ , 2인칭 여성 단수(أَنْتِ '너'[여])의 주어표지어는 ـْـتِ , 1인칭 단수(أَنَا '나')의 주어표지어는 ـْـتُ 이다.

أَيْنَ دَرَسْتَ يَا أَحْمَدُ؟	'아흐마드, 당신은 어디에서 공부했느냐?'
أَيْنَ دَرَسْتِ يَا سَالِي؟	'샐리, 당신은 어디에서 공부했느냐?'
دَرَسْتُ فِي بَيْرُوتَ.	'나는 베이루트에서 공부했다.'

몇 개 동사의 단수 변화형을 보면 다음과 같다.

		3남단	3여단	2남단	2여단	1단
어 간		هُوَ	هِيَ	أَنْتَ	أَنْتِ	أَنَا
دَرَسْ–	'공부했다'	دَرَسَ	دَرَسَتْ	دَرَسْتَ	دَرَسْتِ	دَرَسْتُ
حَضَرْ – إِلَى	'~으로 왔다'	حَضَرَ	حَضَرَتْ	حَضَرْتَ	حَضَرْتِ	حَضَرْتُ
رَجَعْ–	'돌아왔다'	رَجَعَ	رَجَعَتْ	رَجَعْتَ	رَجَعْتِ	رَجَعْتُ
قَرَأْ–	'읽었다'	قَرَأَ	قَرَأَتْ	قَرَأْتَ	قَرَأْتِ	قَرَأْتُ
بَدَأْ–	'시작했다'	بَدَأَ	بَدَأَتْ	بَدَأْتَ	بَدَأْتِ	بَدَأْتُ
دَرَّسْ–	'가르쳤다'	دَرَّسَ	دَرَّسَتْ	دَرَّسْتَ	دَرَّسْتِ	دَرَّسْتُ

تَعَلَّمْ–	'배웠다'	تَعَلَّمَ	تَعَلَّمَتْ	تَعَلَّمْتَ	تَعَلَّمْتِ	تَعَلَّمْتُ
تَابَعْ–	'계속했다'	تَابَعَ	تَابَعَتْ	تَابَعْتَ	تَابَعْتِ	تَابَعْتُ
أَكْمَلْ–	'끝마쳤다'	أَكْمَلَ	أَكْمَلَتْ	أَكْمَلْتَ	أَكْمَلْتِ	أَكْمَلْتُ
اِنْتَقَلْ–	'옮겼다'	اِنْتَقَلَ	اِنْتَقَلَتْ	اِنْتَقَلْتَ	اِنْتَقَلْتِ	اِنْتَقَلْتُ
주어표지어		ـَ	ـَتْ	ـْتَ	ـْتِ	ـْتُ

주어표지어 ـْتَ 와 ـْتُ 는 쉼발음에서 똑같이 [-t]로 발음된다.

دَرَسْتَ	'네[남]가 공부했다'	= [darast]
دَرَسْتُ	'내가 공부했다'	

그러나 2인칭 여성의 ـْتِ 는 쉼발음에서 발음이 변하지 않는다.

사전이나 어휘집에서는 일반적으로 دَرَسَ 와 같은 3인칭 남성 단수 완료형을 동사의 기본형(원형)으로 싣는다. 이것은 이 형이 가장 짧은 형이기 때문이다. 그러므로 글자 뜻대로는 '그가 공부했다'의 뜻이지만 기본형으로 쓰이면 '공부하다'로 옮긴다.

연습1. 쓰기, 가려내기 : 단수 동사의 어미(주어표지어)

다음 각 동사의 주어표지어(동사의 주어를 나타내는 어미)를 골라 밑줄을 치고 해당되는 분리형대명사를 써라.

هو	دَرَسَ	دَرَسَ :
'그'	'그가 공부했다'	

أَكْمَلْتِ　　　　دَرَسْتُ

بَدَأَتْ　　　　دَرَسْتِ

رَجَعْتُ　　　　قَرَأْتَ

تَعَلَّمَ　　　أَكْمَلَ

تَابَعْتِ　　　تَعَلَّمْتُ

연습2. 동사활용

녹음

보기 문장의 동사를 아래에 주어진 말에 따라 바꾸어라.

أنا – درست اللغة العربيّة.	‘내가 아랍어를 공부했다.’

أنتِ　　　سامي

هو　　　وداد

هي　　　أنا

다음 문장으로 계속하라.

١　قرأتُ كتابا جديدا.

٢　أكملتُ الدراسة هنا.

٣　تعلّمتُ اللغة الإنكليزيّة.

٤　بدأتُ دراسة التاريخ الإسلاميّ.

연습3. 묻고 대답하기

적당한 동사형을 사용하여 다음 물음에 답하라.

هل درستَ؟	‘당신은 공부했습니까?’
نعم، درستُ.	‘예, 나는 공부했습니다.’

١　هل درستَ العربيّة؟

درسَ

درستُ

درستِ

دَرَسَتْ

٢　هل أكملتَ الدراسة هناك؟

أكملَ

أكملتُ

أكملتْ

أكملتَ

أكملتِ

2 '무엇' : مَا 와 مَاذَا

우리말의 '무엇'이란 말에 해당하는 아랍어 단어는 두 개가 있으며, 각각 다른 문장 형식에 쓰인다. 의문사 مَا 는 명사문의 술어로 쓰인다. 이것은 의문사이므로 문장머리에 온다.

مَا هٰذَا؟	'이것은 무엇이냐?'
مَا هٰذَا ٱلْبِنَاءُ ٱلْكَبِيرُ؟	'이 큰 건물은 무엇이냐?'

한편, 의문사 مَاذَا 는 동사문의 주어나 목적어로 사용된다. 다음은 목적어로 쓰인 보기이다.

مَاذَا دَرَسَتْ وِدَادُ؟	'위다드는 무엇을 공부했느냐?'
مَاذَا دَرَّسَ فِي جَامِعَةِ جُورْجْتَاوْن؟	'그는 조지타운 대학에서 무엇을 가르쳤느냐?'

의문사 مَا 가 전치사의 목적어로 쓰이면 그 전치사와 한 단어처럼 붙여 쓴다. 이때 مَا 는 مَ 로 쓰기도 한다.

مِنْ + مَا → مِمَّ '무엇에서부터?'
('ㄴ'이 'ㅁ'에 동화됨)
عَنْ + مَا → عَمَّ '무엇에 대해서?'
فِي + مَا → فِيمَ '무엇 안에?'
إِلَى + مَا → إِلَامَ '무엇으로?'

مَا 는 بَعْدَ '~의 뒤에' 또는 أَمَامَ '~의 앞에'처럼 ــَ 로 끝나는 전치사와는 붙여 쓰지 않는다.

연습4. 쓰기, 변형 : 서술문 → ما 또는 ماذا 로 시작하는 의문문

다음 문장을 바탕으로 ما 또는 ماذا 를 사용하여 의문문을 만들어라.

'이것은 큰 문이다.'	هذا باب كبير.
'이것은 무엇이냐?'	ما هذا؟

١ تعلّمت العربيّة هنا.

٢ هذه مدرسة ثانويّة.

٣ درس اللغة الإنكليزيّة.

٤ هذا كرسيّ جديد.

٥ هذا نصّ أساسيّ.

٦ هذه طاولتي الجديدة.

٧ درست تاريخ مصر.

٨ هذه مكتبة المدير.

٩ تعلّمت الآنسة هند الفرنسيّة.

١٠ هذا متحف وطنيّ.

3 단어 또는 구의 부정 : لَيْسَ

4. 다. 1 에서 배웠듯이 لَيْسَ 의 변화형들은 명사문의 부정에 사용된다. 3 인칭 남성 단수형 لَيْسَ 는 또 단일 단어나 구를 부정하는 데에도 사용된다. 이 용법은 일반적으로 의문이나 제안에 대한 짤막한 대답(완전하지 않은 문장)에서 쓰인다.

هَلْ دَرَسْتَ عَنْ أَمْرِيكَا؟	'당신은 미국에 대해서 공부했느냐?'
لَيْسَ فِي ٱلْجَامِعَةِ.	'대학에서가 아니다.'
أَيْنَ دَرَّسَتِ ٱلْعَرَبِيَّةَ؟ هُنَا؟	'그[여]가 아랍어를 어디서 가르쳤느냐? 여기에서냐?'
لَا. لَيْسَ هُنَا. دَرَّسَتِ ٱلْعَرَبِيَّةَ فِي تِكْسَاس.	'아니, 여기가 아니다. 그[여]는 텍사스에서 아랍어를 가르쳤다.'

연습5. 구의 부정

녹음

لَيْسَ 를 사용하여 다음 각 문장의 둘째 부분을 부정하라.

'당신이 어디서 아랍어를 공부했느냐? 대학에서냐?'	أين درست العربيّة؟ في الجامعة؟
'아니, 대학에서가 아니다.'	لا. ليس في الجامعة.

١ من أين أنت؟ من الخرطوم؟

٢ أين المدير؟ في المكتبة؟

٣ أين تعلّم الإنكليزيّة؟ هنا؟

٤ من أين حضر كريم؟ من سوريا؟

٥ أين جامعة الأزهر؟ في دمشق؟

٦ أين أكملت دراستك؟ في جامعة ميشيغان؟

٧ أين درّست بعد الحصول على الشهادة؟ في الشرق الأوسط؟

4 지시사 : ذٰلِكَ 와 تِلْكَ

지시사에는 هٰذَا ([여]: هٰذِهِ) 외에도 ذٰلِكَ ([여]: تِلْكَ)가 있다. 그 기능은 هٰذَا 와 똑같다.

بَعْدَ ذٰلِكَ	'그 뒤에'
فِي تِلْكَ ٱلسَّنَةِ	'그 해에'

이 두 지시사의 차이점은 هٰذَا / هٰذِهِ 는 발화자에게서 가깝거나 그리 멀지 않은 것을 가리키는데 사용되어 문맥에 따라 '이(것)' 또는 '그(것)'으로 옮겨지는데 반해, ذٰلِكَ / تِلْكَ 는 보통 꽤 멀거나 시간적으로 오래된 것을 가리켜서 '저(것)' 또는 '그(것)'으로 옮겨진다. 또 두 가지가 대조적으로 쓰일 때, 각각 هٰذَا 와 ذٰلِكَ 를 쓰기도 한다.

هٰذَا حَدِيثٌ وَذٰلِكَ قَدِيمٌ.	'이것은 신식이고, 저것은 구식이다.'

연습6. 구의 부정

다음 빈 칸에 지시사의 알맞은 형을 넣어라.

١ هذا الرجل أجنبيّ و_____ أمريكيّ.

٢ _____ بناء قديم وذلك حديث.

٣ هذه الجامعة قريبة و_____ بعيدة.

٤ _____ الآنسة هند و_____ وداد.

٥ _____ المتحف حديث و_____ قديم.

녹음

5 수사 : 11 ~ 19

다음 수사의 형은 셈하는 데에 쓰인다.

11	열하나	أَحَدَ عَشَرَ	١١
12	열둘	اِثْنَا عَشَرَ	١٢
13	열셋	ثَلَاثَةَ عَشَرَ	١٣
14	열넷	أَرْبَعَةَ عَشَرَ	١٤
15	열다섯	خَمْسَةَ عَشَرَ	١٥
16	열여섯	سِتَّةَ عَشَرَ	١٦
17	열일곱	سَبْعَةَ عَشَرَ	١٧
18	열여덟	ثَمَانِيَةَ عَشَرَ	١٨
19	열아홉	تِسْعَةَ عَشَرَ	١٩

라. 강 독 　　　　　 د – نُصُوصٌ لِلْفَهْمِ

다음 문장을 읽고 연습 7을 하라.

دَرَسَ ٱلسَّيِّدُ أَحْمَدُ نَجِيبٌ ٱلتَّارِيخَ ٱلْإِسْلَامِيَّ فِي جَامِعَةِ ٱلْأَزْهَرِ فِي ٱلْقَاهِرَةِ، وَدَرَسَ ٱللُّغَةَ ٱلْفَرَنْسِيَّةَ فِي مَدْرَسَةٍ خَاصَّةٍ. اِنْتَقَلَ بَعْدَ ذٰلِكَ إِلَى بَارِيس وَأَكْمَلَ ٱلدِّرَاسَةَ ٱلْجَامِعِيَّةَ هُنَاكَ.

رَجَعَ ٱلسَّيِّدُ أَحْمَدُ نَجِيبٌ إِلَى ٱلْقَاهِرَةِ، وَهُوَ ٱلْآنَ مُدِيرُ مَدْرَسَةٍ ثَانَوِيَّةٍ مَشْهُورَةٍ فِي ٱلْإِسْكَنْدَرِيَّةِ.

지금; 알렉산드리아

연습7. 참과 거짓 　　　　　 صَوَابٌ أَمْ خَطَأٌ

١ السيّد أحمد نجيب مدير متحف.

٢ درس السيّد أحمد نجيب في أمريكا.

٣ درس السيّد أحمد نجيب اللغة الفرنسيّة.

٤ درس السيّد أحمد نجيب في مدرسة خاصّة.

٥ أكمل السيّد أحمد نجيب دراسة الجامعيّة في مصر.

٦ الأزهر مدرسة ثانويّة في القاهرة.

마. 종합연습   هـ - اَلتَّمَارِينُ ٱلْعَامَّةُ

연습8. 변형 : 관계형용사

'이 학생은 베이루트에서 왔다.'	هذا الطالب من بيروت.
'이 학생은 베이루트인이다.'	هذا الطالب بيروتيّ.

١ هل أستاذك من أمريكا ؟

٢ درست في جامعة في المغرب .

٣ تعلّمت العربيّة من صديق من السعوديّة.

٤ هذه الطالبة من العراق وتلك من الأردنّ.

٥ هذا الرجل من السودان وذلك من مصر .

٦ هل تعلّمت العربيّة في مدرسة في تونس؟

녹음

연습9. 말바꾸기 : 연계형대명사

주어진 제시어에 따라 보기 문장의 연계형대명사를 바꾸어라.

'나의 친구는 아랍어 책을 읽었다.'	قرأ صديقي كتابا عربيّا.

أنتَ   هي

هو   أنتِ

أنتِ   أنا

다음 문장으로 계속하라. قرأت صديقتي كتابا عربيّا.

연습10. 쓰기 가려내기 : 지시사

녹음

연습11. 쓰기, 완성하기

본 과의 기본문을 근거로 하여 아래 문장의 빈칸을 채워라. (본문을 보지 않고 하도록 하라).

درس أحمد الأنكليزيّة في _______ ثانويّة، وبعد ذلك درس _______ في جامعة الأزهر في _______. و_______ شيئا عن تاريخ أمريكا.

تعلّمت سالي _______ في مدرسة خاصّة، وبعد ذلك _______ الدراسة في جامعة القاهرة. _______ إلى أمريكا و_______ الدراسة هناك.

연습12. 작문

1. 당신[여]은 아랍어를 고등학교에서 공부했습니까?
2. 아니오, 고등학교에서가 아닙니다. 나는 아랍어를 한국/부산외국어대학교에서 배웠습니다. (فِي جَامِعَةِ هَانْكُوك / بُوسَان لِلدِّرَاسَاتِ ٱلْأَجْنَبِيَّةِ)
3. (그) 고등학교에서는 무엇을 공부했습니까?
4. 나는 한국어와 한국사를 공부했습니다.
5. 한국/부산외국어대학교는 어디에 있습니까?
6. 그것은 서울/부산에 있습니다.
7. 그것은 큰 대학교입니까?
8. 예.

제 8 과 대학에서의 새소식

اَلدَّرْسُ ٱلثَّامِنُ : أَخْبَارٌ مِنَ ٱلْجَامِعَةِ

1 연결형 : 제2요소로 쓰이는 명사구

2 동사-주어의 일치 : 복수 주어

3 분리형대명사 : 복수형

4 연계형대명사 : 복수형

5 부정의 لَيْسَ : 복수형

6 보조모음 : 종합

가-1. 기본문 대학에서의 새소식 أَخْبَارٌ مِنَ ٱلْجَامِعَةِ

١ رَجَعَ رَئِيسُ ٱلْجَامِعَةِ إِلَى ٱلشَّرْقِ ٱلْأَوْسَطِ أَمْسِ بِٱلطَّائِرَةِ.

٢ أَصْدَرَتِ ٱلْجَامِعَةُ كِتَابًا جَدِيدًا بِعُنْوَانِ "نَحْنُ وَلُغَتُنَا".

٣ اِسْتَمَعَ ٱلطُّلَّابُ ٱلْجُدُدُ لِمُحَاضَرَةٍ بِعُنْوَانِ "لَسْتُمُ ٱلْآنَ فِي مَدْرَسَةٍ ثَانَوِيَّةٍ".

٤ اِسْتَقْبَلَ ٱلرَّئِيسُ ٱلْأَسَاتِذَةَ ٱلْجُدُدَ وَهُمْ : أُسْتَاذُ ٱللُّغَةِ ٱلْإِنْكِلِيزِيَّةِ وَأُسْتَاذُ ٱلتَّارِيخِ ٱلْإِسْلَامِيِّ وَأُسْتَاذَةُ ٱللُّغَةِ ٱلْعَرَبِيَّةِ.

٥ عُنْوَانُ مُحَاضَرَةِ ٱلْأُسْتَاذِ ٱلزَّائِرِ ٱلْيَوْمَ هُوَ "أَنْتُمْ وَجَامِعَتُكُمْ".

가-2. 한국어 대학에서의 새소식 أَخْبَارٌ مِنَ ٱلْجَامِعَةِ

1 대학 총장이 어제 비행기로 중동으로 돌아왔다.

2 대학은 '우리와 우리의 언어'라는 제목의 새 책을 발간했다.

3 신입생들은 '여러분은 이제 고등학교에 있지 않다'라는 제목의 강의를 들었다.

4 총장이 새로운 교수들을 맞이했는데, 그들은 영어 교수·이슬람사 교수·아랍어 (여)교수이다.

5 오늘의 방문 교수의 강의 제목은 '여러분과 여러분의 대학'이다.

나. 단 어 ب – اَلْمُفْرَدَاتُ

طُلَّابٌ 학생들([단] طَالِبٌ)

جُدُدٌ، جُدَدٌ [복] 새로운([단] جَدِيدٌ)

مُحَاضَرَةٌ 강의

لَسْتُمْ 너희[남]가 아니다(없다)

اَلْآنَ 지금

اِسْتَقْبَلَ 맞아들이다, 맞이하다, 만나다

أَسَاتِذَةٌ 교수들([단] أُسْتَاذٌ)

هُمْ 그들[남]

اَلْيَوْمَ 오늘

أَنْتُمْ 너희[남]

اَلثَّامِنُ 여덟번째의

أَخْبَارٌ [복] 새소식([단] خَبَرٌ)

رَئِيسٌ 총장 (모든 '우두머리')

أَمْسِ 어제

بِـ ~으로, ~의 수단으로

طَائِرَةٌ 비행기

أَصْدَرَ 발간하다

عُنْوَانٌ 제목, 주소

بِعُنْوَانِ ~의 제목으로

نَحْنُ 우리

اِسْتَمَعَ (لِـ/إِلَى) (~을) 듣다, 경청하다

보충어

لَيْسُوا	그들[남]이 아니다(없다)	أَنْتُنَّ	너희[여]
لَسْنَا	우리가 아니다(없다)	لَسْنَ	그들[여]이 아니다(없다)
هُنَّ	그들[여]	لَسْتُنَّ	너희[여]가 아니다(없다)

다. 문법과 연습   جـ – اَلْقَوَاعِدُ وَٱلتَّمَارِينُ

1 연결형 : 제2요소로 쓰이는 명사구

우리는 6. 다. 4에서 연결형 구문은 두 요소로 이루어짐을 배웠다.

بِعُنْوَانِ "نَحْنُ وَلُغَتُنَا" ''우리와 우리의 언어'라는 제목으로'라는 구는 전치사 بِـ '~으로'의 목적어인 عُنْوَانِ '제목'과 따옴표 안의 구로 이루어진 연결형 구문이다. 제1요소 عُنْوَانِ 는 연결형의 제1요소로서의 제규칙을 지키고 있다. 또 연결형의 제2요소는 소유격이어야 한다. 그러나 따옴표 안의 구나 단어는 그 자체의 내부구조를 지닌 채 소유격으로 간주된다.

다른 보기를 보자.

تَعَلَّمْنَا كَلِمَةَ "إِضَافَةٌ".	'우리는 '연결형(이다파)'이라는 단어를 배웠다.'
فِي جُمْلَةِ "اَلطُّلَّابُ هُنَا"	''학생들이 여기에 있다'라는 문장에서'

즉 연결형의 제2요소로 구나 절이 단일명사처럼 쓰일 수가 있다.

다음 구를 보자.

عُنْوَانُ مُحَاضَرَةِ ٱلْأُسْتَاذِ	'그 교수의 강의 제목'

이것은 제1요소가 단일명사(عُنْوَانُ)이고, 제2요소가 명사구(مُحَاضَرَةُ ٱلْأُسْتَاذِ)인 연결형이다. 뒤의 명사구는 그 자체가 또 연결형을 이루고 있다. 이런 종류의 구문을 복합연결형이라고 한다. 이에는 다음과 같은 규칙이 적용된다.

(1) 첫째 단어는 연결형의 제1요소의 기능을 가진다. 나머지는 모두 소유격을 취한다.

(2) 마지막 명사만이 관사나 탄윈을 취할 수 있다.

(3) 복합연결형은 네 개 이상의 명사로도 이루어질 수 있다.

بَابُ مَكْتَبِ رَئِيسِ جَامِعَةِ مِيشِغَانَ	'미시간대학 총장실의 문'

연결형의 마지막 요소는 명사-형용사구를 이룰 수 있다(다음의 밑줄 친 부분).

مُحَاضَرَةُ <u>ٱلْأُسْتَاذِ ٱلزَّائِرِ</u>	'그 방문교수의 강의'
عُنْوَانُ مُحَاضَرَةِ <u>ٱلْأُسْتَاذِ ٱلزَّائِرِ</u>	'그 방문교수의 강의 제목'

명사구의 다른 종류인 지시사구도 연결형의 제2요소로 쓰일 수 있다.

مُحَاضَرَةُ هٰذَا ٱلْأُسْتَاذِ ‘이 교수의 강의’
عُنْوَانُ هٰذِهِ ٱلْمُحَاضَرَةِ ‘이 강의의 제목’

(지시사가 연결형의 제1요소를 수식하는 경우는 35. 다. 2 참조)

연습1. 쓰기, 가려내기

다음 문장에서 연결형을 가려내어 괄호로 둘러싸고, 전체 문장을 우리말로 옮겨라.

المحاضرة بـ(عنوان "أنتم والجامعة")	‘‘제군과 대학’이라는 제목의 강의’
قرأت (كتاب هذا الأستاذ المشهور).	‘나는 이 유명한 교수의 책을 읽었다.’

١ استقبل الرئيس أساتذة جامعة الأزهر.

٢ تابعت دراسة هذه اللغة الأجنبيّة.

٣ استمع أحمد لمحاضرة بعنوان "التاريخ المصريّ القديم".

٤ مدير متحف هذه الجامعة رجل بغداديّ.

٥ أصدر كتاب "تاريخ الطائرة".

٦ تعلّمت شيئا عن تاريخ المدرسة الخاصّة في مصر.

연습2. 연결형 만들기

다음 문장에서 괄호 안의 단어를 결합하여 연결형을 만들어라.

(المكتب – المدير – هذا – المتحف) في هذا البناء. ← مكتب مدير هذا المتحف في هذا البناء.	‘이 박물관의 관장실은 이 건물에 있다.’

١ أكمل (الدراسة – اللغة الفرنسيّة).

٢ قرأت (الكتاب - "تاريخ جامعة الأزهر").

٣ استمع الطلاب لـ(المحاضرة - الرئيس - هذه - الجامعة).

٤ (البناء - المتحف الإسلاميّ) حديث جدّا.

٥ رجع (الأساتذة - الجامعة - دمشق) من فرنسا.

٦ هذا هو (لوح - صفّ - أنا).

٧ (شبّاك - مكتب - هذا - المدير) قديم جدّا.

2 동사-주어의 일치 : 복수 주어

앞에서 배웠듯이 동사는 일반적으로 주어의 앞에 온다. 그런 경우에 동사는 주어의 성에만 일치하고 항상 단수형이다(6. 다. 2 및 3 참조).

اِسْتَمَعَ ٱلطَّالِبُ ٱلْجَدِيدُ لِمُحَاضَرَةٍ.	'그 남신입생이 강의를 들었다.'
اِسْتَمَعَتِ ٱلطَّالِبَةُ ٱلْجَدِيدَةُ لِمُحَاضَرَةٍ.	'그 여신입생이 강의를 들었다.'
اِسْتَمَعَ ٱلطُّلاَّبُ ٱلْجُدُدُ لِمُحَاضَرَةٍ.	'그 신입생들이 강의를 들었다.'
اِسْتَمَعَتْ فَرِيدَةُ وَوِدَادُ وَهِنْدُ لِمُحَاضَرَةٍ.	'파리다·위다드·힌드가 강의를 들었다.'
رَجَعَ ٱلأُسْتَاذُ ٱلْيَوْمَ.	'그 교수가 오늘 돌아왔다.'
رَجَعَ ٱلأَسَاتِذَةُ ٱلْيَوْمَ.	'그 교수들이 오늘 돌아왔다.'

وَ '그리고, 와'로 연결된 둘 이상의 주어가 있을 때, 동사는 첫째 주어의 성에 일치한다(6. 다. 3 참조).

رَجَعَ سَلِيمٌ وَوِدَادُ مِنْ لُبْنَانَ.	'살림과 위다드가 레바논에서 돌아왔다.'
رَجَعَتِ ٱلأُسْتَاذَةُ وَطَالِبُهَا مِنَ ٱلْمُحَاضَرَةِ.	'그 여교수와 그의 학생이 강의에서 돌아왔다.'

연습3. 동사활용

다음 문장의 괄호 안에 동사의 맞는 형을 넣어라.

'그 학생들이 이집트사를 공부했다'	(درس) الطلّاب تاريخ مصر. ← درس الطلّاب تاريخ مصر.

١ (انتقل) الأساتذة إلى جامعة درشق.

٢ (تعلّم) وداد ونانسي وسالي اللغة الفرنسيّة.

٣ (استقبل) فريد وسمير وهند المدير الجديد.

٤ (بدأ) الطالبة دراسة العربيّة.

٥ (قرأ) الطلّاب نصّ الدرس.

3 분리형대명사 : 복수형

아래 표는 이미 배운 분리형대명사의 단수형과 그에 해당하는 복수형이다.

	단 수		복 수	
3 남	هُوَ	'그'[남]	هُمْ	'그들'[남]
3 여	هِيَ	'그'[여]	هُنَّ	'그들'[여]
2 남	أَنْتَ	'너'[남]	أَنْتُمْ	'너희'[남]
2 여	أَنْتِ	'너'[여]	أَنْتُنَّ	'너희'[여]
1	أَنَا	'나'	نَحْنُ	'우리'

3인칭 남성 복수 대명사 هُمْ 과 2인칭 남성 복수 대명사 أَنْتُمْ 은 적어도 한 명의 남성을 포함하는 세 명 이상의 사람을 가리킬 때 쓰이고, 3인칭 여성 복수 대명사 هُنَّ 와 2인칭 여성 복수 대명사 أَنْتُنَّ 는 세 명 이상의 사람의 여성을 가리킬 때 쓰인다. (남성 복수 대명사는 또 남성과 여성이 같이 있는 것도 가리킨다.)

هُمْ فِي ٱلْمَكْتَبَةِ.	'그들[남]이 도서관에 있다.'
هَلْ أَنْتُنَّ مِنْ بَيْرُوتَ؟	'너희[여]가 베이루트에서 왔느냐?'

대명사 هُمْ 과 أَنْتُمْ 은 연독함자(함자툴와슬) 앞에서 보조모음이 ـُ 이다.

هُمُ ٱلْأَسَاتِذَةُ.	'그들이 교수(들)이다.'
أَنْتُمُ ٱلطُّلَّابُ.	'너희가 학생(들)이다.'

1인칭 복수 대명사 نَحْنُ 는 우리말의 '우리'와 마찬가지로 발화자가 남성이거나 여성이거나 자신을 포함하여 둘 이상을 가리킬 때 쓰인다.

2 인칭과 3 인칭 대명사에는 두 사람을 가리키는데 사용되는 쌍수형이 있는데 뒤에서 배우게 된다.

연습4. 가려내기

다음 문장의 주어를 맞는 대명사로 바꾸어라.

'나와 파리드는 레바논에서 왔다.' →	أنا وفريد من لبنان. ←
'우리는 레바논에서 왔다.'	نحن من لبنان.

١ فريد وسليم ونانسي طلّاب.

٢ نانسي مدرّسة هناك.

٣ أنتِ وهند ووداد في المكتبة.

٤ أنتَ وسامي وفريدة أساتذة.

٥ أنا وسالي من أمريكا.

٦ الأستاذ والطالبة والمديرة في مكتب المديرة.

٧ أنا وأنتَ من لبنان.

٨ فريد مدير المتحف.

٩ أنا وسليم ومريم طلّاب من الرباط .

١٠ الأساتذة في بناء الجامعة.

١١ كريم سكرتير في المكتب.

١٢ أنتَ والطلّاب جدد هنا.

١٣ سامي ونانسي ومريم أمام باب المتحف.

١٤ أنتِ وهند وسميرة في القاهرة.

4 연계형대명사 : 복수형

5. 다. 5에서는 연계형대명사의 단수형에 대해 배웠다. 아래의 표는 단수형과 그에 해당하는 복수형이다(위의 3 참조).

	분리형	연계형	보 기	
단 수				
3남단	هُوَ	هُ	لُغَتُهُ	'그[남]의 언어'
3여단	هِيَ	هَا	لُغَتُهَا	'그[여]의 언어'
2남단	أَنْتَ	كَ	لُغَتُكَ	'너[남]의 언어'
2여단	أَنْتِ	كِ	لُغَتُكِ	'너[여]의 언어'
1단	أَنَا	ـِي	لُغَتِي	'나의 언어'
복 수				
3남복	هُمْ	هُمْ	لُغَتُهُمْ	'그들[남]의 언어'
3여복	هُنَّ	هُنَّ	لُغَتُهُنَّ	'그들[여]의 언어'
2남복	أَنْتُمْ	كُمْ	لُغَتُكُمْ	'너희[남]의 언어'
2여복	أَنْتُنَّ	كُنَّ	لُغَتُكُنَّ	'너희[여]의 언어'
1복	نَحْنُ	نَا	لُغَتُنَا	'우리의 언어'

다음은 복수형에서 주의할 점이다.

(1) هُ 와 마찬가지로 هُمْ 과 هُنَّ 의 첫모음은 ـِ , ـِي , ـَيْ 로 끝나는 단어와 연결되면 ـُ 가 ـِ 로 바뀐다(5. 다. 5 참조).

هٰذِهِ لُغَتُهُمْ.	'이것이 그들의 언어이다.'
دَرَسْتُ لُغَتَهُمْ.	'내가 그들의 언어를 공부했다.'
تَعَلَّمْتُ شَيْئًا مِنْ لُغَتِهِمْ.	'내가 그들의 언어의 무엇인가를 배웠다.'

(2) 연계형 هُمْ 이나 كُمْ 은 연독함자(함자툴와슬) 앞에서 보조모음이 ـُ 이다(3. 다. 2와 아래의 6 참조).

أُسْتَاذُهُمُ ٱلْجَدِيدُ '그들의 새로 온 교수'
أُسْتَاذُكُمُ ٱلْجَدِيدُ '너희의 새로 온 교수'

녹음

연습5. 가려내기

다음 각 말의 연계형대명사에 해당하는 분리형대명사를 써라.

'그들[여]의 공부' →	'그들'[여]	هنّ ← دراستهنّ

درْسنا	صديقهم
كتابي	لغتكم
طلابهم	مدرّسكَ
مدرستكنّ	مكتبكِ
تاريخها	مديرهنّ
محاضرته	رئيسنا

연습6. 변형

다음 문장에서 괄호 안의 명사와 대명사를 명사와 해당 연계형대명사로 바꾸고 모음부호를 붙여라.

'내가 너희[남]의 책을 읽었다.'	قرأت (كتاب – أنتم). ←
	قرأت كتابكم.

١ استمع الطلّاب لـ(محاضرة – نحن).

٢ درّس الأساتذة (طلّاب – هم) التاريخ الإسلاميّ.

٣ (مكتب – هنّ) في هذا البناء القديم.

٤ ما (أخبار – أنتنّ)؟

٥ هل تابعت (دراسة – أنت) في جامعة أجنبيّة؟

٦ في (كتاب – هم) شيء عن رئيس أمريكا.

5 부정의 لَيْسَ : 복수형

동사 لَيْسَ 는 4. 다. 1에서 배운 대로 명사문의 부정에 쓰인다. 다음 표는 이미 배운 단수형과 그에 해당하는 복수형이다. 3인칭 남성 복수형 لَيْسُوا 의 마지막 ا 는 발음되지 않는다(9. 다. 4 참조).

	단수	복수
3남	لَيْسَ	لَيْسُوا
3여	لَيْسَتْ	لَسْنَ
2남	لَسْتَ	لَسْتُمْ
2여	لَسْتِ	لَسْتُنَّ
1	لَسْتُ	لَسْنَا

이 동사도 위의 2에서 설명한 동사-주어의 일치 규칙에 따른다. 또 لَيْسَ 의 술어가 명사나 형용사이면 목적격이 되는 것에 유의하라.

لَيْسَ ٱلطَّالِبُ جَدِيدًا.	'그 남학생은 신입생이 아니다.'
لَيْسَتِ ٱلطَّالِبَةُ جَدِيدَةً.	'그 여학생은 신입생이 아니다.'
لَيْسَ ٱلطُّلَّابُ جُدُدًا.	'그 학생들은 신입생이 아니다.'
لَيْسُوا جُدُدًا.	'그들[남]은 신입생이 아니다.'
أَلَسْتُمْ طُلَّابًا؟	'너희[남]는 학생이 아니냐?'
لَسْنَا ٱلْآنَ فِي ٱلْعِرَاقِ.	'우리는 지금 이라끄에 있지 않다.'

녹음

연습7. 가려내기

다음 각 لَيْسَ 의 형에 해당하는 분리형대명사를 써라.

'우리가 아니다' → '우리'	لَسنا ← نحن

لستَ	لسن
لستم	لستُ
ليست	لستنّ
لسنا	ليس
لستِ	ليسوا

연습8. 부정

لَيْسَ 의 적당한 형을 사용하여 다음 문장을 부정하라.

'그들은 사우디 출신이다.' →	هم من السعودية. ←
'그들은 사우디 출신이 아니다.'	ليسوا من السعودية.

١ أنتنّ في مدرسة خاصة.

٢ أنتم طلاب جدد.

٣ نحن أساتذة في جامعة الأزهر.

٤ هنّ من مكتب الرئيس.

٥ هم من فرنسا.

٦ أنا طالبة لبنانية.

٧ أنت السيدة فريدة.

٨ هي مديرة المكتب.

٩ هو أستاذ زائر.

١٠ أنت سكرتير المتحف.

연습9. 쓰기, 부정

주어 앞에 لَيْسَ 의 적당한 형을 놓아 다음 문장을 부정하라.

'그 교수들이 새로 왔다.' →	← الأساتذة جدد.
'그 교수들이 새로 오지 않았다.'	ليس الأساتذة جددا.

١ وداد وسميرة وسامي من لبنان.

٢ الطلّاب في مدرسة خاصة في تونس.

٣ الأساتذة الجدد من بغداد.

٤ سمير وفريدة ونانسي طلّاب من بيروت.

٥ المدرّسة جديدة في هذه المدرسة.

6 보조모음 : 종합

한 문장에서 자음으로 끝난 단어가 연독함자(함자툴와슬)로 시작하는 단어 앞에 올 때는 연속 세 자음의 충돌을 막기 위해서 첫째 단어의 끝에 보조모음이 온다(위의 3. 다. 2와 4 참조). 보조모음 ـَ , ـُ , ـِ 는 각각 다음의 경우에 쓰인다.

(1) 보조모음 ـَ

전치사 مِنْ '~에서부터'이 관사를 가진 단어 앞에 올 경우에만 쓰인다.

مِنَ ٱلْبِنَاءِ	'그 건물에서부터'

(2) 보조모음 ـُ

أَنْتُمْ '너희'[남], جَامِعَتُكُمْ '너희[남]의 대학', لَسْتُمْ '너희[남]는 아니다'와 같이 ـُمْ 으로 끝나는 대명사나 동사에 쓰인다.

أَنْتُمُ ٱلْآنَ فِي جَامِعَةٍ.	'너희[남]는 지금 대학에 있다.'
أَلَسْتُمُ ٱلطُّلَّابَ ٱلْجُدُدَ؟	'너희[남]는 신입생이 아니냐?'

(3) 보조모음 ـِ

위 경우 외의 모든 경우에 쓰인다.

هَلْ : (의문사)

هَلِ ٱلرَّئِيسُ فِي مَكْتَبِهِ؟ '총장이 그의 집무실에 있느냐?'

مَنْ : '누구?'

مَنِ ٱسْتَمَعَ لِهٰذِهِ ٱلْمُحَاضَرَةِ؟ '누가 이 강의를 들었느냐?'

رَجَعَتْ : '그[여]가 돌아왔다'

رَجَعَتِ ٱلْآنِسَةُ سَمِيرَةُ إِلَى ٱلْعِرَاقِ. '사미라 양이 이라끄로 돌아왔다.'

연습10. 쓰기

밑줄 친 단어에 모음부호를 붙여라.

أستاذنا <u>مِنَ</u> القاهرة. '우리의 교수는 카이로 출신이다.'

١ <u>هم</u> الطلاب الجدد.

٢ قرأت <u>كتابكم</u> المشهور جدّا.

٣ <u>استقبلت</u> المدرّسة الآنسة مريم.

٤ <u>استمعَت</u> اليوم لمحاضرتكَ الثانية عن تاريخ أمريكا.

٥ تعلّمت <u>لغتهم</u> القديمة.

٦ <u>هل</u> الزائر موجود هنا؟

٧ <u>من</u> المدرّس الأجنبيّ؟

٨ <u>انتقلت</u> المديرة إلى مكتب جديد.

라. 강 독 — د – نُصُوصٌ لِلْفَهْمِ

다음 문장을 읽고 연습 11을 하라.

اِسْتَقْبَلَ رَئِيسُ ٱلْجَامِعَةِ صَبَاحَ ٱلْيَوْمِ ٱلأُسْتَاذَ ٱلزَّائِرَ ٱلدُّكْتُورَ وِلْيَم فْلَتْشَر. 오늘 아침
ٱلدُّكْتُورُ فْلَتْشَر دَرَّسَ ٱللُّغَةَ ٱلْعَرَبِيَّةَ وَٱلتَّارِيخَ ٱلْإِسْلَامِيَّ فِي جَامِعَةِ هَارْفَارْد وَجَامِعَةِ
بْرِنْسْتُون، وَهُوَ رَجُلٌ مَشْهُورٌ فِي أَمْرِيكَا وَٱلشَّرْقِ ٱلْأَوْسَطِ. 하버드; 프린스턴
حَضَرْتُ فِي ٱلْمَسَاءِ إِلَى ٱلْجَامِعَةِ وَٱسْتَمَعْتُ لِمُحَاضَرَةِ ٱلدُّكْتُورِ فْلَتْشَر وَعُنْوَانُهَا "دِرَاسَةُ
ٱللُّغَةِ ٱلْعَرَبِيَّةِ فِي أَمْرِيكَا". 저녁

연습 11. 위의 강독을 근거로 의문문 5개를 써라.

마. 종합연습

هـ – اَلتَّمَارِينُ ٱلْعَامَّةُ

연습12. 동사활용

녹음

연습13. 쓰기, 작문

다음 문장을 아랍어로 옮겨라.

1. 우리는 어제 그 대학 총장의 강의를 들었다.
2. 그들은 지금 신입생이 아니다.
3. 당신은 미시간 대학에서 (당신의) 공부를 계속했습니까?
4. 그[여]는 '우리의 새 총장'이란 제목의 책을 읽었다.
5. 당신이 그 외국인 신입생이 아닙니까?
6. 우리는 비행기로 미국에 왔다.
7. 그들은 학위를 취득한 후에 중동으로 돌아왔다.
8. 아흐마드는 어디서 영어를 공부했느냐?
9. 그는 이집트의 한 사립학교에서 공부를 시작했다.
10. 우리는 오늘 새로운 영어 단어 하나를 배웠다.

제 9 과 뉴욕에서

اَلدَّرْسُ ٱلتَّاسِعُ : فِي نِيُويُورْك

1 명사 كُلٌّ '각각, 모두'와 بَعْضٌ '몇몇'

2 남성 및 여성 규칙복수형 : 사람의 명사

3 연결형에서의 남성 규칙복수형

4 동사 : 완료시상 복수형

5 동사-주어의 일치 : 복수 주어 뒤의 동사

6 분리형대명사의 주어 표시 : 강조와 대조

가-1. 기본문 뉴욕에서 فِي نِيُويُورْك

١ سَمِيرَةُ : أَيْنَ ذَهَبْتَ يَا رُوبِرْت؟

٢ رُوبِرْت : إِلَى نِيُويُورْك.

٣ سَمِيرَةُ : هَلْ ذَهَبْتَ بِٱلسَّيَّارَةِ؟

٤ رُوبِرْت : لَا، ذَهَبْتُ بِٱلطَّائِرَةِ وَرَجَعْتُ بِٱلْأُوتُوبِيس.

٥ سَمِيرَةُ : لِمَاذَا ذَهَبْتَ إِلَى نِيُويُورْك؟

٦ رُوبِرْت : لِزِيَارَةِ بَعْضِ ٱلْأَصْدِقَاءِ وَٱلصَّدِيقَاتِ.

٧ سَمِيرَةُ : مَاذَا فَعَلْتُمْ هُنَاكَ؟

٨ رُوبِرْت : ذَهَبْنَا إِلَى مَطْعَمٍ عَرَبِيٍّ.

٩ سَمِيرَةُ : مَاذَا أَكَلْتُمْ؟

١٠ رُوبِرْت : أَنَا أَكَلْتُ ٱلْكَبَابَ وَهُمْ أَكَلُوا ٱلْكُبَّةَ، وَشَرِبْنَا قَهْوَةً عَرَبِيَّةً. 카밥; 쿱바

١١ سَمِيرَةُ : أَيْنَ ذَهَبْتُمْ بَعْدَ ذٰلِكَ؟

١٢ رُوبِرْت : ذَهَبْنَا إِلَى ٱلْمَسْرَحِ، وَلٰكِنْ بَعْضُ ٱلصَّدِيقَاتِ ذَهَبْنَ إِلَى ٱلسِّينَمَا وَشَاهَدْنَ فِيلْمَ "رَجُلٌ وَٱمْرَأَةٌ".

١٣ سَمِيرَةُ : هَلْ كُلُّ أَصْدِقَائِكَ طُلَّابٌ فِي ٱلْجَامِعَةِ؟

١٤ رُوبِرْت : بَعْضُهُمْ طُلَّابٌ وَبَعْضُهُمْ مُوَظَّفُونَ.

١٥ رُوبِرْت : إِلَى ٱللِّقَاءِ.

١٦ سَمِيرَةُ : مَعَ ٱلسَّلَامَةِ.

أسئلة

١ هل ذهب روبرت إلى نيويورك للدراسة؟

٢ إلى أين ذهب روبرت وأصدقاؤه؟

٣ وماذا أكلوا هناك؟

٤ وأنت؟ هل أكلت الكباب؟ أين؟

٥ ماذا شربوا في المطعم؟

٦ ماذا فعل روبرت وأصدقاؤه بعد ذلك؟

٧ من شاهد فيلم "رجل وامرأة"؟

٨ هل شاهدت هذا الفيلم؟

٩ هل كلّ أصدقاء روبرت موظّفون؟

가-2. 한국어 뉴욕에서 فِي نِيُويُورْك

1 사미라 : 로버트, 어디에 갔습니까?

2 로버트 : 뉴욕에요.

3 사미라 : 자동차로 갔습니까?

4 로버트 : 아니요, 비행기로 가서 버스로 돌아왔습니다.

5 사미라 : 왜 뉴욕에 갔었나요?

6 로버트 : (남녀) 친구 몇 명을 방문하러요.

7 사미라 : 거기서들 무엇을 했습니까?

8 로버트 : 우리는 아랍식당에 갔습니다.

9 사미라 : 무엇을 먹었습니까?

10 로버트 : 나는 카밥을 먹고 그들은 쿱바을 먹었지요. 또 우리는 아랍 커피를 마셨습니다.

11 사미라 : 그 뒤에 어디로 갔나요?

12 로버트 : 우리는 극장에 갔습니다. 그러나 여자친구 몇 명은 영화관에 가서 '남과 여'라는 영화를 보았습니다.

13 사미라 : 당신의 친구 모두가 대학생입니까?

14 로버트 : 그들 중 몇 명은 학생이고, 몇 명은 직장인(고용인)입니다.

15 로버트 : 또 만나요.

16 사미라 : 안녕히 가세요.

나. 단 어　　ب - اَلْمُفْرَدَاتُ

أَكَلَ	먹다	اَلتَّاسِعُ	아홉번째의
شَرِبَ	마시다	نِيُويُورْك	뉴욕
قَهْوَةٌ	커피	ذَهَبَ	가다
مَسْرَحٌ	극장	سَيَّارَةٌ	자동차
سِينَمَا	[여] 영화관	أُوتُوبِيس	버스
شَاهَدَ	보다, 증거하다	لِمَاذَا	왜
فِلْمٌ ، فِيلْمٌ	[film]; 영화, 필름	لِـ	~하기 위해
اِمْرَأَةٌ	여자	زِيَارَةٌ	방문(하기)
اَلْمَرْأَةُ	그 여자	بَعْضٌ	몇몇
نِسَائِيٌّ – ون	(اِمْرَأَةٌ의 복수 نِسَاءٌ의 [관형]) 여성의	أَصْدِقَاءُ	[남] 친구들([단] صَدِيقٌ)
إِلَى ٱللِّقَاءِ	만날 때까지, 또 만납시다 (떠나거나 머무는 사람에게)	صَدِيقَاتٌ	[여] 친구들([단] صَدِيقَةٌ)
مَعَ ٱلسَّلَامَةِ	안녕히 가세요(떠나는 사람에게)	فَعَلَ	하다, 만들다
كُلٌّ	(+한정 복수형) 모든; (+비한정 단수형) 각각의; (+한정 단수형) 온, 전체의	مَطْعَمٌ	식당

다. 문법과 연습 جـ - اَلْقَوَاعِدُ وَٱلتَّمَارِينُ

1 명사 كُلٌّ '각각, 모두'와 بَعْضٌ '몇몇'

كُلٌّ 과 بَعْضٌ 는 명사이다. 이들은 흔히 연결형의 제1요소로서 각각 다음과 같이 쓰인다.

(1) كُلٌّ 은 비한정상태 단수명사와 같이 쓰여서 '각각'의 뜻을 나타낸다.

كُلُّ طَالِبٍ	'각 학생'
كُلُّ وَرَقَةٍ	'각 종이'

또 한정상태 단수명사 또는 연계형대명사 단수형과 같이 쓰여 '전체의, 온'의 뜻을 나타낸다.

كُلُّ ٱلدَّرْسِ	'그 과의 전체'
كُلُّ ٱلْجَامِعَةِ	'그 대학의 전체'
كُلُّهُ، كُلُّهَا	'그 전체'

한정상태의 복수명사 또는 연계형대명사 복수형과 같이 쓰이면 '모든'의 뜻을 나타낸다.

مِنْ كُلِّ ٱلطُّلَّابِ	'모든 학생들에게서'
كُلُّهُمْ	'그들 모두'

كُلٌّ + 명사는 명사의 어떠한 역할도 할 수 있다.

حَضَرَ كُلُّ ٱلطُّلَّابِ.	'모든 학생이 왔다.'	(주어)
شَرِبْتُ كُلَّ ٱلْقَهْوَةِ.	'나는 커피를 다 마셨다.'	(목적어)

كُلٌّ 은 일반적으로 연계형대명사와는 주어로 많이 쓰이며, 동사의 복수형이나 명사나 대명사의 동격으로서 강조를 위해 쓰이기도 한다.

كُلُّهُمْ هُنَا.	'그들 모두가 여기에 있다.'	(주어)
كُلُّهُمْ حَضَرُوا. = حَضَرَ كُلُّهُمْ.	'그들 모두가 왔다.'	(주어)
حَضَرُوا كُلُّهُمْ.	'그들이 모두 왔다.'	(강조)
هَلْ شَرِبْتَ ٱلْقَهْوَةَ كُلَّهَا؟	'네가 커피를 다 마셨느냐?'	(강조)

(مِنْ) كُلٌّ 은 독립된 명사로서 비한정상태로는 '각각, ~ 중의 각각'을 뜻하고, 관사를 취하면 '각자, 각각의 것, 전체'를 뜻한다.

ذَهَبَ لِزِيَارَةِ كُلٍّ مِنْ أَصْدِقَائِهِ.	'그는 그의 친구의 각각을 방문하러 갔다.'
تَحَدَّثْتُ إِلَى ٱلْكُلِّ.	'나는 각자에게 이야기했다.'
أَكَلَ ٱلْكُلَّ.	'그는 그 전체를 먹었다.'

(2) بَعْضٌ 는 일반적으로 한정상태의 복수형 명사나 연계형대명사 복수형과 연결형을 이루어 '몇몇의'를 뜻한다.

بَعْضُ ٱلطُّلَّابِ	'학생 몇 명, 몇 명의 학생'
بَعْضُهُمْ	'그들 몇 명'

연습1. 쓰기, 가려내기 كُلٌّ

다음 밑줄 친 كُلٌّ + 명사의 뜻에 맞는 말을 괄호 안에서 골라내라.

١	كلّ الطلّاب موجودون هنا الآن.	(각 학생, 모든 학생)
٢	هل شاهدتم كلّ الفيلم؟	(각 영화, 모든 영화, 그 영화 전체)
٣	هل كلّ موظّف في المكتب؟	(각 고용인, 모든 고용인)
٤	أكلنا في كلّ مطعم هناك.	(각 식당, 모든 식당, 그 식당 전체)
٥	قرأ صديقي كلّ الكتاب أمس.	(각 책, 모든 책, 그 책 전체)
٦	ذهب كلّ الأصدقاء إلى المسرح.	(각 친구, 모든 친구)

٧ هل شاهدت كلّ امرأة هذا الفيلم؟ (각 여자, 모든 여자)

٨ قرأت كلّ الجملة. (각 문장, 모든 문장, 그 문장 전체)

٩ كلّ الأساتذة في هذه الجامعة مصريّون. (각 교수, 모든 교수)

١٠ ذهبنا إلى فرنسا كلّ سنة. (매년, 모든 해, 일년 내내)

연습2. 변형 : 명사 → كلّ ، بعض + 연계형대명사

بعض الأصدقاء طلّاب. ←	'몇몇의 친구는 학생이다.' →
بعضهم طلّاب.	'그들 중 몇몇은 학생이다.'

1 كلّ الأساتذة من مصر.

2 كلّ الصديقات في الجامعة.

3 بعض أصدقائي طلّاب.

4 بعض صديقاتنا من المغرب.

5 كلّ الطلّاب في الصفّ.

6 بعض الطلّاب موظّفون.

7 بعض الصديقات طالبات.

8 كلّ الأصدقاء طلّاب.

2 남성 및 여성 규칙복수형 : 사람의 명사

아랍어 명사의 수에는 단수·쌍수(둘을 가르킴)·복수(셋 이상을 가르킴)의 세 가지가 있다. 복수를 만드는 방법은 크게 규칙복수형(ٱلْجَمْعُ ٱلسَّالِمُ)과 불규칙복수형(جَمْعُ ٱلتَّكْسِيرِ)으로 나눌 수 있다. 전자는 명사의 끝에 일정한 어미를 붙여서 (즉, '외적변화') 만들고, 후자는 의미를 나타내는 자음(이를 '어근'이라고 함)에 접사(접두·접요·접미사)를 붙이고 모음변화를 일으켜서 (즉, '내적변화') 만든다. 전자의 보기는 مُدَرِّسٌ '선생'에서 مُدَرِّسُونَ '선생들'을 만드는 것이고, 후자의 보기는 طَالِبٌ '학생'에서 طُلَّابٌ '학생들'을 만드는 것이다. 여기에서는 규칙복수형을 배우고, 불규칙복수형은 뒤에서 배우게 된다.

규칙복수형의 접미사

	남성	여성
[주]	ـُونَ	ـَاتٌ
[소/목]	ـِينَ	ـَاتٍ

위의 표에서 알 수 있듯이 소유격과 목적격의 모양이 같고, 여성 복수형만이 탄원을 취할 수 있다. 다음에 مُدَرِّسٌ 와 مُدَرِّسَةٌ 의 변화를 보인다.

'선생들'	남성	여성
[주]	مُدَرِّسُونَ	مُدَرِّسَاتٌ
[소/목]	مُدَرِّسِينَ	مُدَرِّسَاتٍ

남성 규칙복수형은 남성의 사람이나 적어도 한 명 이상의 남성이 있는 집단을 가리키는 단어에만 사용된다. 다음은 남성 규칙복수형을 취하는 명사와 형용사의 보기이다.

명사

복수	단수	
مُدَرِّسُونَ	مُدَرِّسٌ	'선생'
مُوَظَّفُونَ	مُوَظَّفٌ	'고용인'
سِكْرِتِيرُونَ	سِكْرِتِيرٌ	'비서'

형용사

복수	단수	
مَوْجُودُونَ	مَوْجُودٌ	'존재하는, 출석한'
مَشْهُورُونَ	مَشْهُورٌ	'유명한'
زَائِرُونَ	زَائِرٌ	'방문하는'
خَاصُّونَ	خَاصٌّ	'특별한'
لُبْنَانِيُّونَ	لُبْنَانِيٌّ	'레바논의'

불규칙복수형을 취하는 عَرَبِيٌّ '아랍인, 아랍의'와 أَجْنَبِيٌّ '외국인'을 제외한 위의 لُبْنَانِيٌّ 와 같은 대부분의 관계형용사는 규칙복수형을 취한다. إِسْلَامِيٌّ '이슬람적인'는 일반적으로 사람을 가리키는데 쓰이지 않는다.

مُدَرِّسُونَ زَائِرُونَ	'방문하는 선생들'
اَلْمُوَظَّفُونَ مَوْجُودُونَ.	'그 직원들이 와 있다(존재한다).'
مِنَ ٱلسِّكْرِتِيرِينَ ٱللُّبْنَانِيِّينَ	'그 레바논 비서들에게서'

여성 규칙복수형은 여성만의 사람이나 비인간인 사물을 가리키는 단어에 사용된다. 다음에 여성만의 사람을 가리키는 단어의 보기를 든다. 사물을 가리키는 명사의 보기는 11과에 나온다.

	복 수	단 수	
١	طَالِبَاتٌ	طَالِبَةٌ	'여학생'
٢	مُدَرِّسَاتٌ	مُدَرِّسَةٌ	'여선생'
٣	مُدِيرَاتٌ	مُدِيرَةٌ	'여이사'
٤	سِكْرِتِيرَاتٌ	سِكْرِتِيرَةٌ	'여비서'
٥	آنِسَاتٌ	آنِسَةٌ	'아가씨'
٦	مُوَظَّفَاتٌ	مُوَظَّفَةٌ	'여직원'
٧	أُسْتَاذَاتٌ	أُسْتَاذَةٌ	'여교수'
٨	صَدِيقَاتٌ	صَدِيقَةٌ	'여자친구'
٩	رَئِيسَاتٌ	رَئِيسَةٌ	'여대통령'

일반적으로 사람을 나타내는 끝나는 여성 단수명사는 ـَاتٌ 으로 복수형을 만든다. 대부분의 여성형용사는 여성 규칙복수형을 취한다.

مُدَرِّسَاتٌ جَدِيدَاتٌ	'새로운 여선생들'
اَلطَّالِبَاتُ اللُّبْنَانِيَّاتُ	'그 레바논 여학생들'
مِنْ صَدِيقَاتٍ قَدِيمَاتٍ	'오랜 여자친구들에게서'

앞으로 단어표에서 명사 뒤에 복수형을 표시한다. 남·여성 규칙복수형은 각각 ون, ات 로 나타내기로 한다.

مُدَرِّسٌ – ون	'(남)선생'
طَالِبَةٌ – ات	'여학생'
جَدِيدٌ – جُدُدٌ، جُدَدٌ	'새로운'

연습3. 쓰기, 가려내기 : 규칙복수형

다음 복수명사의 성을 가려내고, 그 복수형 어미에 네모를 쳐라.

مدرّسون	남
مدرّسات	여

١ أستاذات أجنبيّات

٢ موجودون

٣ من الموظّفين

٤ صديقات جديدات

٥ السكرتيرون المشهورون

٦ مدرّسين فرنسيّين

٧ من الزائرات

٨ الطالبات الموجودات

녹음

연습 4. 말바꾸기/변형 : 복수형

아래의 주어진 말을 복수형으로 바꾸고, 보기 문장의 밑줄 친 단어와 바꾸어라.

شاهد المدرّسون فيلما أجنبيّا.	ㄱ. '선생들이 한 외국영화를 보았다.'

١ الموظّف

٥ صديقة

٢ السكرتيرة اللبنانيّة　　٦ المدرّسة التونسيّة

٣ الطالبة الجديدة　　٧ الطالب الجامعيّ

٤ الأستاذ المشهور　　٨ الطالبة الجامعيّة

شاهدت <u>الموظّفين</u> في المكتب.	ㄴ. '나는 그 사무실에서 공무원들을 보았다.'

١ المديرة الأجنبيّة　　٥ السكرتير

٢ الأستاذة الجامعيّة　　٦ الطالبة الجديدة

٣ المدرّس الفرنسيّ　　٧ المدرّسة الأمريكيّة

٤ صديقه　　٨ صديقتها

3 연결형에서의 남성 규칙복수형

남성 규칙복수형 명사가 연결형(연계형대명사가 붙는 경우도 연결형임에 유의)의 제 1 요소로 쓰일 때는 복수형 어미의 نَ 가 탈락된다.

명사와의 연결형일 때

[주]	رَجَعَ مُدَرِّسُو ٱلتَّارِيخِ.	'역사 선생들이 돌아왔다.'
[소]	ذَهَبْتُ إِلَى مَكْتَبِ مُدَرِّسِي ٱلتَّارِيخِ.	'나는 역사 선생들의 방에 갔다.'
[목]	اِسْتَقْبَلَ ٱلرَّئِيسُ مُدَرِّسِي ٱلتَّارِيخِ.	'총장은 역사 선생들을 맞이했다.'

대명사와의 연결형일 때

[주]	مُدَرِّسُوهُ	'그의 선생들이'
[소/목]	مُدَرِّسِيهِ	'그의 선생들-의/을'

1 인칭 단수 연계형대명사 يِ 는 장모음 뒤에서는 يَ 로 변한다. 1 인칭 단수 연계형대명사와 남성 규칙복수형이 연결형이 되면 복수형 어미의 نَ 가 탈락되고 주격의 어미 وُ 는 대명사의 모음의 영향으로 يِ 로 변하게 된다. 따라서, 세 격이 같은 형이 되며, 복수형 어미의 يِ 와 대명사의 يَ 는 ي 의 위에 샷다를 붙여서 يَّ 로 쓴다.

[주/소/목]	مُدَرِّسِيَّ	'나의 선생들-이/의/을'

녹음

연습5. 변형

아래 각 문장의 괄호 안의 두 말을 필요한 변형을 시켜서 연결형으로 만들어라.

'그의 학생들이 교실에 왔다.'	حضر (طلّاب – هو) إلى الصفّ.
	طلّابه

١ شاهد (مدرّسون – اللغة العربيّة) فيلما عربيّا.

٢ هل أصدر (أساتذة – أنتم) كتابا هذه السنة؟

٣ شاهدنا (طلّاب – نحن) في السينما.

٤ هل استقبل الرئيس (موظّفون – هو) الجدد؟

٥ (سكرتيرات – المدير) موجودات في المكتب.

٦ كل (أصدقاء – أنا) في هذا المطعم.

٧ هل استمعت إلى (مدرّسين – أنت)؟

٨ ذهبت (صديقات – هنّ) إلى المسرح.

٩ رجع (مدرّسون – أنا) إلى المدرسة.

١٠ درّست (أستاذة – هي) في جامعة القاهرة.

4 동사 : 완료시상 복수형

우리는 6. 다. 2와 7. 다. 1에서 완료시상의 단수형에 대해서 배웠다. 이 과에서는 복수형을 배운다. 다음 표는 동사 ذَهَبَ '가다'(어간: ذَهَبْ)의 변화형이다.

			주어표지어
3남단	هو	ذَهَبَ	ـَ
3여단	هي	ذَهَبَتْ	َتْ
2남단	أنتَ	ذَهَبْتَ	ْتَ
2여단	أنتِ	ذَهَبْتِ	ْتِ
1단	أنا	ذَهَبْتُ	ْتُ
3남복	هم	ذَهَبُوا	ُوا
3여복	هنّ	ذَهَبْنَ	ْنَ
2남복	أنتم	ذَهَبْتُمْ	ْتُمْ
2여복	أنتنّ	ذَهَبْتُنَّ	ْتُنَّ
1복	نحن	ذَهَبْنَا	ْنَا

복수형에서 주의할 점은 다음과 같다.

(1) 3인칭 남성복수의 주어표지어의 마지막 ا 는 철자법의 관습상 쓰인 것이고 발음과는 관계가 없다. 이것은 다른 글자가 따라오면 탈락된다.

(2) 이들 남·여성 복수형의 용법은 해당 대명사(8. 다. 3 참조)의 용법과 마찬가지이다.

녹음

연습6. 동사활용

녹음

연습7. 묻고 대답하기

연습8. 묻고 대답하기

적당한 인칭을 써서 다음 물음에 답하라.

١ هل ذهبوا إلى السينما؟

٢ هل أكلتَ الكبّة؟

٣ هل أصدرَتْ كتابا جديدا؟

٤ هل استقبلتم المدير؟

٥ هل درستْ الدرس الأوّل؟

٦ هل ذهبن إلى المسرح؟

٧ هل قرأتِ الجملة؟

٨ هل استمعتَ إلى محاضرة الأستاذ؟

٩ هل ذهبتنّ إلى بيروت؟

١٠ هل شربوا قهوة عربيّة؟

١١ هل أكملن الدراسة في تلك الجامعة؟

١٢ هل رجعتم إلى الشرق الأوسط؟

5 동사-주어의 일치 : 복수 주어 뒤의 동사

8. 다 2에서 배웠듯이 일반적인 어순인 동사가 주어의 앞에 있을 때, 동사는 주어의 성에는 일치하지만 항상 단수형을 쓴다. 그러나 동사가 주어의 뒤에 위치하게 되면, 동사는 주어의 성뿐만이 아니라 수에도 일치시켜야 한다.

ذَهَبَ ٱلطُّلَّابُ إِلَى نِيُويُورْك.	'그 학생들이 뉴욕에 갔다.'
ذَهَبَتْ صَدِيقَاتِي إِلَى نِيُويُورْك.	'나의 여자친구들이 뉴욕에 갔다.'
اَلطُّلَّابُ ذَهَبُوا إِلَى نِيُويُورْك.	'그 학생들이 뉴욕에 갔다.'
صَدِيقَاتِي ذَهَبْنَ إِلَى نِيُويُورْك.	'나의 여자친구들이 뉴욕에 갔다.'

동사가 먼저냐 주어가 먼저냐의 어순 문제는 문체의 문제로서, 동사나 주어의 길이 또는 주어에 초점을 맞추는 경우와 같은 여러 가지 문제에 따라 다르다.

동사의 복수형은 사람의 복수주어가 이미 앞 문장에 언급되었거나, 문맥으로 알 수 있을 때 사용된다. 이 경우 동사형은 주어를 포함하고 있다.

رَجَعُوا أَمْسِ. '그들[남]이 어제 돌아왔다.'
رَجَعْنَ أَمْسِ. '그들[여]이 어제 돌아왔다.'

연습9. 쓰기, 완성 및 옮기기

다음 빈 칸에 괄호 안에 주어진 동사의 맞는 형을 써 넣고 우리말로 옮겨라.

١ أصدقائي _______ إلى المطعم. (حضر)

٢ _______ المدرّسات إلى مدرستهن. (رجع)

٣ _______ الطلّاب إلى محاضرتي. (استمع)

٤ الموظّفون _______ مديرهم. (استقبل)

٥ _______ أستاذ التاريخ الإسلاميّ كتابا ثانيا. (أصدر)

٦ صديقاتنا _______ إلى بيروت. (انتقل)

٧ الأساتذة _______ إلى مكتب الرئيس. (ذهب)

٨ _______ المدرّسات في مدرسة ثانويّة. (درّس)

٩ الأساتذة _______ إلى الجامعة. (رجع)

١٠ _______ الطلّاب إلى المتحف. (ذهب)

6 분리형대명사의 주어 표시 : 강조와 대조

아랍어 동사는 그 자체가 주어의 인칭·성·수를 나타내기 때문에 보통은 분리형대명사를 쓰지 않는다.

أَيْنَ كَرِيمَةُ؟ '카리마는 어디에 있느냐?'
ذَهَبَتْ إِلَى ٱلْمَكْتَبَةِ. '그[여]가 도서관에 갔다.'

그러나 특별히 주어를 강조하거나 대조적인 뜻을 나타낼 때에는 분리형대명사를 쓴다.

أَنَا أَكَلْتُ ٱلْكَبَابَ وَهُمْ أَكَلُوا ٱلْكُبَّةَ. '나는 카밥을 먹었고, 그들은 쿱바를 먹었다.'

라. 강 독

د – نُصُوصٌ لِلْفَهْمِ

다음 문장을 읽고 연습 10을 하라.

~와 함께 صَدِيقِي ٱلسَّيِّدُ لُطْفِي أَحْمَدُ مُوَظَّفٌ فِي بَنْكِ مِصْرَ. حَضَرَ مَعَ بَعْضِ

저녁 أَصْدِقَائِهِ إِلَى أَمْرِيكَا لِلزِّيَارَةِ. اِسْتَقْبَلْنَا ٱلسَّيِّدَ لُطْفِي أَمْسِ. وَفِي ٱلْمَسَاءِ ذَهَبْنَا إِلَى

음식 مَطْعَمٍ عَرَبِيٍّ وَأَكَلْنَا طَعَاماً عَرَبِيًّا وَشَرِبْنَا كُلُّنَا ٱلْقَهْوَةَ. ذَهَبْنَا بَعْدَ ذٰلِكَ إِلَى سِينَمَا

قَرِيبَةٍ مِنَ ٱلْمَطْعَمِ وَشَاهَدْنَا عُمَرَ ٱلشَّرِيفَ فِي فِيلْمِ "ٱلدُّكْتُورُ جِيفَاكُو".

연습10. 다음 문장을 완성하라.

١ بعض أصدقاء السيّد لطفي ______ .

끝남 ٢ بعد اَنْتِهَاءِ الزيارة رجع السيّد لطفي ______.

٣ في أمريكا أكل السيّد لطفي ______ وشرب ______.

٤ شاهد السيّد لطفي فيلما في سينما ______.

٥ "الدكتور جيفاكو" ______.

마. 종합연습 هـ - اَلتَّمَارِينُ اَلْعَامَّةُ

연습11. 여러 가지로 말바꾸기

‘선생들 몇 명이 그 식당에 갔다.’	ذهب بعض المدرّسين إلى المطعم.

١ ______ ______ الطلّاب ______ ______.

٢ ______ ______ ______ ______ الجامعة.

٣ رجع ______ ______ من ______.

٤ ______ كلّ ______ ______ ______.

٥ ______ ______ هم ______ ______.

연습12. 쓰기, 변형 : 3인칭 남성 단수 → 3인칭 남성 복수 → 3인칭 여성 단수 → 3인칭 여성 복수

필요한 변형을 하여 아래 문장의 밑줄 친 말을 ㄱ) 남성 복수, ㄴ) 여성 단수, ㄷ) 여성 복수로 바꾸어라.

١ الموظّف اللبنانيّ ذهب لزيارة صديقه.

٢ شاهدت سكرتير الرئيس في المكتبة.

٣ هل استمعت إلى مدرّسك؟

연습13. 의문문 만들기

괄호 안의 의문사를 사용하여 다음 문장에 근거한 의문문을 만들어라.

١ ذهب إلى مصر لزيارة الأصدقاء. (لماذا)

٢ أكلوا الكباب في مطعم عربيّ. (أين)

٣ استقبلوا الرئيس أمس. (من)

٤ ذهبوا إلى الشرق الأوسط لدراسة العربيّة. (لماذا)

٥ أكملت الدراسة هناك. (هل)

٦ سكرتير المدير موجود في مكتبه. (أليس)

٧ شربن قهوة عربيّة في مطعم. (ماذا)

٨ هذه كلمة فرنسيّة. (ما)

٩ رجعت صديقتها إلى بيروت. (إلى أين)

١٠ درست التاريخ الإسلاميّ في الجامعة. (ماذا)

١١ هذه هي الأخبار الجامعيّة. (ما)

١٢ أصدرت الجامعة كتابا جديدا بعنوان "الجامعة الأمريكيّة اليوم". (ما)

١٣ هذا كرسيّ جديد. (هل)

제 10 과 공항에서

اَلدَّرْسُ ٱلْعَاشِرُ : فِي ٱلْمَطَارِ

1 의문사 كَمْ '얼마나'

2 전치사 لِ '~에 속한'

3 명사문 : 주어가 비한정상태일 때 술어가 앞에 나옴

4 전치사와 연계형대명사

5 동사와 연계형대명사

6 의문명사 أَيٌّ '어느'

가-1. 기본문 공항에서 فِي ٱلْمَطَارِ

١ اَلْآنِسَةُ لُوسِي : مَرْحَبًا، يَا سَيِّدُ حُسَيْنُ.

٢ اَلسَّيِّدُ حُسَيْنٌ : أَهْلًا وَسَهْلًا، يَا آنِسَةُ لُوسِي. إِلَى أَيْنَ أَنْتِ ذَاهِبَةٌ؟

٣ اَلْآنِسَةُ لُوسِي : إِلَى نِيُويُورْك. وَأَنْتَ؟

٤ اَلسَّيِّدُ حُسَيْنٌ : إِلَى ٱلرِّيَاضِ.

٥ اَلْآنِسَةُ لُوسِي : مَتَى مَوْعِدُ طَائِرَتِكَ؟

٦ اَلسَّيِّدُ حُسَيْنٌ : بَعْدَ وَقْتٍ قَصِيرٍ.

٧ اَلْآنِسَةُ لُوسِي : عَلَى أَيِّ طَائِرَةٍ أَنْتَ ذَاهِبٌ؟

٨ اَلسَّيِّدُ حُسَيْنٌ : عَلَى طَائِرَةِ شَرِكَةِ مِصْرَ.

٩ اَلْآنِسَةُ لُوسِي : هَلْ عَائِلَتُكَ مَعَكَ؟

١٠ اَلسَّيِّدُ حُسَيْنٌ : لَا. تَرَكْتُهَا فِي لَنْدَن.

١١ اَلْآنِسَةُ لُوسِي : كَمْ وَلَدًا لَكَ؟

١٢ اَلسَّيِّدُ حُسَيْنٌ : لِيَ ٱبْنٌ وَٱسْمُهُ عَادِلٌ، وَبِنْتٌ وَٱسْمُهَا سُعَادُ.

١٣ اَلْآنِسَةُ لُوسِي : مَا عَمَلُكَ؟

١٤ اَلسَّيِّدُ حُسَيْنٌ : أَنَا مُدِيرُ شَرِكَةٍ. وَأَنْتِ مَا عَمَلُكِ؟

١٥ اَلْآنِسَةُ لُوسِي : أَنَا مُوَظَّفَةٌ فِي بَنْكٍ.

١٦ اَلسَّيِّدُ حُسَيْنٌ : حَانَ مَوْعِدُ طَائِرَتِي. إِلَى ٱللِّقَاءِ. (시간이) 되었다

١٧ اَلْآنِسَةُ لُوسِي : مَعَ ٱلسَّلَامَةِ.

가-2. 한국어 공항에서 فِي ٱلْمَطَارِ

1. 루시 양 : 안녕하세요, 후사인씨.
2. 후사인 씨 : 어서 오세요, 루시양. 어디로 가고 있나요?
3. 루시 양 : 뉴욕에요. 당신은요?
4. 후사인 씨 : 리야드에요.
5. 루시 양 : (당신의) 비행기 시간이 언제지요?
6. 후사인 씨 : 잠시 후입니다.
7. 루시 양 : 어느 비행기로 가실 것입니까?
8. 후사인 씨 : 이집트항공(이집트회사)의 비행기입니다.
9. 루시 양 : 가족은 같이 가시나요?
10. 후사인 씨 : 아니오, 그들을 런던에 남겨두었습니다.
11. 루시 양 : 자제 분이 몇이죠?
12. 후사인 씨 : 이름이 아딜인 아들 하나와 이름이 수아드인 딸 하나가 있습니다.
13. 루시 양 : 당신의 직업은 무엇인가요?
14. 후사인 씨 : 나는 회사의 이사입니다. 그런데 당신은 직업이 무엇이죠?
15. 루시 양 : 저는 은행직원이에요.
16. 후사인 씨 : 내 비행기가 떠날 시간입니다. 또 만납시다.
17. 루시 양 : 안녕히 가세요.

나. 단 어　　　　ب – اَلْمُفْرَدَاتُ

اَلْعَاشِرُ 열번째의

مَطَارٌ – ات 공항

لُوسِي 루시

حُسَيْنٌ 후사인(남자 이름)

أَهْلًا وَسَهْلًا 환영합니다, 안녕하세요

ذَاهِبٌ – ون 가고 있는

مَتَى 언제

مَوْعِدٌ – مَوَاعِدُ، مَوَاعِيدُ 약속시간, 약속

وَقْتٌ – أَوْقَاتٌ 시간

قَصِيرٌ – قِصَارٌ 짧은

عَلَى – عَلَيْ ~의 위에

أَيٌّ (+[소]) 어느, 어떤

شَرِكَةٌ – ات 회사

عَائِلَةٌ – ات 가족

مَعَ ~와 함께

تَرَكَ 떠나다, 남겨두다

لَنْدَن 런던

كَمْ (+[단],[비],[목]) 얼마나

وَلَدٌ – أَوْلَادٌ 아이, 소년, 아들

لِ ~에 속한, ~의, ~으로, ~을 위해,

اِبْنٌ – أَبْنَاءٌ 아들(연독함자(함자툴와슬)로 시작됨)

اِسْمٌ – أَسْمَاءٌ 이름(연독함자(함자툴와슬)로 시작됨)

عَادِلٌ 아딜(남자 이름)

بِنْتٌ – بَنَاتٌ 소녀, 딸

سُعَادُ 수아드(여자 이름)

عَمَلٌ – أَعْمَالٌ 일, 직업

بَنْكٌ – بُنُوكٌ 은행

다. 문법과 연습   جـ - اَلْقَوَاعِدُ وَٱلتَّمَارِينُ

1 의문사 كَمْ '얼마나'

'얼마나'를 뜻하는 의문사 كَمْ 은 뒤에 명사가 오면 의문사구를 이루며, 이때 명사는 단수·비한정상태·목적격을 취한다. 또 이 의문사구가 주어이면 동사는 3인칭 단수형을 취한다.

كَمْ وَلَدًا لَكَ؟	'자제가 몇이 있습니까?'
كَمْ طَالِبًا ذَهَبَ إِلَى نِيُويُورْك؟	'몇 명의 학생이 뉴욕에 갔느냐?'

연습1. 가려내기/번역

다음 문장의 كَمْ 을 포함하는 밑줄 친 부분을 우리말로 옮겨라.

١ كم طائرة في المطار؟

٢ كم طالبا درس العربية معكم؟

٣ كم أستاذا استقبل رئيس الجامعة؟

٤ كم مطعما عربيّا في نيويورك؟

٥ كم مدرّسة في تلك المدرسة؟

٦ كم فيلما شاهدتم؟

٧ كم صديقا استقبل أحمد في المطار؟

٨ كم كتابا قرأت هذه السنة؟

연습2. 의문문 만들기

كَمْ 과 밑줄 친 단어형을 사용하여 다음 문장을 의문문으로 만들어라.

'직원 몇몇이 커피를 마셨다.'	شرب بعض الموظفين قهوة.
'직원 몇 명이 직원이 커피를 마셨느냐?'	كم موظفا شرب قهوة؟

١ شاهد كلّ الأصدقاء الفلم.

٢ استقبلوا بعض المدرّسات في المطار.

٣ ذهب كلّ الطلّاب إلى المسرح.

٥ أصدر بعض الأساتذة كتابا.

٦ بعض المدرّسين من فرنسا.

٧ شاهدتم بعض الموظّفات في السينما.

٤ تركت كلّ الصديقات في لندن.　　　　٨ حضر كلّ الطالبات إلى أمريكا.

2 전치사 لِ '~에 속한'

아랍어 전치사 لِ 의 의미에는 '~에 속한'이란 뜻이 있다. 그래서 다음과 같이 말할 수 있다.

اَلسَّيَّارَةُ لِلْمَتْحَفِ.	'그 자동차는 박물관에 속한 것이다(박물관의 것이다).'

위는 명사문이며, لِ 는 소유를 나타내는 데에 쓰인다. 즉 아랍어에서 소유를 나타낼 때는 우리말처럼 "(소유자)(에게)는 (소유물)이 있다"라는 구문을 사용한다. 즉 소유물이 주어가 된다. 이때 '~에게는'에 해당하는 말로 보통, 전치사 لِ 가 쓰인다.

هٰذِهِ ٱلطَّائِرَةُ لِشَرِكَةٍ جَدِيدَةٍ.	'이 비행기는 한 새로운 회사의 것이다.'
هٰذَا ٱلْمَكْتَبُ لِلْمُدِيرِ.	'이 사무실은 그 이사의 것이다.'
لِمَنْ هٰذَا ٱلْقَلَمُ؟	'이 연필은 누구의 것이냐?'

전치사 لِ 는 연계형대명사와 연결되면, 1인칭 단수에서 لِي 로 되는 것을 제외하고는 모음이 لَ 로 된다.

위의 보기처럼 주어, 즉 소유물이 한정상태이면 لِ-구의 앞에 위치한다.

هٰذِهِ ٱلْقَهْوَةُ لِسُعَادَ.	'이 커피는 수아드의 것이다.'
هَلْ هٰذَا ٱلْقَلَمُ لَكَ؟	'이 연필은 당신의 것이냐?'
هُوَ صَدِيقٌ لِي.	'그는 나의 한 친구이다.'

아래의 다. 3에 لِ-구문의 주어가 비한정상태인 경우가 나온다.

연습3. 의문문 만들기 : لِمَنْ

'그 버스는 그 회사의 것이다.'	الأوتوبيس للشركة.
'이 버스는 누구의 것이냐?'	لمن هذا الأوتوبيس؟
'그 회사의 것이다.'	للشركة.

١ الكتاب الجديد لك.

٢ السيّارة الكبيرة لصديقنا.

٣ هذا المتحف للجامعة.

٤ هذا القلم لي.

٥ هذا المكتب للمدير.

٦ هذه الطاولة لها.

٧ هذا الكرسيّ للمدرّسة.

٨ كتاب التاريخ للطالب.

연습4. 변형 : 연결형 → لِ + 명사

هذه سيّارة المدير. ←	(ㄱ) '이것은 그 이사의 차다.' →
هذه السيّارة للمدير.	'이 차는 그 이사의 것이다.'

١ هذا كتاب فريد.

٢ هذه طائرة شركة مصر.

٣ هذا قلم الأستاذ وليم.

٤ هذا مكتب المدير.

٥ هذا متحف الجامعة.

٦ هذا كرسيّ السكرتير.

٧ هذه طاولة الموظّفة.

٨ هذه سيّارة المرأة.

هذه سيّارتي. ←	(ㄴ) '이것은 나의 차다.' →
هذه السيّارة لي.	'이 차는 나의 것이다.'

١ هذه طاولتها.

٢ هذا مطعمهم.

٣ هذه شهادتي.

٤ هذا مكتبكنّ.

٥ هذا كتابك.

٦ هذا قلمنا.

٧ هذا مكتبه.

٨ هذه سيّارتهنّ.

3 명사문 : 주어가 비한정 상태일 때 술어가 앞에 나옴

명사문의 술어가 هُنَا '여기'와 같은 부사이거나 فِي ٱلْمَكْتَبِ '그 사무실에'와 같은 전치사구이고 주어가 비한정상태이면, 일반적으로 어순이 도치되어 술어가 먼저 나오고 주어가 다음에 온다. 이는 우리말과 비슷하다.

밑줄 친 부분이 술어이다.

فِي ٱلْمَكْتَبِ طَاوِلَةٌ كَبِيرَةٌ.	'사무실에 큰 탁자가 있다.'
عَلَى ٱلطَّاوِلَةِ وَرَقَةٌ وَقَلَمٌ.	'탁자 위에 종이와 연필이 있다.'
عَلَيْهَا كِتَابٌ جَدِيدٌ كَذٰلِكَ.	'그 위에는 새 책도 있다.'

위의 구문은 لِـ-구문으로 된 소유를 표현할 때도 많이 쓰인다.

لِسَلِيمٍ سَيَّارَةٌ جَدِيدَةٌ.	'살림은 새 차가 있다.'

밑줄 친 부분이 술어이다.

لَهُ سَيَّارَةٌ جَدِيدَةٌ.	'그는 새 차가 있다.'
لِي ٱبْنٌ وَبِنْتٌ.	'나는 아들 하나, 딸 하나가 있다.'
لِوِدَادَ صَدِيقَاتٌ عِرَاقِيَّاتٌ.	'위다드는 이라끄인 여자친구들이 있다.'
لِلْأُسْتَاذِ ٱلْجَدِيدِ مَكْتَبٌ فِي هٰذَا ٱلْبِنَاءِ.	'그 새로 온 교수는 이 건물에 연구실이 있다.'

이 구문은 다른 명사문처럼 동사 لَيْسَ 를 써서 부정한다.

لَيْسَتْ لَهُ سَيَّارَةٌ جَدِيدَةٌ.	'그는 새 차가 없다.'
لَيْسَ لِلْأُسْتَاذِ مَكْتَبٌ هُنَا.	'그 교수는 여기에 연구실이 없다.'
لَيْسَ لَهَا صَدِيقَاتٌ.	'그[여]는 친구들[여]이 없다.'

마지막 문장은 여성 주어가 동사와 떨어져 있으면 그 동사는 남성형 또는 여성형을 쓸 수 있음을 보여 준다(6. 다. 3 참조).

연습5. 변형

'그 새 책은 그 학생의 것이다.'	الكتاب الجديد للطالب.
'그 학생에게는 새 책 (한 권)이 있다.'	للطالب كتاب جديد.

١ المكتبة الحديثة للجامعة.

٢ الطائرة الجديدة للشركة.

٣ المطعم الكبير للسيد سليم.

٤ المكتب الجديد للمدير.

٥ البناء البعيد للمتحف.

٦ السيّارة القديمة لسميرة.

٧ الكرسيّ الجديد للسكرتيرة.

٨ الطاولة الجديدة للمدرسة.

녹음

연습6. لَيْسَ 로 부정하기 : 비한정상태의 주어

4 전치사와 연계형대명사

연계형대명사는 전치사와 결합하여 그 전치사의 목적어가 된다.

[보기] أَمَامَهُ '그의 앞에, فِيهِ '그의 안에', مِنْهُ '그에게서부터'

9. 다. 3에서 보았듯이 أَنَا 의 연계형 ـِي 는 장모음이나 ـَيْ 로 끝나는 단어에 붙으면 يَ 로 되며, 특히 ـِي 로 끝나는 단어에 붙으면 한 개의 ي 위에 샷다를 붙여 쓴다.

[보기] فِي '~의 안에', فِيَّ '나의 안에'

전치사 مِنْ '~에서부터'는 ي 앞에서 مِنّ의 형을 가진다.

[보기] مِنِّي '나에게서부터'

전치사 إِلَى '~에게(로)'와 عَلَى '~의 위에'는 대명사 앞에서 각각 إِلَيْ 와 عَلَيْ 로 된다.

إِلَيْهِ	'그에게'	إِلَيْكُمْ	'당신들에게'
إِلَيَّ	'나에게'	عَلَيْهِ	'그의 위에'
عَلَيْكُمْ	'당신들의 위에'	عَلَيَّ	'나의 위에'

연습7. 가려내기

다음 전치사와 연계형 대명사의 연결형에 해당하는 분리형대명사를 써라.

منه ← هو

فيكَ	إليكم	معهنّ
منها	عنكِ	أمامكنّ
أمامنا	عليّ	عنّي
منّي	إليه	معكَ
فيهم	بعدها	قبله

연습8. 만들기

괄호 안의 단어를 전치사와 대명사로 바꾸어라.

'그는 그[여]와 함께 극장에 갔다.'

ذهب (مع + هي) إلى المسرح.

ذهب معها إلى المسرح.

١ (في + المكتبة) كتاب جديد.

٢ (أمام + أنت) بناء قديم.

٣ كم بنتا (لـ + هي).

٤ رجعتم (من + المطار).

٥ ذهبن (إلى + المدرسة).

٦ استمعوا (لـ + المحاضرة).

٧ (على + الطاولة) قلم.

٨ ذهب (مع + أنا) إلى العراق.

٩ (لـ + أنا) ولد في أمريكا.

١٠ أكلت (مع + هم) في مطعم عربيّ.

5 동사와 연계형대명사

연계형대명사는 동사에 붙어 그 동사의 목적어를 나타낸다.

تَرَكَهُ ‘그는 그를 남겨 놓았다’

تَرَكَتْنَا ‘그[여]는 우리를 남겨 놓았다’

동사에 붙는 연계형대명사는 1인칭 단수에서 نِي ‘나를’로 되는 외에는 명사나 전치사에 붙는 형과 똑같다.

تَرَكَنِي ‘그는 나를 남겨 놓았다’

또 ـهُ 와 ـهُمْ 은 ـِـ , ـِي , ـَيْ 로 끝나는 단어에 붙으면 ـُ 가 ـِ 로 되는 것에 유의하라.

تَرَكْتَهُ ‘네[남]가 그를 남겨 놓았다’

تَرَكْتِهِ ‘네[여]가 그를 남겨 놓았다’

이 외에도 다음과 같은 점에 주의해야 한다.

(1) 연계형이 3인칭 남성 복수 동사형 ـُوا 에 붙으면 동사 끝에 있는 ا 가 탈락한다(9. 다. 4 참조).

تَرَكُوا ‘그들이 남겨 놓았다’

تَرَكُوكَ ‘그들이 너를 남겨 놓았다’

(2) 연계형이 2인칭 남성 복수 동사형 ـتُمْ 에 붙으면 주어표지어가 ـتُمُو 로 된다.

تَرَكْتُمْ ‘너희[남]가 남겨 놓았다’

تَرَكْتُمُونِي ‘너희[남]가 나를 남겨 놓았다’

연습9. 가려내기

다음 동사의 주어와 목적어를 분리형대명사로 적어라.

	주어	목적어
درستُها	أنا	هي

١ تركناكِ
٢ استقبلتموه
٣ تركتْه
٤ قرأتَها
٥ أصدرنه
٦ تركوني
٧ تابعها
٨ تركتِهِ
٩ استقبلني
١٠ تركتَهم
١١ استقبلَنا
١٢ تركتُه
١٣ قرأنها
١٤ استقبلوكم
١٥ تركناها

연습10. 말바꾸기

다음 동사의 연계형대명사를 아래에 주어진 대명사로 바꾸어 써라.

'그가 그들을 런던에 남겨 놓았다.'	تركهم في لندن.

هنّ	هي	أنتَ
أنتنّ	نحن	أنتم
هم	أنتِ	أنا

다음 문장으로 계속하라.

١ تركوهم في لندن.
٢ استقبلَتْها في المطار.

6 의문명사 أَيٌّ '어느'

의문사 أَيٌّ '어느, 무슨'는 명사로서, 명사의 모든 기능을 다 갖고 있다. 보통 عَلَى أَيِّ طَائِرَةٍ '어느 비행기로?'에서처럼 연결형의 제1요소로 쓰인다.

연습11. 말바꾸기

녹음

ㄱ. '이것은 어느 과(몇 과)이냐?'　　أيُّ درسٍ هذا؟

كتاب	جامعة
صفّ	بناء
أستاذ	متحف
مدرسة	درس

ㄴ. '너는 무슨 언어를 배웠느냐?'　　أيَّ لغةٍ تعلّمت؟

درس	نصّ
جملة	كلمة

ㄷ. '너는 어느 대학에 갔느냐?'　　إلى أيِّ جامعةٍ ذهبت؟

مكتبة	بناء	مسرح
متحف	صفّ	جامعة
مطعم	مدرسة	

라. 강 독 د - نُصُوصٌ لِلْفَهْمِ

다음 문장을 읽고 연습 12를 하라.

ذَهَبَ كَرِيمٌ مَعَ بَعْضِ أَصْدِقَائِهِ إِلَى ٱلْمَطَارِ وَٱسْتَقْبَلُوا صَدِيقًا لَهُمْ. حَضَرَ هٰذَا ٱلصَّدِيقُ، وَٱسْمُهُ مَحْمُودٌ مِنَ ٱلشَّرْقِ ٱلْأَوْسَطِ إِلَى أَمْرِيكَا لِدِرَاسَةِ ٱللُّغَةِ ٱلْإِنْكِلِيزِيَّةِ وَٱلتَّارِيخِ.

ذَهَبَ كُلُّ ٱلْأَصْدِقَاءِ إِلَى ٱلسِّينَمَا وَشَاهَدُوا فِيلْمًا أَجْنَبِيًّا بِعُنْوَانِ "ٱلْخَرْطُومُ". بَعْدَ ٱلْفِيلْمِ ذَهَبُوا لِزِيَارَةِ كَرِيمٍ وَعَائِلَتِهِ. أَعَدَّتْ بِنْتُ كَرِيمٍ ٱلْقَهْوَةَ ٱلْعَرَبِيَّةَ لِلزَّائِرِينَ. شَرِبُوا ٱلْقَهْوَةَ ٱلْعَرَبِيَّةَ وَٱسْتَمَعُوا بَعْدَ ذٰلِكَ لِلْأَخْبَارِ.

준비했다 (أَعَدَّتْ)

연습12. 물음 أَسْئِلَةٌ

١ من أين حضر محمود؟

٢ إلى أين ذهب الأصدقاء؟

٣ ماذا شاهدوا؟

٤ ماذا فعلوا بعد الفلم؟

٥ لماذا حضر محمود إلى أمريكا؟

마. 종합연습

هـ - اَلتَّمَارِينُ ٱلْعَامَّةُ

연습13. 쓰기, 동사활용

ㄱ. تَرَكَ 동사의 적당한 형으로 다음 빈 칸을 채워라. 세로는 동사의 주어이고, 가로는 목적어이다.

목적어 / 주어	نحن	أنتم	أنتنّ	هم	هنّ
نحن	X	تركناكم			
أنتم		X	X		
أنتنّ		X	X		
هم					
هنّ					

ㄴ. اِسْتَقْبَلَ 를 사용하여 다시 써라.

연습14. 작 문

1. 몇 명의 학생이 이집트 항공으로 카이로에 갔느냐?
2. 우리는 딸 하나가 있는데 이름이 위다드다.
3. 나는 그들을 창문 앞에서 보고 그들에게로 갔다.
4. 어느 남자(사람)가 너[남]를 공항에서 맞이했느냐?
5. 이 외국 차는 누구의 것이냐?

제 11 과 대학생들

اَلدَّرْسُ ٱلْحَادِيَ عَشَرَ : طُلَّابٌ جَامِعِيُّونَ

1 어근과 형의 구조

2 아랍어 동사의 형

3 완료시상의 부정 : لَمْ + 단축법

4 명사문 : 완료시상

5 여성 규칙복수형 : 사람이 아닌 명사

가-1. 기본문 대학생들 طُلَّابٌ جَامِعِيُّونَ

١ فَرِيدٌ : هَلْ دَرَسَ سَامِي فِي ٱلْجَامِعَةِ ٱللُّبْنَانِيَّةِ؟

٢ مَرْيَمُ : لَمْ يَدْرُسْ فِي هٰذِهِ ٱلْجَامِعَةِ، بَلْ كَانَ طَالِبًا فِي ٱلْجَامِعَةِ ٱلْأَمْرِيكِيَّةِ فِي بَيْرُوتَ.

٣ فَرِيدٌ : عَلَى أَيِّ شَهَادَةٍ حَصَلَ؟

٤ مَرْيَمُ : عَلَى شَهَادَةِ ٱلدُّكْتُوراه.

٥ فَرِيدٌ : وَزَوْجَتُهُ؟

٦ مَرْيَمُ : لَمْ تَحْصُلْ عَلَى ٱلدُّكْتُوراه. حَصَلَتْ عَلَى ٱلْمَاجِسْتِيرِ فَقَطْ، ثُمَّ عَمِلَتْ فِي مَدْرَسَةٍ حُكُومِيَّةٍ فِي لُبْنَانَ.

٧ فَرِيدٌ : هَلْ رَجَعَ سَامِي بَعْدَ ذٰلِكَ إِلَى بَلَدِهِ؟

٨ مَرْيَمُ : لَا. لَمْ يَرْجِعْ إِلَى بَلَدِهِ، بَلْ سَافَرَ مَعَ زَوْجَتِهِ إِلَى ٱلْكُوَيْتِ لِلْعَمَلِ هُنَاكَ.

٩ فَرِيدٌ : وَأَنْتِ يَا مَرْيَمُ، أَلَمْ تَدْرُسِي فِي ٱلْجَامِعَةِ ٱلْأَمْرِيكِيَّةِ؟

١٠ مَرْيَمُ : لَا. لَمْ أَدْرُسْ هُنَاكَ، بَلْ كُنْتُ طَالِبَةً فِي ٱلْجَامِعَةِ ٱللُّبْنَانِيَّةِ.

가-2. 한국어 대학생들 طُلَّابٌ جَامِعِيُّونَ

1. 파리드 :	사미는 레바논 대학에서 공부했습니까?
2. 마리아 :	그는 그 대학에서 공부하지 않았습니다만, 베이루트의 아메리칸 대학의 학생이었습니다.
3. 파리드 :	무슨 학위를 얻었지요?
4. 마리아 :	박사학위입니다.
5. 파리드 :	그의 부인은요?
6. 마리아 :	그는 박사학위를 얻지 않았습니다. 석사학위만 얻었지요. 그리고 나서 레바논의 한 공립학교에서 일했습니다.
7. 파리드 :	사미는 그 뒤에 자기 나라로 돌아갔습니까?
8. 마리아 :	아니요, 그는 자기 나라로 돌아가지 않고 부인과 함께 쿠웨이트로 일하러 갔습니다.
9. 파리드 :	그런데 마리아, 당신은 아메리칸 대학에서 공부하지 않았나요?
10. 마리아 :	예, 전 거기서 공부하지 않았어요. 전 레바논 대학의 학생이었어요.

나. 단 어　　ب – اَلْمُفْرَدَاتُ

ثُمَّ	그리고는, 그리고 나서, 그런 다음	اَلْحَادِيَ عَشَرَ	열한번째의
عَمِلَ	그가 일했다	لَمْ	(부정사, +[축]) ~하지 않았다
حُكُومَةٌ – ات	정부	لَمْ يَدْرُسْ	그가 공부하지 않았다
مَدْرَسَةٌ حُكُومِيَّةٌ – مَدَارِسُ حُكُومِيَّةٌ	공립학교	بَلْ	그러나, 오히려, 그렇지 않고 반면에
بَلَدٌ – بِلَادٌ	나라	كَانَ	그가 있었다, ~이었다
بَلَدِيٌّ – ون	(بَلَدٌ의 [관형]) 나라의, 내국의	حَصَلَ عَلَى	그가 ~을 얻었다
لَمْ يَرْجِعْ	그가 돌아오지 않았다	اَلدُّكْتُورَاه	박사학위
سَافَرَ	그가 여행했다	زَوْجٌ – أَزْوَاجٌ	남편
لَمْ تَدْرُسِي	네[여]가 공부하지 않았다	لَمْ تَحْصُلْ عَلَى	그[여]가 ~을 얻지 않았다
لَمْ أَدْرُسْ	내가 공부하지 않았다	اَلْمَاجِسْتِير	석사학위

보충어

اَلْبَكَالُورِيُوس	학사학위
بَابَا – بَابَوَاتٌ، بَابَاوَاتٌ	교황

다. 문법과 연습 ج - اَلْقَوَاعِدُ وَالتَّمَارِينُ

1 어근과 형의 구조

دَرْسٌ	'과'(공부하는 대상)
دِرَاسَةٌ	'공부(하기)'(공부의 행위)
مَدْرَسَةٌ	'학교'(공부하는 장소)
دَرَسَ	'그가 공부했다'(공부 행위의 표시)
دَرَّسَ	'그가 가르쳤다'(공부를 남에게 하게 하다)
مُدَرِّسٌ	'(남)선생'(가르치는 남성)
مُدَرِّسَةٌ	'여선생'(가르치는 여성)

위의 단어들을 살펴보면 공통적으로 د – ر – س 이라는 세 자음이 일정한 순서로 배열되어 있음을 알 수 있다. 이들 자음은 '공부함'이라는 뜻을 간직하고 있다. 이렇게 아랍어(셈어)에서는 일정 수의 자음이 일정한 순서로 배열될 때 일정한 뜻을 나타낸다. 이들 자음군을 어근이라고 하며, 각 자음을 어근자라고 한다. 어근은 대다수가 세 개의 어근자로 이루어지며(따라서 아랍어(셈어)를 3자음어라고 함), 간혹 한 개·두 개·네 개 또는 다섯 개의 어근자로 이루어지기도 한다. 아랍어에서는 이들 세 어근자를 فعل '하기, 만들기'라는 단어를 써서 표시한다. 이를 어근의 형이라고 한다.

> دَرْسٌ 는 فَعْلٌ 형, دِرَاسَةٌ 는 فِعَالَةٌ 형, مَدْرَسَةٌ 는 مَفْعَلَةٌ 형, دَرَّسَ 는 فَعَّلَ 형, مُدَرِّسٌ 와 مُدَرِّسَةٌ 는 각각 مُفَعِّلٌ 과 مُفَعِّلَةٌ 형

아랍어의 각 품사는 보통 일정한 형을 취하는 경우가 많다. دَرَسَ '그가 공부했다'와 رَجَعَ '그가 돌아왔다'는 فَعَلَ의 형을 취하는 동사의 경우이고, قَرِيبٌ '가까운'과 جَدِيدٌ '새로운'은 فَعِيلٌ 의 형을 취하는 형용사의 경우이다.

또한 한 품사의 형이 다른 여러 형을 취하기도 하고, 한 형이 여러 품사를 나타내기도 한다.

아랍어 사전에서는 일반적으로 단어를 어근의 글자순으로 배열한다. 그러므로 사전에서 단어를 찾을 때는 그 단어의 어근을 찾아, 다시 그 어근의 글자순으로 찾아야 한다. 또한 같은 어근자들이 다른 뜻의 어근을 나타낼 경우도 있다.

[보기] جُمْلَةٌ '문장'와 جَمِيلٌ '아름다운'과 جَمَلٌ '낙타'은 모두 جمل 의 어근으로 되어 있지만 각각의 어근의 뜻은 다르다.

연습1. 쓰기, 가려내기

دراسة	د٠ر٠س	فِعَالَة

زوجة	شهادة	سافر	رجل
شرب	ذاهب	جامعة	
شركة	شيء	قصير	

연습2. 쓰기

주어진 어근과 형으로 단어를 만들어 쓰고, 그 뜻을 사전에서 찾아 적어라.

ع٠م٠ل + مَفْعَلٌ　　مَعْمَلٌ '연구소'

١ س٠ف٠ر + فَعِيلٌ ←

٢ و٠ج٠ه + فَعْلٌ ←

٣ د٠خ٠ل + مَفْعَلٌ ←

٤ ب٠و٠ب + فَعَّالٌ ←

٥ ت٠ج٠ر + فِعَالَةٌ ←

٦ ر٠ك٠ب + فَاعِلٌ ←

٧ ك٠ت٠ب + فِعَالٌ ←

٨ ق٠ع٠د + مَفْعَلٌ ←

2 아랍어 동사의 형

아랍어 완료시상 동사는 이미 배운 바대로 어간과 주어표지어로 되어 있다. 아랍어 동사는 또 دَرَسْتُ ‘내가 공부했다’(어간 : دَرَسْ, 어근: درس, 주어표지어 تُ 와 같이 어간의 자음이 어근과 같은 수로 된 것이 있는데 이를 원형 동사(Ⅰ형 동사, اَلْفِعْلُ الْمُجَرَّدُ)라고 하며, اِسْتَقْبَلْنَا (어간 : اِسْتَقْبَلْ, 어근 : قبل, 주어표지어 : نَا)와 같이 어간의 자음에 어근 외의 자음이 첨가된 것이 있는데 이를 파생형 동사(اَلْفِعْلُ الْمَزِيدُ)라고 한다. 파생형 동사는 그 첨가 자음에 따라 Ⅱ형에서 XV형까지 있는데, 일반적으로 X형까지가 많이 쓰이며, 따라서 이 책에서는 원형에서 X형까지의 동사를 차례로 배우게 된다.

원형 동사의 완료형은 다음과 같은 특징이 있다.

(1) 첫째 모음은 항상 ـَ 이다.

(2) 둘째 모음은 ـَ , ـِ , ـُ 셋 중의 하나이며, 동사에 따라 다르다. 이 중에서 ـُ 형은 그 수가 매우 적으며, 모두가 자동사(상태동사)이다.

원형 동사의 보기

<어간형이 فَعَلَ 인 것>

دَرَسَ ‘공부하다’

حَضَرَ إِلَى ‘~으로 오다’

رَجَعَ ‘돌아오다’

بَدَأَ ‘시작하다’

قَرَأَ ‘읽다’

ذَهَبَ ‘가다’

فَعَلَ ‘만들다, 하다’

أَكَلْ '먹다'

تَرَكْ '남겨두다, 떠나다'

حَصَلْ على '~을 얻다'

<어간형이 فَعِل 인 것>

شَرِبْ '마시다'

عَمِلْ '일하다'

다음은 지금까지 나온 몇 가지 파생형 동사의 보기이다.

Ⅱ형 فَعَّلَ :

دَرَّسَ '가르치다'

Ⅲ형 فَاعَلَ :

تَابَعَ '계속하다'

سَافَرَ '여행하다'

شَاهَدَ '보다'

Ⅳ형 أَفْعَلَ

أَصْدَرَ '발행하다'

أَكْمَلَ '끝내다'

Ⅴ형 تَفَعَّلَ

تَعَلَّمَ '배우다'

Ⅷ형 اِفْتَعَلَ

اِسْتَمَعَ لِـ '~에 귀를 기울이다'

		اِنْتَقَلَ ‘옮기다, 이사하다’
X형	اِسْتَفْعَلَ	
		اِسْتَقْبَلَ ‘맞이하다’

둘째 어근자(ع)의 모음을 중간모음이라고 하며, 미완료형을 만들 때 중요한 구실을 한다.

연습3. 쓰기

ㄱ. 주어진 어근과 형에 맞추어 동사를 쓰고, 몇 형인가를 가려내고, 사전이나 단어집에서 그 뜻을 찾아 적어라.

Ⅲ형	‘만나다’	ل·ب·ق + فَاعَلَ = قَابَلَ

١ ل·خ·ص + تَفَعَّلَ ←

٢ ع·ب·ر + اِفْتَعَلَ ←

٣ ق·د·م + فَعَّلَ ←

٤ ص·ر·ف + اِنْفَعَلَ ←

٥ خ·ب·ر + أَفْعَلَ ←

٦ ن·و·ل + تَفَاعَلَ ←

٧ ش·م·ل + فَعِلَ ←

٨ ق·ب·ل + اِسْتَفْعَلَ ←

٩ ص·د·ق + فَاعَلَ ←

١٠ س·ك·ن + فَعَلَ ←

ㄴ. 다음 낯선 동사를 사전이나 단어집에서 찾아 그 뜻을 적어라.

شَارَكَ   تَحَدَّثَ   اِعْتَمَدَ

اِسْتَخْدَمَ   صَدَّقَ   أَقْبَلَ

3 완료시상의 부정 : لَمْ + 단축법

아랍어 완료시상의 부정('~하지 않았다')은 부정사 لَمْ 에 동사의 단축법을 써서 나타낸다.

لَمْ يَدْرُسْ '그가 공부하지 않았다'

이 단축법(اَلْمُضَارِعُ ٱلْمَجْزُومُ)은 다음에 배울 직설법(اَلْمُضَارِعُ ٱلْمَرْفُوعُ) 및 접속법(اَلْمُضَارِعُ ٱلْمَنْصُوبُ)과 함께 미완료시상(اَلْمُضَارِعُ)의 일종으로서, 미완료시상의 어간의 앞·뒤에 주어표지어를 붙여서 나타낸다. 이 어간은 다음과 같이 만든다. 먼저 이 과에서는 원형 동사의 단축법에 대해서만 배운다.

첫째, 첫째 어근자(ف)의 모음은 ـْ 이다.

둘째, 둘째 어근자(ع)의 모음(중간모음)은 동사에 따라 다르다(아래의 주3) 참조).

셋째, 단축법에서 셋째 어근자(ل)의 모음은 ـْ 이다.

다음에 دَرَسَ '공부하다'(중간모음: ـُ)의 단축법의 단수 변화형을 주어표지어와 함께 보인다.

단축법		주어표지어
3남단	يَدْرُسْ	يَـ
3여단	تَدْرُسْ	تَـ
2남단	تَدْرُسْ	تَـ
2여단	تَدْرُسِي	تَـ...ي
1 단	أَدْرُسْ	أَ

주

1) 3인칭 여성단수형과 2인칭 남성단수형은 모양이 같다.
2) 2인칭 여성단수형의 주어표지어는 어간의 앞·뒤에 붙는다.
3) 중간모음은 완료형처럼 동사에 따라 다르기 때문에 하나하나 따로 외워야 하지만, 대체로 다음과 같은 규칙이 있다.

(1) 완료형의 중간모음이 ـَ 이면 단축법의 중간모음은 ـُ , ـِ , ـَ 중의 하나이다. 그러나 둘째 또는 셋째 어근자가 후음 즉, أ, ه, ح, ع 중의 하나이면 대개 ـَ 를 중간모음으로 갖는다(아래 보기의 마지막 네 동사 참조).

	완료형	단축법
‘공부하다’	دَرَسَ	يَدْرُسْ
‘~에 오다’	حَضَرَ إِلَى	يَحْضُرْ إِلَى
‘먹다’	أَكَلَ	يَأْكُلْ
‘떠나다’	تَرَكَ	يَتْرُكْ
‘~을 얻다’	حَصَلَ عَلَى	يَحْصُلْ عَلَى
‘돌아오다’	رَجَعَ	يَرْجِعْ
‘시작하다’	بَدَأَ	يَبْدَأْ
‘읽다’	قَرَأَ	يَقْرَأْ
‘가다’	ذَهَبَ	يَذْهَبْ
‘하다’	فَعَلَ	يَفْعَلْ

(2) 완료형의 중간모음이 ـِ 이면 단축법의 중간모음은 거의 대부분 ـَ 이다.

‘마시다’	شَرِبَ	يَشْرَبْ
‘일하다’	عَمِلَ	يَعْمَلْ

(3) 완료형의 중간모음이 ـُ 이면 미완료형의 중간모음은 항상 ـُ 이다.

끝으로, أَكَلَ '먹다'와 같이 첫째 어근자가 ء 이면, 1인칭 단수형에서 أَأْ 는 아랍어 음운규칙상 أا 로 변해서 آ 로 쓰게 된다.

다음을 비교하라.

لَمْ أَدْرُسْ '내가 공부하지 않았다.'
لَمْ آكُلْ '내가 먹지 않았다.'

연습4. 가려내기

녹음

다음 각 단축법형에 해당하는 분리형대명사를 적어라.

١ لم يرجع إلى بلده في ذلك الوقت.

٢ لم تدرس الدرس الأساسيّ.

٣ لم أذهب إلى القاهرة.

٤ ألم تتركي عائلتك في لندن؟

٥ لم تبدأ دراسة التاريخ هذه السنةَ.

٦ لم يأكل كبة في المطعم العربيّ.

٧ ألم تقرئي كتاب صديقك؟

٨ لم تحصل على شهادة في الإنكليزيّة.

٩ ألم تعملي في مكتب المدير؟

١٠ لم أشرب قهوة مع أصدقائي.

연습5. 동사활용

ㄱ. | '그가 그 회사 사무실에서 일하지 않았느냐?' ألم يعمل في مكتب الشركة؟ |

أنتِ أنتَ

أنا المديرة

السيّد فريد السكرتير

الموظّف	كريمة
بنته	ابنُكَ

ㄴ. 다음 문장으로 계속하라.

'그가 바그다드에 자기 가족을 남겨두지 않았다.'	لم يترك عائلته في بغداد.

연습6. 변형: 긍정문 → لَمْ 을 사용한 부정문

'그가 한 관공서에서 일했다.' →	عمل في مكتب حكوميّ. ←
'그가 한 관공서에서 일하지 않았다.'	لم يعمل في مكتب حكوميّ.

١ حصلتُ على شهادة في العربيّة.

٢ فعلتِ ذلك في نيويورك.

٣ قرأ جريدة "أخبار اليوم".

٤ بدأتْ دراسة التاريخ المصريّ.

٥ ذهبتَ إلى الشركة لزيارة المدير.

٦ أكلتِ في مطعم مع أصدقائك.

٧ درس النصّ الأساسيّ.

٨ رجعتُ إلى الشرق الأوسط للعمل هناك.

4 명사문 : 완료시상

명사문에서 미완료시상일 때는 일반적으로 동사를 쓰지 않지만, 완료시상을 나타낼 때는 كَانَ 동사를 사용한다.

سَامِي طَالِبٌ. '사미는 학생이다.'
كَانَ سَامِي طَالِبًا. '사미는 학생이었다.'

이때 كَانَ 의 술어가 명사나 형용사이면, لَيْسَ 동사와 같이 목적격으로 놓는다. كَانَ 동사의 완료시상 변화는 다음과 같다.

	단수	복수
3남	كَانَ	كَانُوا
3여	كَانَتْ	كُنَّ
2남	كُنْتَ	كُنْتُمْ
2여	كُنْتِ	كُنْتُنَّ
1	كُنْتُ	كُنَّا

위에서 보듯이 이 동사의 완료형 어간은 كَانْ 과 كُنْ 의 두 개이다. 전자는 주어표지어가 모음으로 시작할 때 쓰이고, 후자는 자음으로 시작할 때 쓰인다.

다음 문장을 비교하라(명사문의 미완료시상과 완료시상).

미완료	وِدَادُ ٱلسِّكْرِتِيرَةُ هُنَا.	'위다드가 여기에서 비서이다.'
완료	كَانَتْ وِدَادُ ٱلسِّكْرِتِيرَةَ هُنَا.	'위다드가 여기에서 비서였다.'
미완료	نَحْنُ طُلَّابٌ جُدُدٌ.	'우리는 신입생이다.'
완료	كُنَّا طُلَّابًا جُدُدًا.	'우리는 신입생이었다.'
미완료	اَلدَّرْسُ قَصِيرٌ.	'그 과가 짧다.'
완료	كَانَ ٱلدَّرْسُ قَصِيرًا.	'그 과가 짧았다.'
미완료	اَلطَّاوِلَةُ فِي ٱلْمَكْتَبِ.	'그 탁자가 사무실에 있다.'
완료	كَانَتِ ٱلطَّاوِلَةُ فِي ٱلْمَكْتَبِ.	'그 탁자가 사무실에 있었다.'

미완료	فِي ٱلْمَكْتَبِ طَاوِلَةٌ.	'그 사무실에 탁자 하나가 있다.'
완료	كَانَ فِي ٱلْمَكْتَبِ طَاوِلَةٌ.	'그 사무실에 탁자 하나가 있었다.'

마지막 보기의 كَانَ 의 일치에 대해서는 6. 다. 3을 참조하라.

녹음

연습7. 변형

'그가 신입생이다.' →	هو طالب جديد. ←
'그가 신입생이었다.'	كان طالبا جديدا.

١ هي موظّفة في المتحف.

٢ أنتم طلاّب في مدرسة حكوميّة.

٣ هم أصدقاء أحمد.

٤ أنت مدرّسة في سوريا.

٥ أنا ذاهب إلى المسرح.

٦ أنتنّ أستاذات في جامعة الخرطوم.

٧ أنتَ في مكتب الشركة.

٨ هو رجل مشهور.

٩ نحن أصدقاء الرئيس.

١٠ هنّ موظّفات في مكتب حكوميّ.

연습8. 변형, 미완료 → 완료

'그 여자는 은행 직원이다.' →	المرأة موظّفة في بنك. ←
'그 여자는 은행 직원이었다.'	كانت المرأة موظّفة في بنك.

المرأة كانت موظّفة في بنك.

١ عادل ذاهب إلى الرياض.

٢ الأساتذة في مكتبهم.

٣ صديق وداد طالب في الأزهر.

٤ المدرّسات الجديدات في دمشق.

٥ رئيس أمريكا من ميشغان.

٦ مريم زوجة أستاذ مشهور.

5 여성 규칙복수형 : 사람이 아닌 명사

여성 규칙복수형 어미 ـَاتٌ 는 사람을 나타내는 여성명사의 복수형(9. 다. 2 참조)뿐만 아니라, ة 로 끝나는 상당 수의 여성명사와 많은 수의 남성명사도 포함하여 사람을 가리키지 않는 일반명사의 복수형에도 사용된다.

다음 표는 지금까지 나온 명사의 보기이다(처음 두 개만 남성이고 나머지는 여성).

	단수	복수	뜻
(남)	مَطَارٌ	مَطَارَاتٌ	'공항'
(남)	أُوتُوبِيس	أُوتُوبِيسَاتٌ	'버스'
	وَرَقَةٌ	وَرَقَاتٌ	'종이 (한 장)'
	طَاوِلَةٌ	طَاوِلَاتٌ	'탁자'
	جَامِعَةٌ	جَامِعَاتٌ	'대학'
	مَكْتَبَةٌ	مَكْتَبَاتٌ	'도서관'
	كَلِمَةٌ	كَلِمَاتٌ	'단어'
	عَائِلَةٌ	عَائِلَاتٌ	'가족'
	دِرَاسَةٌ	دِرَاسَاتٌ	'공부'
	شَهَادَةٌ	شَهَادَاتٌ	'학위(증), 증명서'
	لُغَةٌ	لُغَاتٌ	'언어'
	مُحَاضَرَةٌ	مُحَاضَرَاتٌ	'강의'

	طَائِرَةٌ	طَائِرَاتٌ	'비행기'
	زِيَارَةٌ	زِيَارَاتٌ	'방문'
	سَيَّارَةٌ	سَيَّارَاتٌ	'자동차'
	شَرِكَةٌ	شَرِكَاتٌ	'회사'
	حُكُومَةٌ	حُكُومَاتٌ	'정부'
	سَنَةٌ	سَنَوَاتٌ	'해, 연'

سَنَةٌ 의 복수형 سَنَوَاتٌ 는 그 관계형용사 سَنَوِيٌّ '해마다의'와 같이 어간이 سنو 인 것에 주의하라.

أُوتُوبِيس '버스'와 같은 사람을 가리키지 않는 외래어 명사는 대개 اَتٌ 로 복수형을 만든다. 또한 남성의 사람을 가리키는 외래어 명사도 اَتٌ 로 복수형을 만들 수 있다.

[보기] بَابَا '교황', بَابَوَاتٌ، بَابَاوَاتٌ '교황들'

연습9. 쓰기, 가려내기

다음 단어의 단수형을 써라.

لغات	أوتوبيسات
طائرات	سنوات
طلاب	كلمات
سيّارات	مطارات
أصدقاء	

연습10. 변형 : 단수형 → 복수형

녹음

라. 강 독　　د – نُصُوصٌ لِلْفَهْمِ

(1) 다음 문장을 읽고 연습11을 하라.

اَلسَّيِّدُ مَحْمُودٌ فَرِيدٌ رَجُلٌ مَشْهُورٌ فِي ٱلْمَغْرِبِ. أَكْمَلَ ٱلدِّرَاسَةَ ٱلثَّانَوِيَّةَ فِي مَدْرَسَةٍ حُكُومِيَّةٍ فِي ٱلرِّبَاطِ، ثُمَّ سَافَرَ إِلَى مِصْرَ لِدِرَاسَةِ ٱلتَّارِيخِ فِي جَامِعَةِ ٱلْقَاهِرَةِ.

حَصَلَ ٱلسَّيِّدُ مَحْمُودٌ عَلَى شَهَادَةِ ٱلْبَكَالُورِيُوس مِنْ جَامِعَةِ ٱلْقَاهِرَةِ، ثُمَّ ذَهَبَ إِلَى لَنْدَنْ لِلدِّرَاسَةِ هُنَاكَ. بَعْدَ ٱلْحُصُولِ عَلَى ٱلدُّكْتُورَاه، رَجَعَ ٱلسَّيِّدُ مَحْمُودٌ إِلَى بَلَدِهِ، وَعَمِلَ فِي ٱلْجَامِعَةِ.

زَوْجَةُ ٱلسَّيِّدِ مَحْمُودٍ مِصْرِيَّةٌ. اِسْمُهَا فِرْيَالُ. ذَهَبَتْ مَعَهُ إِلَى لَنْدَن. لَمْ تَحْصُلِ ٱلسَّيِّدَةُ فِرْيَالُ عَلَى شَهَادَةٍ مِنْ لَنْدَن، بَلْ عَمِلَتْ فِي مَكْتَبَةِ ٱلْجَامِعَةِ هُنَاكَ. هِيَ ٱلْآنَ مُدَرِّسَةٌ فِي مَدْرَسَةٍ خَاصَّةٍ.

연습11. 쓰 기

위의 문장에 근거하여 다음 빈 칸을 채워라.

١ السيّد فريد من _______، وزوجته من _______.

٢ الرباط في _______.

٣ درس السيّد فريد في _______ و _______ و _______.

٤ درس السيّد فريد _______ في جامعة القاهرة.

٥ السيّدة فريال _______ على شهادة من لندن.

٦ السيّد فريد الآن _______ وزوجته _______.

(2) 녹음 자료를 통해 문장을 듣고 연습12를 하라.

연습12. 듣고 이해하기

녹음

أسئلة

١ هل درس كريم وحسين في مدرسة ثانويّة في مصر؟

٢ إلى أيّ جامعة انتقل كريم وحسين؟

٣ هل حصل كريم على شهادة؟

٤ ماذا فعل بعد ذلك؟

٥ هل حصل حسين على شهادة؟

٦ لماذا رجع إلى بلده؟

마. 종합연습

هـ - اَلتَّمَارِينُ اَلْعَامَّةُ

연습13. 쓰 기

다음 (ㄱ)난과 (ㄴ)난의 문장을 뜻이 통하도록 연결하라.

(ㄱ)	(ㄴ)
١ - حصلت زوجتي على	في ذلك المطار
٢ - على أيّ أوتوبيس	تعلّمتم في الجامعة
٣ - ألم تقرأ	عائلة
٤ - هل المتحف الوطنيّ	هذا الكتاب
٥ - طائرات شركة مصر	بالسيّارة
٦ - درس صديقي	شهادة جامعيّة
٧ - أليست لمدير الشركة	حديث أم قديم
٨ - رجعوا إلى	في مدرسة حكوميّة
٩ - هل سافرتنّ	سافرت
١٠ - كم لغة	بلادهم أمس

연습14. 쓰기, 문장 만들기 - 변형

다음 단어들을 적당히 변형시키고 연결하여 완성된 문장을 만들고 그 문장을 우리말로 옮겨라.

> ذهب - أي - أنتم - إلى - عائرة - بلد - مع - أنتم ←
> إلى أيّ بلد ذهبتم مع عائرتكم؟
>
> '당신은 (당신의) 가족과 함께 어느 나라로 갔느냐?

١ أستاذ - مع - ذهب - فريد - أنا - محاضرة - لم - إلى.

٢ بيروت - كان - في - طالب - زوجة - صديق - أنا.

٣ جامعة - أنت - لغة - درس - كم - في.

٤ بنك – مطار – في.

٥ كريم – مكتب – أصدقاء – ليس – في.

제 12 과 레바논 방문

اَلدَّرْسُ ٱلثَّانِيَ عَشَرَ : زِيَارَةٌ إِلَى لُبْنَانَ

1 단축법의 복수형 : 원형동사

2 명사문 : كَانَ의 단축법을 사용한 완료 부정

3 أَعْجَبَ '~의 마음에 들다' 동사

4 연결형의 제1요소를 꾸미는 형용사

5 연계형대명사가 붙은 명사를 꾸미는 형용사

가-1. 기본문 레바논 방문 زِيَارَةٌ إِلَى لُبْنَانَ

سَافَرَ عَدَدٌ مِنْ طُلَّابِ جَامِعَةِ كَالِيفُورْنِيَا إِلَى بَيْرُوتَ. وَأَثْنَاءَ إِقَامَتِهِمْ فِي لُبْنَانَ شَاهَدُوا بَعْضَ ٱلْآثَارِ ٱلتَّارِيخِيَّةِ. وَقَبْلَ عَوْدَتِهِمْ تَحَدَّثَ إِلَيْهِمْ مُرَاسِلُ جَرِيدَةِ "ٱلْمَسَاءُ" ٱلْبَيْرُوتِيَّةِ. وَسَأَلَهُمْ :

– مَاذَا أَعْجَبَكُمْ فِي بَلَدِنَا؟

قَالُوا :

– أَعْجَبَنَا جَمَالُهُ وَآثَارُهُ ٱلْقَدِيمَةُ فِي بَعْلَبَكَّ.

ثُمَّ سَأَلَهُمْ :

– أَلَمْ تَذْهَبُوا لِزِيَارَةِ ٱلْأَرْزِ وَمَتْحَفِ ٱلْكَاتِبِ ٱللُّبْنَانِيِّ ٱلْأَمْرِيكِيِّ جُبْرَان خَلِيلِ جُبْرَانَ؟

قَالُوا :

– لَا، لَمْ نَذْهَبْ. وَقْتُنَا لَمْ يَسْمَحْ بِهٰذَا.

وَسَأَلَهُمْ :

– هَلْ كُنْتُمْ مَعَ طُلَّابٍ لُبْنَانِيِّينَ أَثْنَاءَ زِيَارَتِكُمْ لِلْآثَارِ ٱللُّبْنَانِيَّةِ؟

قَالُوا :

– لَا. لَمْ نَكُنْ.

أسئلة

١ إلى أيّ بلد سافر الطلّاب؟

٢ هل ذهبت إلى لبنان؟

٣ ماذا شاهد الطلّاب هناك؟

٤ هل ذهبوا لزيارة الأرز؟ لماذا؟

٥ هل كانوا مع طلّاب لبنانيّين أثناء زيارتهم؟

가-2. 한국어 레바논 방문 زِيَارَةٌ إِلَى لُبْنَانَ

캘리포니아 대학생 수 명이 베이루트로 여행했다. 그들은 레바논에 머무는 동안 몇몇 역사적인 유적을 구경했다. 그들이 돌아오기 전에 베이루트의 '(알)마사'지의 기자가 그들에게 이야기하며, "우리나라에서 무엇이 마음에 들었습니까?"라고 물었다.

그들은 "그 아름다움과 바알벡에 있는 그 옛 유적이 마음에 들었습니다." 라고 말했다. 그러자 그는 그들에게 "삼나무(지역)와 레바논계 미국 작가 칼릴 지브란의 박물관을 방문하러 가지 않았습니까?"라고 물었다.

그들은, "예, 가지 않았습니다. 시간이 우리에게 그것을 허락하지 않았습니다(그럴 시간이 우리에게 없었습니다)."라고 말했다.

그러자 그가 그들에게, "당신들이 레바논 유적을 방문하는 동안 레바논 학생들과 같이 있었습니까?"라고 물었다.

그들은, "아니요, 우리는 그렇지 않았습니다."라고 말했다.

나. 단 어 ب – اَلْمُفْرَدَاتُ

"اَلْمَسَاءُ" ‘(알)마사’(베이루트의 신문, ‘저녁’의 뜻)

سَأَلَ 묻다

أَعْجَبَ (~의) 마음에 들다(아래의 다. 3을 보라)

قَالُوا 그들이 말했다

جَمَالٌ 아름다움, 미

بَعْلَبَكُّ 바알벡(지명)

اَلْأَرْزُ 삼나무(집합명사) (지역)

كَاتِبٌ – كُتَّابٌ 작가, 저자

جُبْرَانُ خَلِيلُ جُبْرَانُ 칼릴 지브란(아랍어 성명은 (Jubrān Khalīl Jubrān)

سَمَحَ (لِـ) (بِـ) (~에게) (~하기를) 허락하다

لَمْ نَكُنْ 우리가 아니었다(없었다)

اَلثَّانِي عَشَرَ 열두번째의

عَدَدٌ (مِنْ) (~ 중의) 수

كَالِيفُورْنِيَا 캘리포니아

أَثْنَاءَ ~의 동안에

إِقَامَةٌ 체류, 거류

آثَارٌ [복] 유적([단] أَثَرٌ, 자취)

قَبْلَ ~의 전에

عَوْدَةٌ 돌아옴, 귀환

تَحَدَّثَ (إِلَى) (عَنْ) (~에게) (~에 대해서) 이야기하다, 담화하다

مُرَاسِلٌ – ون 기자, 통신원

جَرِيدَةٌ – جَرَائِدُ 신문

보충어

أَخْبَرَ بِـ ~에 대해 알리다

다. 문법과 연습   جـ - اَلْقَوَاعِدُ وَٱلتَّمَارِينُ

1 단축법의 복수형 : 원형동사

지난 과(11. 다. 3)에서는 단축법을 소개하고 원형동사의 단축법 단수형에 대해 배웠다. 다음 표는 دَرَسَ '공부하다' 동사의 단수형과 복수형을 보여준다.

단 축 법

단수			복수		
	동사	주어표지어		동사	주어표지어
3남단	يَدْرُسْ	يَـ	3남복	يَدْرُسُوا	يَـ...ـُوا
3여단	تَدْرُسْ	تَـ	3여복	يَدْرُسْنَ	يَـ...ـْنَ
2남단	تَدْرُسْ	تَـ	2남복	تَدْرُسُوا	تَـ...ـُوا
2여단	تَدْرُسِي	تَـ...ـِي	2여복	تَدْرُسْنَ	تَـ...ـْنَ
1단	أَدْرُسْ	أَ	1복	نَدْرُسْ	نَـ

아랍어 동사에서 2인칭과 3인칭 복수가 و 로 끝날 때는 발음과는 상관없는 ا 가 부가되며, 연계형대명사가 오게 되면 떨어진다(9. 다. 4 참조).

لَمْ يَدْرُسُوهُ. '그들은 그것을 공부하지 않았다'
(단축법 복수형의 보기) لَمْ يَحْضُرُوا أَمْسِ. '그들[남]이 어제 오지 않았다.' لَمْ يَحْصُلْنَ عَلَى عَمَلٍ هُنَاكَ. '그들[여]이 거기서 일을 얻지 않았다.' لَمْ تَأْكُلُوا ٱلْكُبَّةَ. '당신들[남]이 쿱바를 먹지 않았다.' أَلَمْ تَشْرَبْنَ ٱلْقَهْوَةَ؟ '당신들[여]이 커피를 마시지 않았느냐?' لَمْ نَقْرَأْ هٰذَا ٱلدَّرْسَ. '우리가 이 과를 읽지 않았다.'

لَمْ يَقْرَأُوهَا. '그들[남]이 그것[여]를 읽지 않았다.'

연습1. 동사활용

녹음

연습2. 변형, 긍정문 → 부정문

'사미가 대학 학위를 얻었다.' →	حصل سامي على شهادة جامعيّة.
'사미가 대학 학위를 얻지 않았다.'	لم يحصل سامي على شهادة جامعيّة.

١ تركنا الولد في المطار.

٢ الموظّفون عملوا في مكتب حكوميّ.

٣ أذهبتم مع عائلتكم إلى المسرح؟

٤ الطالبات التونسيّات درسن الفرنسيّة.

٥ بدأت دراسة العربيّة في الكويت.

٦ أكلت زوجته معه في المطعم.

٧ فعلوا ذلك أمس.

٨ رجعتنّ إلى بلدكنّ بعد سنة.

٩ حضر أستاذنا إلى الصفّ.

١٠ أقرأت كتاب الكاتب المشهور؟

2 명사문 : كَانَ 의 단축법을 사용한 완료 부정

명사문의 완료 부정은 لَمْ 과 كَانَ 동사의 단축법을 사용하여 만든다. 다음에 이미 배운 명사문의 여러 가지 시상 및 그 부정형을 보인다.

미완료 :	سَلِيمٌ طَالِبٌ. '살림은 학생이다.'
미완료 부정 :	لَيْسَ سَلِيمٌ طَالِبًا. '살림은 학생이 아니다.'
완료 :	كَانَ سَلِيمٌ طَالِبًا. '살림은 학생이었다.'
완료 부정 :	لَمْ يَكُنْ سَلِيمٌ طَالِبًا. '살림은 학생이 아니었다.'

다음 표는 كَانَ 의 단축법 변화형이다.

단 축 법

단수		복수	
3남단	يَكُنْ	3남복	يَكُونُوا
3여단	تَكُنْ	3여복	يَكُنَّ
2남단	تَكُنْ	2남복	تَكُونُوا
2여단	تَكُونِي	2여복	تَكُنَّ
1단	أَكُنْ	1복	نَكُنْ

이 동사의 미완료형 어간은 두 개이다. 즉 كُونْ 은 모음으로 시작되는 주어표지어 앞에서 쓰이며, كُنْ 은 그 나머지 경우에 쓰인다.

(كَانَ 의 완료 부정의 보기)

لَمْ يَكُنِ ٱبْنِي هُنَا فِي ذٰلِكَ ٱلْوَقْتِ.	'나의 아들은 그 시간에 여기에 없었다.'
لَمْ تَكُنْ سِكْرِتِيرَةً. كَانَتْ أُسْتَاذَةً.	'그[여]는 비서가 아니었다. 그는 교수였다.'
أَلَمْ تَكُنْ فِي ٱلْجَامِعَةِ أَمْسِ؟	'당신[남]은 어제 대학교에 없었느냐?'
لَمْ يَكُنْ فِي ٱلْمَكْتَبِ كُرْسِيٌّ.	'사무실에 의자가 없었다.'
لَمْ تَكُونُوا مُوَظَّفِي حُكُومَةٍ.	'당신들[남]은 공무원이 아니었다.'

녹음

연습3. 동사변형 : لَمْ + كَانَ

연습4. 변형 : 명사문의 부정

'아딜은 은행원이다.' →	← عادل موظّف في بنك.
'아딜은 은행원이었다.' →	← كان عادل موظّفا في بنك.
'아딜은 은행원이 아니었다.'	لم يكن عادل موظّفا في بنك.

١ الدكتور فريد مشهور.

٢ زوجتي أستاذة جامعيّة.

٣ بناء الجريدة حديث جدّا.

٤ موعد طائرته قريب.

٥ أنا مدير الشركة.

٦ صديقاتنا طالبات مغربيّات.

٧ أنتم موجودون هنا.

٨ صديقتي سعاد من العراق.

3 أَعْجَبَ '~의 마음에 들다' 동사

우리말의 'ㄱ이 ㄴ의 마음에 들다'라는 구문을 아랍어로 옮길 때 أَعْجَبَ 동사를 쓸 수 있다. 이때 ㄱ은 이 동사의 주어로 쓰이며, ㄴ은 그 목적어가 된다.

(다음 보기에서 밑줄 친 단어가 주어임)

مَاذَا أَعْجَبَكُمْ فِي بَلَدِنَا؟	'무엇이 우리나라에서 당신들의 마음에 들었느냐?'
أَعْجَبَتْهُمُ ٱلْآثَارُ ٱلْقَدِيمَةُ.	'옛 유적이 그들의 마음에 들었다.'
أَعْجَبَ ٱلْمُوَظَّفَةَ عَمَلُهَا ٱلْجَدِيدُ.	'자기의 새로운 일이 그 여공무원의 마음에 들었다.'

녹음

연습5. 말바꾸기

'이 나라의 아름다움이 내 맘에 들었다.' أنا : أعجبني جمال هذا البلد.

أنتم	الموظّفون	الأسباذ سليم
نحن	وداد ومريم وهند	المرأة
هي	أنتنّ	أنا

녹음

연습 6. 말바꾸기

4 연결형의 제1요소를 꾸미는 형용사

우리는 앞에서 명사-형용사구의 규칙(형용사는 꾸며지는 명사와 성·수·격·한정여부에 일치함)과 연결형의 마지막 요소를 꾸미는 형용사에 대해서 배웠다(5. 다. 1 및 8. 다. 1 참조).

مَدْرَسَةٌ ثَانَوِيَّةٌ	'한 고등학교'
اَلنَّصُّ ٱلْأَسَاسِيُّ	'그 기본문'
عُنْوَانُ مُحَاضَرَةِ ٱلْأُسْتَاذِ ٱلزَّائِرِ	'그 방문교수의 강의 제목'

이제 연결형의 제1요소를 포함하여 마지막 요소가 아닌 명사를 꾸미는 형용사에 대해서 배우기로 한다.

جَرِيدَةُ "ٱلْمَسَاءُ" ٱلْبَيْرُوتِيَّةُ	'베이루트의 '(알)마사'지'

위에서 보듯이 연결형의 두 명사 사이에는 형용사가 오지 못한다. 따라서 연결형의 어떤 요소라도 꾸미는 형용사는 전체 연결형의 뒤에 위치하며, 그 꾸며지는 명사와 성·수·격·한정여부에 일치해야 한다. 위의 보기에서 بَيْرُوتِيَّةٌ 는 جَرِيدَةٌ 를 꾸미고 있다(여성·단수·주격·한정상태).

(다음 보기에서 밑줄 친 부분이 명사-형용사 수식 관계임)

مُوَظَّفُ حُكُومَةٍ جَدِيدٌ	'한 새로 온 공무원'
مُوَظَّفُ ٱلْحُكُومَةِ ٱلْجَدِيدُ	'그 새로 온 공무원'
مُوَظَّفُ ٱلْحُكُومَةِ ٱلْجَدِيدَةِ	'그 새 정부의 공무원'
مُوَظَّفَةُ ٱلْحُكُومَةِ ٱلْجَدِيدَةُ	'그 정부의 새로 온 여공무원'

이때 다음과 같이 형용사가 양쪽의 명사와 성·수·격·한정여부가 일치하게 되면 두 가지로 해석할 수 있다.

(مَعَ) مُوَظَّفَةِ ٱلْحُكُومَةِ ٱلْجَدِيدَةِ	'그 정부의 새로운 여공무원(과 함께)' 또는
(مَعَ) مُوَظَّفَةِ ٱلْحُكُومَةِ ٱلْجَدِيدَةِ	'그 새 정부의 여공무원(과 함께)'

그러나, 실제로 이러한 경우는 드물며, 보통은 문맥에 따라 그 뜻을 알 수 있다.

때때로 연결형의 한 요소(명사) 이상이 형용사로 꾸며질 때가 있다. 이때는 처음에 오는 형용사는 가장 가까운 명사를 꾸민다.

ٱلْمِصْرِيُّ	ٱلْبَيْرُوتِيَّةِ	ٱلْجَرِيدَةِ	مُرَاسِلُ	‘그 베이루트 신문의 이집트인 기자’
١	٢	٢	١	
ٱلْجَدِيدُ	ٱلْأَمْرِيكِيَّةِ	ٱلشَّرِكَةِ	مُدِيرُ	‘그 미국 회사의 새(로 온) 이사’
١	٢	٢	١	
ٱلْحَدِيثُ	ٱلْوَطَنِيِّ	ٱلْمَتْحَفِ	بِنَاءُ	‘그 국립박물관의 현대식 건물’
١	٢	٢	١	
ٱلْحَدِيثِ	ٱلْوَطَنِيِّ	ٱلْمَتْحَفِ	بِنَاءُ	‘그 현대국립박물관의 건물’
٢	٢	٢	١	

연습7. 쓰기, 가려내고 번역하기 : 연결형에서의 형용사의 일치

ㄱ. 아래의 각 문장에서 연결형의 모든 명사에 밑줄을 치고 오른쪽에서 왼쪽으로 번호를 붙여라. 다음에 연결형에 뒤따라는 형용사에 밑줄을 치고 각 형용사에 그것이 수식하는 명사와 같은 번호를 붙여라.

‘그는 그 베이루트 신문의 이집트인 기자이다.’	. المصريّ	البيروتيّة	الجريدة	مراسل	هو
	١	٢	٢	١	
‘그 이사의 새 여비서는 그의 사무실에 있다.’		في مكتبه	الجديدة	المدير	سكرتيرة
			١	٢	١

١ مدير الشركة الكبيرة صديقي.

٢ استقبل الرئيس موظّفي الحكومة المصريّة الجديدة.

٣ قرأت كتاب الأستاذة الجامعيّة الجديد.

٤ أين بناء المكتبة الوطنيّة؟

٥ هل أنت مراسل جريدة "أخبار اليوم" المصريّة؟

٦ هل شاهدت طاولة الصفّ الجديدة.

٧ هذا هو كرسيّ مدرّسة اللغة العربيّة الجديد.

٨ قرأت جملة الدرس الثاني القصيرة.

ㄴ. 위 ㄱ의 문장을 우리말로 옮겨라.

5 연계형대명사가 붙은 명사를 꾸미는 형용사

명사에 연계형대명사가 붙으면 연결형이 되며 한정상태가 된다. 그러므로 그 명사를 꾸미는 형용사도 한정상태(즉, 관사가 있음)이어야 한다.

أُسْتَاذُنَا ٱلْجَدِيدُ مِن تُونِسَ.	'우리의 새로 온 교수는 튀니지에서 왔다.'
ذَهَبُوا إِلَى بَغْدَادَ مَعَ أَصْدِقَائِهِمِ ٱلْجُدُدِ.	'그들이 자기들의 새 친구들과 바그다드로 갔다.'
لَمْ أَقْرَأْ كِتَابَهُ ٱلْمَشْهُورَ.	'내가 그의 유명한 책을 읽지 않았다.'
هَلْ صَدِيقَتُكَ ٱللُّبْنَانِيَّةُ مِنْ بَيْرُوتَ؟	'당신의 레바논 친구[여]는 베이루트에서 왔느냐?'
أَعْجَبَنَا جَمَالُهُ وَآثَارُهُ ٱلْقَدِيمَةُ.	'그 아름다움과 그 옛 유적이 우리의 마음에 들었다.'

마지막 보기에서 사람을 가리키지 않는 명사의 복수형은 그 명사의 단수형이 남성이든 여성이든 그것을 수식하는 형용사가 여성 단수형임을 알 수 있다. 이 규칙은 그 명사를 받는 대명사 또는 동사에도 적용된다.

연습8. 변형 : 형용사의 일치

다음 문장들을 보기와 같이 한 문장으로 연결하라.

'그 이사의 여비서는 여기에 있다.' +	سكرتيرة المدير موجودة هنا. +
'그 이사의 여비서는 새로 왔다.' →	سكرتيرة المدير جديدة. ←
'그 이사의 새로 온 여비서는 여기에 있다.'	سكرتيرة المدير الجديدة موجودة هنا.

١ استقبل أستاذه. +

أستاذه مشهور.

٢ لوح الصفّ هنا. +

٦ مراسل الجريدة هناك. +

الجريدة مصريّة.

٧ عائلته في السيّارة. +

لوح الصفّ قديم.

٣ ذهبنا مع أصدقائنا. +
أصدقاؤنا مصريّون.

٤ تحدّثت إلى موظفي الشركة. +
موظفو الشركة جدد.

٥ سيّارة المدير من فرنسا. +
سيّارة المدير جديدة.

عائلته كبيرة.

٨ استمعنا إلى محاضرات أساتذتنا. +
أساتذتنا مشهورون.

٩ استقبل الرئيس أستاذات الجامعة. +
أستاذات الجامعة جديدات.

١٠ شاهد مدرّسيه في المكتبة. +
مدرّسوه لبنانيّون.

연습9. 변형 : 복수형

الآثار – قديم .	'유적[복]' - '오래된'
هل الآثار قديمة؟	'그 유적은 오래 됐느냐?'

١ الأخبار – جامعيّ
٢ الطائرات – حديث
٣ الطلاّب – جديد
٤ المطارات – كبير
٥ الصديقات – لبنانيّ
٦ المكتبات – قديم
٧ السيّارات – أجنبيّ
٨ الأساتذة – مشهور
٩ الشركات – أمريكيّ
١٠ المحاضرات – قصير
١١ الأصدقاء – موجود هنا
١٢ الجامعات – بعيد
١٣ الطاولات – جديد
١٤ الكلمات – قصير
١٥ المراسلون – مصريّ
١٦ الآثار – قديم

라. 강 독

د - نُصُوصٌ لِلْفَهْمِ

다음 문장을 읽고 연습 10을 하라.

سَافَرَ عَدَدٌ مِنْ مُرَاسِلِي جَرِيدَةِ "ٱلنِّيُويُورْك تَايْمز" وَمُرَاسِلَاتِهَا إِلَى مِصْرَ، وَفِي مَطَارِ ٱلْقَاهِرَةِ ٱسْتَقْبَلَهُمْ بَعْضُ ٱلْمُرَاسِلِينَ ٱلْمِصْرِيِّينَ. شَاهَدَ مُرَاسِلُو "ٱلنِّيُويُورْك تَايْمز" أَثْنَاءَ إِقَامَتِهِمْ فِي مِصْرَ بَعْضَ ٱلْآثَارِ ٱلتَّارِيخِيَّةِ وَٱلْجَامِعَاتِ وَذَهَبُوا لِزِيَارَةِ ٱلْمَتْحَفِ ٱلْوَطَنِيِّ.

ذَهَبَ ٱلْمُرَاسِلُونَ قَبْلَ عَوْدَتِهِمْ إِلَى أَمْرِيكَا لِزِيَارَةِ بِنَاءِ جَرِيدَةِ "ٱلْأَهْرَامِ" ('(알)아흐람')
ٱلْقَاهِرِيَّةِ. تَحَدَّثَ إِلَيْهِمْ مُرَاسِلٌ لِجَرِيدَةِ "ٱلْأَهْرَامِ" وَسَأَلَهُمْ :

- مَاذَا أَعْجَبَكُمْ فِي مِصْرَ؟

قَالُوا : أَعْجَبَتْنَا آثَارُهَا ٱلْقَدِيمَةُ وَجَامِعَاتُهَا ٱلْكَبِيرَةُ وَحِكْمَةُ رَئِيسِهَا. (지혜)

ثُمَّ سَأَلَهُمْ : هَلْ ذَهَبْتُمْ لِزِيَارَةِ ٱلرَّئِيسِ؟

قَالُوا : لَا. لَمْ يَسْمَحْ وَقْتُ ٱلرَّئِيسِ بِهٰذَا، لٰكِنَّ بَعْضَ ٱلْمُرَاسِلَاتِ ذَهَبْنَ لِزِيَارَةِ زَوْجَتِهِ. تَحَدَّثَتْ مَعَهُنَّ هٰذِهِ ٱلسَّيِّدَةُ ٱلْفَاضِلَةُ عَنِ ٱلْمَرْأَةِ فِي مِصْرَ. (고귀한)

ثُمَّ سَأَلَهُمْ : مَاذَا فَعَلْتُمْ بَعْدَ ذٰلِكَ؟

قَالُوا : ذَهَبْنَا لِزِيَارَةِ بَعْضِ ٱلْأَصْدِقَاءِ ٱلْمِصْرِيِّينَ وَأَكَلْنَا مَعَهُمُ ٱلطَّعَامَ ٱلْمِصْرِيَّ (음식)
وَشَرِبْنَا ٱلْقَهْوَةَ ٱلْعَرَبِيَّةَ.

연습10. 옳음과 그름

صَوَابٌ أَمْ خَطَأٌ

١ ذهب المراسلون لزيارة زوجة الرئيس.

٢ تحدّث الرئيس مع المراسلين عن المرأة.

٣ أكل المراسلون في مطعم عربيّ.

٤ استقبل المراسلون الأمريكيّون المراسلين المصريّين في مطار القاهرة.

٥ أعجب الرئيس المصريّ مراسل "النيويورك تايمز".

٦ ذهب المراسلون لزيارة مراسل لجريدة "الأهرام" بعد عودتهم إلى أمريكا.

마. 종합연습

هـ - اَلتَّمَارِينُ اَلْعَامَّةُ

연습11. 쓰기, 동사활용

لَمْ + 단축법을 사용하여 아래 표의 빈 칸을 채워라.

	ذهب	قرأ	حصل على	رجع	كان
هو	لم يذهب				
هي		لم يقرؤوا			
أنتَ			لم تحصل على		
نحن				لم نرجع	
أنتنّ					لم تكنّ

연습12. 쓰기, 변형 : 남성 복수 → 여성 복수

모든 남성 복수형(사람을 가리키는 명사)을 해당하는 여성 복수형으로 바꾸어 기본문을 다시 써라.

제 13 과 편지

اَلدَّرْسُ ٱلثَّالِثَ عَشَرَ : رِسَالَةٌ

1 날짜 읽기

2 미완료형 직설법 : 단수형

3 불규칙 복수형

4 쌍격명사

가-1. 기본문 편 지 رِسَالَةٌ

4월 وَاشِنْطُن فِي ٧ نِيسَانَ (أَبْرِيلَ)

عَزِيزِي سَلِيمُ وَعَزِيزَتِي فَرِيدَةُ :

أَكْتُبُ هٰذِهِ ٱلرِّسَالَةَ بَعْدَ عَوْدَتِي مِنْ عَمَّانَ. أَسْكُنُ ٱلْآنَ فِي مَدِينَةِ وَاشِنْطُن وَأَعْمَلُ فِي مَكْتَبَةِ ٱلْكُونْغْرِس. يَعْمَلُ وَالِدِي فِي مَصْنَعٍ، وَتَدْرُسُ أُخْتِي فِي جَامِعَةِ جُورْج وَاشِنْطُن.

열망하고 있는, 기대하고 있는 تَذْكُرُ يَا سَلِيمُ فِي رِسَالَتِكَ لِي زِيَارَتَكَ ٱلْقَادِمَةَ لِأَمْرِيكَا. مَا مَوْعِدُ وُصُولِكَ؟ أَنَا مُشْتَاقٌ إِلَى لِقَائِكَ. وَأَنْتِ يَا فَرِيدَةُ هَلْ تَدْرُسِينَ ٱلْآنَ أَمْ تَبْحَثِينَ عَنْ عَمَلٍ؟

سَلَامُنَا إِلَى ٱلْعَائِلَةِ وَٱلْأَصْدِقَاءِ.

اَلْمُخْلِصُ

هِنْرِي

٢٥ شَارِعُ فُورْد

وَاشِنْطُن – أَمْرِيكَا

أسئلة

١ من كاتب هذه الرسالة ؟ وإلى من كتبها؟

٢ أين يسكن؟

٣ أين يعمل؟

٤ ماذا يفعل والده؟

٥ هل له أخت؟

٦ في أي جامعة تدرس أخته؟

٧ من ذكر زيارته لأمريكا؟

가-2. 한국어 편 지 رِسَالَةٌ

친애하는 살림과 파리다에게,

나는 암만에서 돌아온 뒤에 이 편지를 쓰고 있습니다. 나는 지금 워싱턴시에 살고 있고 의회 도서관에서 일하고 있습니다. 나의 아버지는 공장에서 일하시고, 나의 누이는 조지 워싱턴 대학에서 공부하고 있습니다.

살림, 나에게 보낸 당신의 편지에서 당신의 다음 번 미국 방문을 언급하고 있더군요. 당신의 도착일이 어떻게 됩니까? 당신과 만나기를 손꼽아 기다리고 있습니다. 그리고 당신 파리다, 당신은 지금 공부하고 있습니까, 아니면 일을 찾고 있습니까?

우리의 안부를 가족과 친구들에게 (전해 주십시오).

4월 7일
워싱턴에서
헨리 드림

(미국, 워싱턴, 포드가 25번지)

나. 단 어

ب – اَلْمُفْرَدَاتُ

وَالِدٌ	아버지
مَصْنَعٌ – مَصَانِعُ	공장
تَدْرُسُ	그[여]가 공부한다
أُخْتٌ – أَخَوَاتٌ	누이
جَامِعَةُ جُورْج وَاشِنْطُن	조지 워싱턴 대학
تَذْكُرُ	네[남]가 언급한다, 이야기한다
قَادِمٌ – ون	다가오는, 돌아오는, 다음의 (주 따위)
وُصُولٌ	[동] 도착
تَدْرُسِينَ	네[여]가 공부한다
تَبْحَثِينَ عَنْ	네[여]가 ~을 찾는다
سَلَامٌ – ات	평화; 인사
مُخْلِصٌ – ون	충실한, 성실한, (편지에서 관사와 함께 쓰여서) 드림, 올림
هِنْرِي	헨리(남자 이름)
اَلثَّالِثَ عَشَرَ	열세번째의
وَاشِنْطُن	워싱턴
عَزِيزٌ – أَعِزَّاءُ	사랑하는
أَكْتُبُ	내가 쓴다, 쓰고 있다 (이하, 미완료형의 뜻은 '-ㄴ다'로 통일함)
رِسَالَةٌ – رَسَائِلُ	편지
عَمَّانُ	암만(요르단의 서울)
أَسْكُنُ	내가 산다
مَدِينَةٌ – مُدُنٌ	도시
مَدَنِيٌّ – ون	도시의, 도시 거주의, 문명화된; 도시인
أَعْمَلُ	내가 일한다
اَلْكُونْغْرِس	의회
يَعْمَلُ	그[남]가 일한다

보충어

شَارِعٌ – شَوَارِعُ 거리

أَرْسَلَ 보내다

다. 문법과 연습 جـ - اَلْقَوَاعِدُ وَٱلتَّمَارِينُ

1 날짜 읽기

기본문 편지의 서두에 나오는 날짜는 다음의 두 가지로 읽을 수 있다.

١ - وَاشِنْطُن فِي السَّابِعِ مِنْ نِيسَانَ

[fi-s-sābiʕi min nīsān]

٢ - وَاشِنْطُن فِي سَبْعَةَ نِيسَانَ 또는

[fī sabʕa nīsān]

처음의 것이 더 형식적이다.
연도 읽는 법은 뒤에 설명된다.

2 미완료형 직설법 : 단수형

이미 배운 대로 아랍어의 동사는 크게 완료 시상과 미완료 시상으로 나눌 수 있다. 다시 미완료 시상은 직설법·접속법·단축법으로 나뉘고, 명령법도 미완료형 어간에서 만들어진다. 단축법은 지난 과(11. 다. 3)에서 배운 대로 부정사 لَمْ 과 같이 쓰여서 완료 부정을 나타낸다. 일반적으로 미완료형이라 하면, 특별히 지적하지 않으면 직설법을 가리킨다. 이 과에서는 이 미완료형 직설법에 대해서 배우게 된다.

미완료형은 동작이나 상태가 끝나지 않은 것을 나타내며, 따라서 시제로는 현재나 현재진행 또는 미래를 나타내는 데에 사용된다.

يَعْمَلُ	'그가 일한다.'
أَيْنَ يَعْمَلُ؟	'그가 어디에서 일하느냐?'
أَكْتُبُ	'내가 쓴다.'
يَعْمَلُ	'그가 일하고 있다.'
هَلْ تَدْرُسِينَ ٱلْآنَ؟	'너[여]는 지금 공부하고 있느냐?'
أَكْتُبُ	'내가 쓰고 있다.'

미완료형 직설법은 어간에 주어표지어와 법표지어가 첨가하여 만든다. 주어표지어는 단축법과 똑같다. 직설법의 법표지어는 단축법에서 ـْ 일 때는 ـُ , 장모음으로 끝날 때는 نَ 가 붙는다.

다음에 5개 동사의 미완료형 직설법 단수형을 보인다.

	3남단	3여단	2남단	2여단	1단
어 간	هُوَ	هِيَ	أَنْتَ	أَنْتِ	أَنَا
-دْرُسْ- '공부하다'	يَدْرُسُ	تَدْرُسُ	تَدْرُسُ	تَدْرُسِينَ	أَدْرُسُ
-كْتُبْ- '쓰다'	يَكْتُبُ	تَكْتُبُ	تَكْتُبُ	تَكْتُبِينَ	أَكْتُبُ
-رْجِعْ- '돌아오다'	يَرْجِعُ	تَرْجِعُ	تَرْجِعُ	تَرْجِعِينَ	أَرْجِعُ
-ذْهَبْ- '가다'	يَذْهَبُ	تَذْهَبُ	تَذْهَبُ	تَذْهَبِينَ	أَذْهَبُ
-عْمَلْ- '일하다'	يَعْمَلُ	تَعْمَلُ	تَعْمَلُ	تَعْمَلِينَ	أَعْمَلُ
주어표지어	يَـ	تَـ	تَـ	تَـ..ي	أَ
법표지어	ـُ	ـُ	ـُ	نَ	ـُ

아랍어 동사는 완료형과 미완료형의 어간이 다르므로 동사를 익힐 때는 양쪽의 중간모음을 같이 익혀야 한다. 다음에 지금까지 나온 원형동사를 완료형과 미완료형의 중간모음별로 모아 놓았다.

미완료형 (중간모음 ـُ)	완료형 (중간모음 ـَ)	
يَدْرُسُ	دَرَسَ	'공부하다'
يَكْتُبُ	كَتَبَ	'쓰다'
يَحْضُرُ إِلَى	حَضَرَ إِلَى	'~으로 오다'

미완료형	완료형	
(중간모음 ـُـ)	(중간모음 ـَـ)	
يَأْكُلُ	أَكَلَ	'먹다'
يَتْرُكُ	تَرَكَ	'떠나다'
يَحْصُلُ عَلَى	حَصَلَ عَلَى	'~을 얻다'
يَسْكُنُ	سَكَنَ	'살다'
يَذْكُرُ	ذَكَرَ	'언급하다'
(중간모음 ـَـ)	(중간모음 ـَـ)	
يَذْهَبُ	ذَهَبَ	'가다'
يَبْدَأُ	بَدَأَ	'시작하다'
يَسْمَحُ بِـ	سَمَحَ بِـ	'~을 허락하다'
يَقْرَأُ	قَرَأَ	'읽다'
يَسْأَلُ	سَأَلَ	'묻다'
يَفْعَلُ	فَعَلَ	'하다'
يَبْحَثُ عَنْ	بَحَثَ عَنْ	'~을 찾다'
(중간모음 ـِـ)	(중간모음 ـَـ)	
يَرْجِعُ	رَجَعَ	'돌아오다'
(중간모음 ـَـ)	(중간모음 ـِـ)	
يَشْرَبُ	شَرِبَ	'마시다'
يَعْمَلُ	عَمِلَ	'일하다'

앞으로의 단어집에서 동사는 3인칭 남성 단수 완료형과 미완료형의 중간모음이 표시된다.

ـُ	دَرَسَ	'공부하다'
ـِ	رَجَعَ	'돌아오다'

연습1. 쓰기, 가려내기

다음 각 동사의 법(직설법·단축법)을 밝혀내고, 각각의 대명사를 적어라.

직설법 هو يَكْتُبُ

تَدْرُسُ	تَعْمَلِي	تَسْأَلُ
أَكْتُبُ	أَتْرُكُ	تَشْرَبِي
يَسْكُنُ	يَفْعَلْ	تَقْرَأْ
تَذْكُرِينَ	تَذْهَبْ	آكُلُ

연습2. 변형, 완료형 → لَمْ + 단축법 → 직설법

'헨리가 자기의 친구에게 편지를 썼다.' →	كتب هنري رسالة لصديقه. ←
'헨리가 자기의 친구에게 편지를 쓰지 않았다.' →	لم يكتب هنري رسالة لصديقه. ←
'헨리가 자기의 친구에게 편지를 쓰고 있다.'	يكتب هنري رسالة لصديقه.

١ ذكرت في رسالتك موعد وصولك.

٢ بحثت عن عمل في الحكومة.

٣ سكنت في عمّان.

٤ حصلت على شهادتها أثناء إقامتها هنا.

٥ ترك عائلته في المطار اليوم.

٦ شربت قهوة عربية في المطعم.

٧ قرأت رسالة أختك.

٨ كتبت عن آثار بعلبك في لبنان.

٩ سمح وقتنا بزيارة بلدكم.

١٠ سألت عن موعد عودته إلى الشرق الأوسط.

3 불규칙 복수형

아랍어 명사(형용사 포함)의 복수형은 이미 배운 대로 규칙 복수형(9. 다. 2) 외에 불규칙형이 있다. 규칙형은 복수형 어미를 명사의 어간에 붙여서 만드는데 반해, 불규칙형은 어근의 형에 따르는 내부 변화를 하게 된다. 이 형은 그 수가 30여 개가 되는데, 단수형과는 무관하므로 각 명사마다 복수형을 따로 외우는 것이 좋다. 아래에 지금까지 나온 13가지의 복수형을 유형별로 들고 그 보기를 들었다. 아홉번째의 فَعَالِلَةٌ 따위의 두번째 ل 은 네번째 어근자를 가르킨다.

복수형

1. ㄱ. أَفْعَالٌ

قَلَمٌ	أَقْلَامٌ	'연필'
خَبَرٌ	أَخْبَارٌ	'새소식'
وَلَدٌ	أَوْلَادٌ	'소년, 아이'
عَمَلٌ	أَعْمَالٌ	'일'
عَدَدٌ	أَعْدَادٌ	'수'
بَابٌ	أَبْوَابٌ	'문'
وَقْتٌ	أَوْقَاتٌ	'시간'
لَوْحٌ	أَلْوَاحٌ	'칠판, 판자'
شَيْءٌ	أَشْيَاءُ	'사물'
فِلْمٌ	أَفْلَامٌ	'영화
اِبْنٌ	أَبْنَاءٌ	'아들'

إِسْمٌ أَسْمَاءٌ '이름'

ㄴ. آعَالٌ (أَأْعَالٌ에서)

أَثَرٌ آثَارٌ '흔적, 유적'

أَمَلٌ آمَالٌ '희망'

2. فُعُولٌ

دَرْسٌ دُرُوسٌ '과, 공부'

بَنْكٌ بُنُوكٌ '은행'

نَصٌّ نُصُوصٌ '본문'

3. فِعَالٌ

رَجُلٌ رِجَالٌ '남자'

بَلَدٌ بِلَادٌ '나라'

اِمْرَأَةٌ نِسَاءٌ '여자'

كَبِيرٌ كِبَارٌ '큰'

قَصِيرٌ قِصَارٌ '짧은'

4. فُعَلٌ

جُمْلَةٌ جُمَلٌ '문장'

5. فُعُلٌ

كِتَابٌ كُتُبٌ '책'

مَدِينَةٌ مُدُنٌ '도시'

جَدِيدٌ جُدُدٌ، جُدَدٌ '새로운'

6. فَالَةٌ (فَعَلَةٌ에서)

سَيِّدٌ سَادَةٌ '~님, ~씨, 주'

7. فُعَّالٌ

طَالِبٌ طُلَّابٌ '학생'

كَاتِبٌ كُتَّابٌ '작가'

زَائِرٌ　　زُوَّارٌ　'방문자'

8. أَفْعِلَةٌ

بِنَاءٌ　　أَبْنِيَةٌ　'건물'

9. فَعَالِلَةٌ

أُسْتَاذٌ　　أَسَاتِذَةٌ　'교수'

دُكْتُورٌ　　دَكَاتِرَةٌ　'박사'

10. فُعَلَاءُ

رَئِيسٌ　　رُؤَسَاءُ　'우두머리'

قَدِيمٌ　　قُدَمَاءُ　'오래된'

11. ㄱ. أَفْعِلَاءُ

صَدِيقٌ　　أَصْدِقَاءُ　'친구'

قَرِيبٌ　　أَقْرِبَاءُ　'친척'

ㄴ. أَفِعَّاءُ (ع과 ل이 같은 자임)

عَزِيزٌ　　أَعِزَّاءُ　'친애하는'

12. ㄱ. فَعَالِلُ

مَكْتَبٌ　　مَكَاتِبُ　'사무실'

مَتْحَفٌ　　مَتَاحِفُ　'박물관'

مَطْعَمٌ　　مَطَاعِمُ　'식당'

مَسْرَحٌ　　مَسَارِحُ　'극장'

مَصْنَعٌ　　مَصَانِعُ　'공장'

مَوْعِدٌ　　مَوَاعِدُ　'약속 (시간)'

أَجْنَبِيٌّ　　أَجَانِبُ　'외국의; 외국인'

مَدْرَسَةٌ　　مَدَارِسُ　'학교'

ㄴ. فَعَالٍ (فَعَالِيُ에서)

كُرْسِيٌّ　　كَرَاسٍ　'의자'

ㄷ. فَعَائِلُ

رِسَالَةٌ　　رَسَائِلُ　‘편지’

جَرِيدَةٌ　　جَرَائِدُ　‘신문’

ㄹ. فَوَاعِلُ

شَارِعٌ　　شَوَارِعُ　‘거리’

13. ㄱ. فَعَالِيلُ

عُنْوَانٌ　　عَنَاوِينُ　‘제목’

شُبَّاكٌ　　شَبَابِيكُ　‘창문’

ㄴ. فَوَاعِيلُ

تَارِيخٌ　　تَوَارِيخُ　‘날짜’

مِيعَادٌ　　مَوَاعِيدُ　‘약속 (시간)’

주

1) 1. ㄱ형에서 마지막 두 복수형의 셋째 어근자 ء 는 단수형에는 나타나지 않는다. 또 3형에서 복수형 نِسَاءٌ ‘여자들’은 단수형과는 어근이 다르다.
2) 어떤 단어는 특별한 뜻일 때 복수형을 가지는 경우가 있다.
   [보기] 13. ㄴ형에서 تَارِيخٌ 가 تَوَارِيخُ 의 복수형을 가질 때는 ‘날짜’의 뜻이며, ‘역사’라는 뜻일 때는 복수형이 없다.
3) 어떤 단어는 같거나 다른 의미를 나타내는 두 개 이상의 복수형을 가질 수 있다.
   [보기] ① كُرْسِيٌّ ‘의자’의 복수는 의미의 차이가 없이 كَرَاسٍ (12. ㄴ형)과 كَرَاسِيٌّ 의 두 개이다.
   ② زَائِرٌ 가 ‘방문하는’이라는 형용사일 때는 규칙 복수형 زَائِرُونَ 를, ‘방문자’라는 명사일 때는 زُوَّارٌ (7형)의 복수형을 가진다.
   ③ جَدِيدٌ 는 복수형이 جُدُدٌ 과 جُدَدٌ 의 두 개이다.
4) 복수형 중에는 6, 8, 9형과 같이 ة 로 끝나는 형도 있다. 물론 이때의 ة 는 여성을 가리키지 않는다.
5) 예측 : 항상 그렇지는 않지만 많은 경우에 단수형의 모양과 뜻을 알면 불규칙

복수형을 예측할 수 있는 경우가 있다.

다음은 복수형을 쉽게 외우는데 도움을 줄 수 있다. 그러나 항상 각각의 단수형에 따르는 복수형을 외우는 것이 좋다.

(ㄱ) 1과 2형은 보통, 단수형이 각각 فَعَلٌ 과 فَعْلٌ, فُعْلٌ 형일 때 많이 쓰인다.

(ㄴ) 4형은 보통, فُعْلَةٌ 형의 복수형이다.

(ㄷ) 7형은 특수한 활동을 하는 사람을 가리키는 فَاعِلٌ 형의 단수형의 복수형에 대표적으로 쓰인다.

(ㄹ) 9형은 외래어로서 사람을 나타내는 단수형의 복수형에 자주 쓰인다.

(ㅁ) 10형은 사람을 나타내는 فَعِيلٌ 형의 단수명사의 복수형으로 보통 쓰인다. 몇몇 فَعِيلٌ 형의 형용사도 이 복수형을 가진다.

(ㅂ) 11형은 사람을 나타내는 فَعِيلٌ 형의 단수명사(간혹 형용사도)의 또 다른 복수형이다. 11. ㄴ형은 둘째와 셋째 어근자가 같은 어근의 복수형이다.

(ㅅ) 12. ㄱ형은 단수형이 4개의 자음으로 되어 있고, 장모음이 없는 경우에 흔히 쓰이는 복수형이다(복수형 كَرَاسٍ '의자들'(12. ㄴ형)은 결여명사이며, 뒤에 배우게 된다). 12. ㄷ형은 첫 음절의 모음이 짧고, 둘째 음절의 모음이 긴 여성 단수 명사의 복수형이다. 12. ㄹ형은 ㄷ형과는 반대인 경우의 남성이나 여성 단수 명사의 복수형이다.

(ㅇ) 13형은 단수형이 4개의 자음으로 되어 있고, 적어도 하나의 장모음이 있는 경우의 복수형으로 잘 쓰인다. 장모음이 마지막 음절에만 있으면 복수형은 13. ㄱ형이고, 양쪽 음절에 있으면 복수형은 13. ㄴ형이다.

6) 쌍격명사 : 1. ㄱ형의 أَشْيَاءُ 와 10형~13형(12. ㄴ형 제외, 위의 (ㅅ) 참조)까지의 복수형은 마지막 모음이 ـٌ 이 아닌 ـُ 로 쓰여 있다. 이러한 명사를 쌍격명사라고 한다. 자세한 것은 다음 다. 3을 보라.

연습3. 반복하기, 불규칙 복수형(단수 → 복수)

녹음

연습4. 만들기, 불규칙 복수형(단수 → 복수)

녹음

연습5. 가려내기

녹음

다음의 단수형을 써라.

تواريخ　　　دكاترة　　　شبابيك

رسائل　　أشياء　　أجانب

زوّار　　كراس　　أعزاء

قصار　　جمل　　أبنية

مدن　　شوارع　　سادة

أصدقاء　　رؤساء　　دروس

3 쌍격명사

이미 배운 바대로 아랍어 명사(이하, 형용사 포함)는 세 가지의 격모음을 가지며, 비한정상태에서는 탄윈도 갖는다. 이러한 명사를 삼격명사(اَلْمَصْرُوفُ)라고 한다.

한편, 어떤 명사형은 두 가지의 격모음만을 가지며(ـُ : 주격; ـَ : 소유격 및 목적격), 탄윈을 갖지 않는다.

비한정상태		
[주]	'사무실들-이'	مَكَاتِبُ
[소/목]	'사무실들-의/을'	مَكَاتِبَ

이러한 명사를 쌍격명사(مَمْنُوعٌ مِنَ ٱلصَّرْفِ، غَيْرُ مَصْرُوفٍ)라고 하며, 이에는 단수형 명사도 있고, 복수형 명사도 있다. 쌍격명사는 관사를 갖거나 연결형(한정상태든 비한정상태든)의 제1요소로 쓰이면 삼격명사로 된다.

1) 관사가 없을 때와 있을 때

	비한정상태 (쌍격명사)		한정상태 (삼격명사)	
[주]	رُؤَسَاءُ		اَلرُّؤَسَاءُ	
[소]	رُؤَسَاءَ	'대통령들'	اَلرُّؤَسَاءِ	'그 대통령들'
[목]	رُؤَسَاءَ		اَلرُّؤَسَاءَ	

2) 대명사와 연결형이 아닐 때와 연결형일 때

비한정상태			한정상태	
[주]	رَسَائِلُ		رَسَائِلُنَا	
[소]	رَسَائِلَ	'편지들'	رَسَائِلِنَا	'우리의 편지들'
[목]	رَسَائِلَ		رَسَائِلَنَا	

3) 비한정상태 또는 한정상태의 연결형 (삼격명사)

[주]	شَوَارِعُ مَدِينَةٍ	'도시의 거리들'	شَوَارِعُ الْمَدِينَةِ	'그 도시의 거리들'
[소]	شَوَارِعِ مَدِينَةٍ		شَوَارِعِ الْمَدِينَةِ	
[목]	شَوَارِعَ مَدِينَةٍ		شَوَارِعَ الْمَدِينَةِ	

단어집에서 쌍격명사는 마지막 모음부호가 ـٌ 이 아닌 ـُ 로 되어 있다.

أَوَّلُ '첫번째의'

أَصْدِقَاءُ '친구들'

지금까지 나온 다음과 같은 형의 명사가 쌍격명사이다.

ㄱ. 위의 다. 3의 복수형 중 12. ㄱ형·ㄷ형·ㄹ형, 13. ㄱ형·ㄴ형

ㄴ. ـَاءُ 로 끝났고, 그 اء 가 어근의 일부가 아닌 단수 또는 복수형

رُؤَسَاءُ '대통령들' (어근 : رءس)

أَصْدِقَاءُ '친구들' (어근 : صدق)

ㄷ. 형용사 أَوَّلُ '첫번째의'와 복수형 أَشْيَاءُ '사물들' (위의 다. 3의 1. ㄱ형)

ㄹ. 자음으로 끝나고 관사를 갖지 않은 모든 지명(عَرَفَاتٌ '아라파트(산)'처럼 ـَاتٌ 으로 끝나는 것은 제외)

لُبْنَانُ '레바논'

مِصْرُ '이집트'

بَغْدَادُ '바그다드'

مَكَّةُ ‘멕카’

ㅁ. 모든 여성의 이름

مَرْيَمُ ‘마르얌, 마리아’

وِدَادُ ‘위다드’

كَرِيمَةُ ‘카리마’

세 개의 문자 중 둘째 문자에 ـْ 이 있는 여성 이름은 흔히 쌍격명사이지만, 때로는 삼격명사로 쓰이기도 한다.

[보기] هِنْدٌ / هِنْدُ ‘힌드’

ㅂ. 쌍격명사가 아닌 일반명사 또는 형용사에서 나왔거나, 세 개의 문자로 되어 있고, 둘째 문자가 모음이 없는 것을 제외한 남성의 이름.

따라서 형용사 كَرِيمٌ ‘고귀한, 관대한’에서 나온 كَرِيمٌ ‘카림’과, 둘째 문자가 모음이 없는 زَيْدٌ ‘자이드’는 쌍격명사가 아니다. 다음은 쌍격명사인 남성 이름의 보기이다.

عُمَرُ ‘우마르’

إِبْرَاهِيمُ ‘이브라힘(아브라함)’

يُوسُفُ ‘유수프(요셉)’

سُلَيْمَانُ ‘술라이만(솔로몬)’

다른 쌍격명사에 대한 것은 앞으로 나오는 대로 지적한다.

녹음

연습6. 변형

필요한 변화를 시키면서 다음 밑줄 친 말을 복수형으로 만들어라.

‘그 남자가 뉴욕에서 일을 찾았다.’ →	بحث <u>الرجل</u> عن عمل في نيويورك. ←
‘그 남자들이 뉴욕에서 일을 찾았다.’	بحث <u>الرجال</u> عن عمل في نيويورك.

١ ذهبنا لزيارة <u>المدينة</u>.

٢ أخبرني بعنوان الكتاب.

٣ متى موعد عودة المرأة إلى الشرق الأوسط؟

٤ كتب الكاتب عن جمال البلد.

٥ سأل الزائر الأجنبيّ عن الإقامة في لبنان.

٦ ترك الولد أمام باب المتحف.

٧ استقبل الرئيس مدير الشركة.

٨ درسنا جملة جديدة.

٩ قرأت الجريدة بعد وصولي إلى المكتب.

١٠ صديق هنري يسكن في بناء هناك.

١١ تحدّث إلى مراسل الجريدة.

연습7. 쓰기, 가려내기

다음 밑줄 친 말에 모음부호를 붙여라.

١ ذهب الطلّاب إلى المدارس الخاصّة.

٢ عمل كل الرجال في مصانع.

٣ قال الطالب : درسنا الدرس الأوّل.

٤ قرأت رسائل صديقي.

٥ قرأت الأخبار في الجرائد.

٦ يسكن رجال أجانب في هذا البناء.

٧ استقبل الرئيس المديرين في مكتبه.

٨ مكاتب الجامعة في بناء قريب.

연습8. 쓰기, 변형

다음 밑줄 친 말을 복수형으로 만들고 모음부호를 붙여라.

١ درّسوا في مدرسة الأولاد.

٢ سافرت مع رجل أجنبيّ.

٣ أعجبت الجامعة الأستاذ الجديد.

٤ مدير الشركة في المكتب.

٥ كتب كريم إلى صديق عزيز.

٦ عمل المراسل في جريدة في لبنان.

٧ استقبل الرئيس مديرا مصريّا.

٨ للشركة رئيس جديد.

٩ ما عنوان الكتاب؟

١٠ كتبت رسالة لصديقي.

라. 강 독

د – نُصُوصٌ لِلْفَهْمِ

다음 문장을 읽고 연습 9를 하라.

سَمِيرٌ طَالِبٌ فِي جَامِعَةِ تُونِسَ، وَوَالِدُهُ أُسْتَاذٌ فِي جَامِعَةِ ٱلْقَاهِرَةِ. هُوَ ٱلسَّيِّدُ ٱلدُّكْتُورُ فَرِيدٌ سِرْحَانٌ.

ذَهَبَ ٱلدُّكْتُورُ فَرِيدٌ إِلَى تُونِسَ لِزِيَارَةِ ٱبْنِهِ. اِسْتَقْبَلَ سَمِيرٌ وَالِدَهُ فِي ٱلْمَطَارِ، وَبَعْدَ ذٰلِكَ ذَهَبَ مَعَهُ إِلَى أُوتِيلِ هِيلْتُون.

أَثْنَاءَ إِقَامَةِ ٱلسَّيِّدِ فَرِيدٍ فِي تُونِسَ شَاهَدَ ٱلْآثَارَ ٱلرُّومَانِيَّةَ ٱلْقَدِيمَةَ فِي قَرْطَاجَةَ. وَفِي مَدِينَةِ تُونِسَ ذَهَبَ لِزِيَارَةِ جَامِعَةِ تُونِسَ. كَذٰلِكَ ذَهَبَ لِزِيَارَةِ جَامِعِ ٱلزَّيْتُونَةِ، وَهُوَ مَرْكَزٌ لِدِرَاسَةِ ٱلتَّارِيخِ ٱلْإِسْلَامِيِّ وَٱللُّغَةِ ٱلْعَرَبِيَّةِ.

بَعْدَ ٱنْتِهَاءِ ٱلزِّيَارَةِ، رَجَعَ ٱلسَّيِّدُ فَرِيدٌ إِلَى ٱلْقَاهِرَةِ وَكَتَبَ فِي جَرِيدَةِ "ٱلْأَهْرَامُ" عَنْ زِيَارَتِهِ لِتُونِسَ.

호텔
로마의
카르타고;
(앗)자이투나 모스크;
중심지
끝남; '(알)아흐람'

연습9.
위의 문장을 이해하고 빈칸을 채워라.

١ السيّد فريد سرحان ________ سمير.

٢ سمير طالب في بلد ________.

٣ سكن السيّد فريد في ________ ________ أثناء زيارة لابنه.

٤ شاهد السيّد فريد ________ الرومانيّة القديمة.

٥ ________ ________ مركز لدراسة التاريخ الإسلاميّ.

٦ كتب السيّد فريد في جريدة الأهرام بعد عودته إلى مصر عن ________.

마. 종합연습 ‏هـ - اَلتَّمَارِينُ ٱلْعَامَّةُ

연습10. 쓰기, 작문

친애하는 나의 친구들에게,

나는 카이로에서 어제 여기에 도착한 뒤에(나의 도착 후에) 당신들에게 [편지를] 쓰고 있습니다. 카이로에의 (나의) 도착 전에 나는 바알벡시에 갔는데 그 유적이 마음에 들었습니다.

나는 외국어대학에서 공부하며, 책들과 신문들에서(فِي) 아랍어를 읽고 있습니다.

나의 가족은 나와 같이 오지 않았으며, 나는 그들의 다음 방문 동안 그들을 만나기를 고대하고 있습니다(مُشْتَاقَةٌ إِلَى لِقَائِهِمْ). 나의 아버지는 서울에 있는 한 회사의 사장의 비서입니다.

(나의) 안부를 당신들의 사랑하는 누이에게 [전해주세요].

당신들의 (성실한) 친구 순이

※ [ ] 안은 번역하지 말 것.

연습11. 쓰기, 작문

괄호 안의 단어를 알맞은 형으로 바꾸어 써라.

١ (أعجب) هنري آثار المدينة القديمة.

٢ ألم (سكن) في عمان يا سعاد؟

٣ (ليس) في المكتب مديرو شركات.

٤ (بحث) كريمة عن عمل في بغداد الآن.

٥ لم (كان) أختي طالبة في الجامعة.

٦ (ذهب + أنا) لزيارة صديقي أمس.

٧ لم (قرأ) فريد الجريدة أمس.

٨ لم (كان) مراسلين في جريدة "المساء".

٩ (ليس) أمام البناء سيّارة كبيرة.

١٠ (أعجب) والدتي جمال مدينة القاهرة.

연습12. 쓰기

다음 단어의 어근과 형을 쓰고, 그 뜻을 사전에서 찾아 적어라.

형	어근	'학자들'
فُعَلَاءُ	ع·ل·م	علماء

نجّار	سكّان	شاعر
حضارة	أعمال	صداقة
كثير	أعزّاء	مذهب
أصدقاء	فعل	وجود

연습13. 말하기 연습

다음은 회화 연습의 길잡이다. 서로 묻고 대답하라.

١ صَبَاحَ الْخَيْرِ.

٢ كيف الحال؟

٣ من أنت؟

٤ في أيّ مدينة تسكن؟

٥ أين تسكن عائلتك؟

٦ هل أنت طالب [طالبة]؟

٧ في أيّ جامعة تدرس [تدرسين]؟

٨ أيّ لغة تدرس [تدرسين]؟

٩ هل ذهبت إلى الشرق الأوسط؟

١٠ إلى أيّ بلد ذهبت؟

١١ هل لك سيّارة؟

١٢ إلى اللقاء.

제 14 과 새소식의 요점

اَلدَّرْسُ ٱلرَّابِعَ عَشَرَ : مُوجَزُ ٱلْأَخْبَارِ

1 미완료형 직설법 : 복수형

2 미완료형 직설법의 부정 : لَا

3 호격사 أَيُّهَا

가-1. 기본문　　새소식의 요점　　مُوجَزُ ٱلْأَخْبَارِ

요약, 개요　　مُوجَزُ ٱلْأَخْبَارِ

هُنَا دِمَشْقُ.

أَيُّهَا ٱلسَّيِّدَاتُ وَٱلسَّادَةُ، اَلسَّلَامُ عَلَيْكُمْ.

نَنْقُلُ إِلَيْكُمْ مُوجَزَ ٱلْأَخْبَارِ.

– رُؤَسَاءُ ٱلدُّوَلِ ٱلْعَرَبِيَّةِ يَبْحَثُونَ ٱلْوَضْعَ ٱلسِّيَاسِيَّ ٱلْحَاضِرَ فِي ٱلْعَالَمِ ٱلْعَرَبِيِّ أَثْنَاءَ ٱجْتِمَاعِهِمْ فِي ٱلْخَرْطُومِ.

– اَلرَّئِيسُ ٱلتُّونِيسِيُّ لَا يَحْضُرُ هٰذَا ٱلِاجْتِمَاعَ.

– اَلْمُرَاسِلُونَ ٱلْأَمْرِيكِيُّونَ يَرْجِعُونَ إِلَى وَاشِنْطُن بَعْدَ زِيَارَتِهِمْ لِدِمَشْقَ.

– وَزِيرُ ٱلتَّرْبِيَةِ يَنْشُرُ أَسْمَاءَ ٱلْأَسَاتِذَةِ ٱلْجُدُدِ فِي ٱلْجَامِعَةِ ٱلسُّورِيَّةِ.　　교육

– بَعْضُ أُسْتَاذَاتِ ٱلْجَامِعَةِ يَحْضُرْنَ ٱجْتِمَاعًا مَعَ ٱلرَّئِيسِ ٱلسُّورِيِّ.

كَانَ هٰذَا هُوَ ٱلْمُوجَزَ، وَتَسْمَعُونَ ٱلْآنَ تَفْصِيلَ ٱلْأَخْبَارِ.　　세목, 세부, 상세

أسئلة

١ ماذا يبحث الرؤساء أثناء اجتماعهم؟

٢ هل يحضر الرئيس التونسيّ الاجتماع؟

٣ من يرجع من دمشق؟

٤ ماذا ينشر وزير التربية السوريّ؟

٥ من حضر الاجتماع مع الرئيس السوريّ؟

가-2. 한국어 새소식의 요점 مُوجَزُ ٱلْأَخْبَارِ

여기는 다마스쿠스입니다.

신사 숙녀 여러분! 안녕하십니까.

(우리가) 여러분들에게 새소식의 요점을 전해 드리겠습니다.

- 아랍국의 수뇌들이 하르뚬에서의 (그들의) 회동 동안에 아랍세계의 현 정치 상황을 토론할 것입니다.
- 튀니지 대통령은 이 모임에 참석하지 않습니다.
- 미국 기자들이 (그들의) 다마스쿠스 방문 후에 워싱턴으로 돌아갑니다.
- 교육부장관이 시리아대학의 신임 교수들의 이름을 발표합니다.
- 그 대학의 몇몇 여교수들이 시리아 대통령과의 모임에 참석합니다.

이상이 요점이었습니다. 이제 여러분은 상세한 새소식을 들으시겠습니다.

나. 단어 ب – اَلْمُفْرَدَاتُ

اَلرَّابِعَ عَشَرَ	열네번째의	حَاضِرٌ – ون	참석한, 현재의, 지금의
أَيُّهَا	([여] أَيَّتُهَا) ([호], 다. 3을 보라)	عَالَمٌ – عَوَالِمُ	세계
اَلسَّلَامُ عَلَيْكُمْ	안녕하십니까(인사말)	اِجْتِمَاعٌ – ات	회의, 모임
نَقَلَ ـُـ	나르다, 전하다, 움직이다	حَضَرَ ـُـ	(~에) 참석하다
نَنْقُلُ	우리가 전한다	يَرْجِعُونَ	그들[남]이 돌아온다
دَوْلَةٌ – دُوَلٌ	나라, 국가	وَزِيرٌ – وُزَرَاءُ	장관, 각료
بَحَثَ ـَـ	토론하다	نَشَرَ ـُـ	발행하다; 공포하다, 발표하다
يَبْحَثُونَ	그들이 토론한다	يَحْضُرْنَ	그들[여]이 참석한다
وَضْعٌ – أَوْضَاعٌ	상황, 상태	سَمِعَ ـَـ (بِ)	(~에 대해) 듣다
سِيَاسِيٌّ – ون	정치적인; 정치인	تَسْمَعُونَ	너희[남]가 듣는다

보충어

سِيَاسَةٌ	정치, 정책
قَابَلَ	만나다

다. 문법과 연습 جـ - اَلْقَوَاعِدُ وَٱلتَّمَارِينُ

1 미완료형 직설법 : 복수형

13. 다 2의 표에서 5개 동사의 미완료형 단수형을 살펴 보았다. 다음에 같은 동사의 복수형을 보기로 한다.

어 간	3 남 복	3 여 복	2 남 복	2 여 복	1 복
	هُمْ	هُنَّ	أَنْتُمْ	أَنْتُنَّ	نَحْنُ
-دْرُسْ- '공부하다'	يَدْرُسُونَ	يَدْرُسْنَ	تَدْرُسُونَ	تَدْرُسْنَ	نَدْرُسُ
-كْتُبْ- '쓰다'	يَكْتُبُونَ	يَكْتُبْنَ	تَكْتُبُونَ	تَكْتُبْنَ	نَكْتُبُ
-رْجِعْ- '돌아오다'	يَرْجِعُونَ	يَرْجِعْنَ	تَرْجِعُونَ	تَرْجِعْنَ	نَرْجِعُ
-ذْهَبْ- '가다'	يَذْهَبُونَ	يَذْهَبْنَ	تَذْهَبُونَ	تَذْهَبْنَ	نَذْهَبُ
-عْمَلْ- '일하다'	يَعْمَلُونَ	يَعْمَلْنَ	تَعْمَلُونَ	تَعْمَلْنَ	نَعْمَلُ
주어표지어	يَـ ـُو	يَـ ـْنَ	تَـ ـُو	تَـ ـْنَ	نَـ
법표지어	نَ	없음	نَ	없음	ـُ

위 표에서 2인칭과 3인칭의 남성형은 장모음으로 끝나므로 법표지어 نَ 가 붙고, 여성형은 법표지어가 없으며, 1인칭은 법표지어가 ـُ 임을 알 수 있다.

아래에 دَرَسَ '공부하다' 동사의 미완료형 직설법과 단축법을 비교 도시한다.

	직설법	단축법		직설법	단축법
3남단	يَدْرُسُ	يَدْرُسْ	3남복	يَدْرُسُونَ	يَدْرُسُوا
3여단	تَدْرُسُ	تَدْرُسْ	3여복	يَدْرُسْنَ	يَدْرُسْنَ
2남단	تَدْرُسُ	تَدْرُسْ	2남복	تَدْرُسُونَ	تَدْرُسُوا

2여단	تَدْرُسِينَ	تَدْرُسِي	2여복	تَدْرُسْنَ	تَدْرُسْنَ
1 단	أَدْرُسُ	أَدْرُسْ	1 복	نَدْرُسُ	نَدْرُسْ

법표지어가 없는 3인칭과 2인칭의 여성 복수형은 직설법과 단축법이 똑같은데 유의하라. 다른 형에서 직설법과 단축법의 차이점은 법표지어의 유무에 있다.

연습1. 쓰기, 가려내기

다음 각 동사의 해당 분리형대명사를 적고, 또 그 법(직설법 또는 단축법)을 밝혀라.

يعملنَ	ننقلُ
يتركون	يسمعوا
تسألوا	تنشرن
يقرأنَ	تبحثون
تكتبون	نسكنْ

연습2. 동사활용

녹음

연습3. 동사활용 : 묻고 대답하기

녹음

연습4. 변형, 단수형 → 복수형

녹음

필요한 변형을 주어서 다음 동사의 주어를 복수형으로 바꾸어라.

'대통령이 그의 각료들에게 정치 상황에 대해서 묻는다.' →	← الرئيس يسأل وزراءه عن الوضع السياسيّ.
'대통령들이 그들의 각료들에게 정치 상황에 대해서 묻는다.'	الرؤساء يسألون وزراءهم عن الوضع السياسيّ.

١ المراسل يكتب لجريدة "المساء".

٢ أسأل عن أخبار الأصدقاء.

٣ تسكنُ في بناء قريب. (أنتَ)

٤ الطالبة تدرس في جامعة بغداد.

٥ الرجل الأجنبيّ يسمع الأخبار.

٦ تذكرين موعد الطائرة.

٧ أبحث الوضع السياسيّ مع الوزير.

٨ المرأة تعمل في الحكومة.

٩ تكتب رسالة لزوجتك العزيزة.

١٠ تحصلين على شهادة جامعيّة في السنة القادمة.

١١ صديقي يبدأ دراسته في مصر.

2 미완료형 직설법의 부정사 : لَا

미완료형 직설법의 동사를 부정할 때는 부정사 لَا '~이 아닌'를 그 앞에 놓는다.

لَا تَعْمَلُ أُخْتِي فِي هٰذَا ٱلْمَكْتَبِ.	'나의 누이가 이 사무실에서 일하지 않는다.'
أَلَا تَكْتُبُ رَسَائِلَ إِلَى أَصْدِقَائِكَ؟	'당신은 당신의 친구들에게 편지를 쓰지 않느냐?'
فَرِيدٌ لَا يَبْحَثُ عَنْ عَمَلٍ.	'파리드가 일을 찾지 않는다.'
كَرِيمَةُ لَا تَدْرُسُ ٱلتَّارِيخَ.	'카리마가 역사를 공부하지 않는다.'

위의 둘째 보기에서 보듯이 لَا 와 같은 부정사 앞에서는 의문사 أَ 가 주로 사용된다(4. 다. 2 참조).

녹음

연습5. 부정문

'당신은 지금 당신의 친구에게 편지를 쓰느냐?' →	أتكتبين رسالة لصديقك الآن؟ ←
'당신은 지금 당신의 친구에게 편지를 쓰지 않느냐?'	ألا تكتبين رسالة لصديقك الآن؟

١ تسكن في مدينة قريبة من بغداد.

٢ أتقرأن جريدة "المساء" البيروتيّة؟

٣ ترجعون إلى بلدكم بعد اجتماع اليوم.

٤ أذهب لزيارة عائلتي كلّ سنة.

٥ أيحضرون اجتماعا سياسيّا في القاهرة اليوم؟

٦ نبدأ اليوم دراسة الوضع السياسيّ في العالم العربيّ.

٧ أيعمل في مطار بيروت؟

٨ أيكتبن كتبا عن المرأة العربيّة؟

연습6. 묻고 대답하기

녹음

다음 질문에 부정문으로 답하라.

هل ينشر الكاتب كتبه في لبنان؟ ← لا، لا ينشر كتبه في لبنان.	'그 작가는 그의 책들을 레바논에서 발간하느냐?' → '아니, 그는 그의 책들을 레바논에서 발간하지 않는다.'

١ هل يبحث الوزراء الوضع السياسيّ؟

٢ هل تحضر المراسلات هذا الاجتماع؟

٣ هل تدرسون التاريخ الإسلاميّ؟

٤ هل تعمل سُعَادُ في الحكومة المصريّة؟

٥ هل يترك رئيس الشركة عائلته في لندن؟

٦ هل تذهب إلى الشرق الأوسط هذه السنةَ؟

٧ هل يشرب الأساتذة قهوة في مكتب المدير؟

٨ هل تأكل الطالبات في المطعم؟

٩ هل تكتبين رسالة إلى أختك الآن؟

3 호격사 أَيُّهَا

호격사에는 يَا 외에도 أَيُّهَا ([여] أَيَّتُهَا)가 있다.

يَا 는 보통, 고유명사·칭호·연결형의 앞에 쓰이고, أَيُّهَا 는 관사를 가진 주격의 보통 명사 앞에 쓰인다. أَيُّهَا 는 흔히 연설의 첫머리에 쓰이거나 라디오와 텔레비전의 아나운서들이 사용한다.

> أَيُّهَا ٱلسَّيِّدَاتُ وَٱلسَّادَةُ! '신사 숙녀 여러분!'
>
> أَيُّهَا ٱلطُّلَّابُ! '학생 제군!'

라. 강 독

د – نُصُوصٌ لِلْفَهْمِ

다음 문장을 읽고 연습 7을 하라.

(4월) أَنَابُولِيس فِي ٩ نِيسَانَ ٢٠١٧

وَالِدِيَ ٱلْعَزِيزَ :

(우리의 교수들 중의 한 분) ذَهَبْتُ أَمْسِ مَعَ أُسْتَاذٍ مِنْ أَسَاتِذَتِنَا وَبَعْضِ ٱلطُّلَّابِ لِزِيَارَةِ مَدِينَةِ وَاشِنْطُن.

(아침; 상원의원) ذَهَبْنَا إِلَى ٱلْكُونْغْرِس وَحَضَرْنَا ٱجْتِمَاعَ ٱلصَّبَاحِ، وَٱسْتَمَعْنَا لِلسَّنَاتُور رِيتْشَارْد سْمِيث،

(나쁜) قَالَ ٱلسَّنَاتُور : "أَيُّهَا ٱلْأَصْدِقَاءُ : اَلْوَضْعُ ٱلسِّيَاسِيُّ فِي ٱلْعَالَمِ سَيِّءٌ".

ذَهَبْنَا بَعْدَ ذٰلِكَ إِلَى مَكْتَبِ جَرِيدَةِ "ٱلْوَاشِنْطُن بُوسْت" وَهِيَ جَرِيدَةٌ مَشْهُورَةٌ فِي أَمْرِيكَا. تَنْشُرُ "ٱلْوَاشِنْطُن بُوسْت" بَعْضَ أَخْبَارِ ٱلشَّرْقِ ٱلْأَوْسَطِ. قَابَلْنَا رَئِيسَ ٱلْمَكْتَبِ وَتَحَدَّثْنَا إِلَيْهِ. قَالَ : "بَعْضُ ٱلدُّوَلِ ٱلْعَرَبِيَّةِ لَا تَسْمَحُ لِلْمُرَاسِلِينَ ٱلْأَمْرِيكِيِّينَ بِٱلْإِقَامَةِ فِيهَا". ذَهَبْنَا كَذٰلِكَ إِلَى ٱلْمَتْحَفِ ٱلْوَطَنِيِّ وَشَاهَدْنَا بَعْضَ ٱلْآثَارِ ٱلْقَدِيمَةِ هُنَاكَ. أَعْجَبَنَا ٱلْمَتْحَفُ، وَأَعْجَبَتْنَا آثَارُهُ.

(상세) بَعْدَ عَوْدَتِي إِلَى مَدِينَةِ أَنَابُولِيس، نَشَرْتُ فِي جَرِيدَةِ ٱلْجَامِعَةِ تَفَاصِيلَ زِيَارَتِنَا لِوَاشِنْطُن : تَحَدَّثْتُ عَنْ جَمَالِ ٱلْمَدِينَةِ، وَعَنِ ٱجْتِمَاعِ ٱلْكُونْغْرِس، وَعَنْ جَرِيدَةِ "ٱلْوَاشِنْطُن بُوسْت".

سَلَامِي إِلَى وَالِدَتِي وَأُخْتِي.

اِبْنُكَ ٱلْمُخْلِصُ

سَلِيمٌ

연습7.

다음 개요를 지침으로 하여, 위의 문장을 학생과 그의 아버지와의 대화체로 바꾸어라.

١ زيارة الكونغرس

٢ زيارة مكتب "الواشنطن بوست"

٣ زيارة المتحف الوطنيّ في واشنطن

٤ العودة إلى أنابوليس

٥ جريدة الجامعة

마. 종합연습   هـ - اَلتَّمَارِينُ ٱلْعَامَّةُ

연습8. 변형, 완료형 → 미완료형 → 단축법

녹음

'대통령이 신임 각료들과 이 상황을 토의했다.' →	بحث الرئيس هذا الوضع مع الوزراء الجدد. ←
'대통령이 신임 각료들과 이 상황을 토의한다.' →	يبحث الرئيس هذا الوضع مع الوزراء الجدد. ←
'대통령이 신임 각료들과 이 상황을 토론하지 않았다.' →	لم يبحث الرئيس هذا الوضع مع الوزراء الجدد.

١ نشرت الجريدة أخبار المصانع والشركات.

٢ الطلّاب بحثوا الأخبار الجامعيّة.

٣ المراسلات نقلن أخبار الحكومة العراقيّة.

٤ سمح وقتنا بدراسة كلّ الدروس.

٥ حضرتم اجتماع الوزراء الأجانب.

연습9. 쓰기, 부정

다음 문장을 لَا, لَمْ 또는 لَيْسَ 를 적당히 사용하여 부정문으로 만들어라.

١ أذلك الكاتب مشهور جدّا؟

٢ أكتب رسالة إلى أختي.

٣ عمل سامي في مصنع كبير.

٤ هم مراسلو جريدة "المساء".

٥ أسمح الوقت بحضور الاجتماع الأوّل؟

٦ الرؤساء يبحثون الوضع السياسيّ الحاضر.

٧ أموعد طائرتك قريب؟

٨ كان لوح الصفّ قديما جدّا.

٩ نسكن الآن في مدينة واشنطن.

١٠ رجع حسين إلى بلده بعد الحصول على شهادة.

١١ السينما موجودة في شارع بعيد من هنا.

연습10. 쓰기, 받아쓰고 번역하기

제 15 과 아랍어 시험

اَلدَّرْسُ ٱلْخَامِسَ عَشَرَ :

اِمْتِحَانُ ٱللُّغَةِ ٱلْعَرَبِيَّةِ

1 서 수

2 일치 : 사람이 아닌 명사의 복수형

3 명사와 كُلٌّ + 대명사의 연결형

4 시간 말하기

가-1. 기본문 아랍어 시험 اِمْتِحَانُ ٱللُّغَةِ ٱلْعَرَبِيَّةِ

١ وِلْيَم : هَلْ أَنْتِ مُسْتَعِدَّةٌ لِٱمْتِحَانِ ٱللُّغَةِ ٱلْعَرَبِيَّةِ؟

٢ رُوث : أَنَا مُسْتَعِدَّةٌ لِلِٱمْتِحَانِ فِي ٱلدَّرْسِ ٱلْأَوَّلِ وَٱلدَّرْسِ ٱلثَّانِي وَٱلدَّرْسِ ٱلثَّالِثِ وَهِيَ ٱلدُّرُوسُ ٱلسَّهْلَةُ فِي ٱلْكِتَابِ.

٣ وِلْيَم : مَاذَا تَدْرُسِينَ ٱلْيَوْمَ؟

٤ رُوث : أَدْرُسُ ٱلْجُمَلَ ٱلْأَسَاسِيَّةَ مِنَ ٱلدَّرْسِ ٱلرَّابِعِ إِلَى ٱلدَّرْسِ ٱلسَّابِعِ.

٥ وِلْيَم : وَقَوَاعِدَ هٰذِهِ ٱلدُّرُوسِ كُلِّهَا؟

٦ رُوث : أَنَا عَادَةً أَدْرُسُ ٱلْقَوَاعِدَ بَعْدَ دِرَاسَةِ ٱلْجُمَلِ ٱلْأَسَاسِيَّةِ.

٧ وِلْيَم : هٰذِهِ فِكْرَةٌ جَمِيلَةٌ. هَلْ يَشْمَلُ ٱلِٱمْتِحَانُ مُحَاضَرَةَ أُسْتَاذِنَا ٱلْأَخِيرَةَ؟

٨ رُوث : نَعَمْ . هَلْ أَنْتَ مُسْتَعِدٌّ لِلِٱمْتِحَانِ يَا وِلْيَم؟

٩ وِلْيَم : أَنَا مُسْتَعِدٌّ لِلِٱمْتِحَانِ فِي مُعْظَمِ ٱلدُّرُوسِ.

١٠ رُوث : إِلَى ٱللِّقَاءِ فِي ٱلسَّاعَةِ ٱلْعَاشِرَةِ وَٱلرُّبْعِ غَدًا صَبَاحًا.

١١ وِلْيَم : إِلَى ٱللِّقَاءِ.

가-2. 한국어 아랍어 시험 اِمْتِحَانُ ٱللُّغَةِ ٱلْعَرَبِيَّةِ

1 윌리암 : 아랍어 시험에 대비했습니까?

2 루 스 : 1과·2과·3과의 시험에 대비했습니다. 그것들은 책에서 쉬운 과들이죠.

3 윌리암 : 오늘 무엇을 공부하고 있습니까?

4 루 스 : 4과에서 7과까지의 기본문을 공부하고 있습니다.

5 윌리암 : 이들 모든 과의 문법도요?

6 루 스 : 전 보통은 기본문을 공부한 뒤에 문법을 공부해요.

7 윌리암 : 그것은 좋은 생각입니다. 시험은 우리 교수님의 마지막 강의를 포함합니까?

8 루 스 : 예. 윌리암, 시험 준비를 했습니까?

9 윌리암 : 대부분 과의 시험 준비를 했습니다.

10 루 스 : 내일 아침 10시 15분에 만나기로 해요.

11 윌리암 : 또 만납시다.

나. 단 어 ب – اَلْمُفْرَدَاتُ

اَلْخَامِسَ عَشَرَ	열다섯번째의
اِمْتِحَانٌ – ات	시험
وِلْيَم	윌리암
رُوث	루스
مُسْتَعِدٌّ – ون (لِـ)	(~에) 준비가 된
قَاعِدَةٌ – قَوَاعِدُ	규칙(여기서는, 문법의 규칙); [복] 문법
عَادَةً	보통
فِكْرَةٌ – فِكَرٌ	생각, 개념
سَهْلٌ	쉬운
فِكْرِيٌّ	(فِكْرَةٌ의 [관형]) 지적인, 사색적인
جَمِيلٌ – ون	아름다운, 멋진
شَمَلَ ـُـ، شَمِلَ ـَـ	포함하다
أَخِيرٌ	마지막의; 최근의
مُعْظَمٌ	대부분; (연결형으로 쓰여서) 대부분의 ~
سَاعَةٌ – ات	시간(60분), ~시; 시계
رُبْعٌ – أَرْبَاعٌ	1/4; 15분
غَدًا صَبَاحًا	내일 아침에

보충어

ظُهْرٌ	정오
دَقِيقَةٌ – دَقَائِقُ	분
خَمْسُ دَقَائِقَ	5분
نِصْفٌ – أَنْصَافٌ	반, 1/2; 30분
ثُلْثٌ – أَثْلَاثٌ	1/3; 20분
إِلَّا	~을 제외하고; (시간에서) ~ 전

다. 문법과 연습 　　　جـ - اَلْقَوَاعِدُ وَٱلتَّمَارِينُ

1 서수

아랍어의 서수는 형용사이며, 따라서 다른 형용사와 같은 일치의 규칙을 따른다. 다음에 서수를 단어형과 결합형에 따라 차례로 설명한다.

ㄱ. 첫번째 : 남성 단수형은 اَلْأَوَّلُ 이고, 여성 단수형은 اَلْأُولَى 이다(이것은 우선급형이다. 18. 다. 1 참조).

اَلدَّرْسُ ٱلْأَوَّلُ '제1과',	اَلسَّاعَةُ ٱلْأُولَى '제1시'*

* 시간의 표현에서 '1시'는 اَلسَّاعَةُ ٱلْوَاحِدَةُ 를 쓴다.

ㄴ. 두번째에서 열번째

남 성	여 성
اَلدَّرْسُ ٱلثَّانِي	اَلسَّاعَةُ ٱلثَّانِيَةُ
اَلدَّرْسُ ٱلثَّالِثُ	اَلسَّاعَةُ ٱلثَّالِثَةُ
اَلدَّرْسُ ٱلرَّابِعُ	اَلسَّاعَةُ ٱلرَّابِعَةُ
اَلدَّرْسُ ٱلْخَامِسُ	اَلسَّاعَةُ ٱلْخَامِسَةُ
اَلدَّرْسُ ٱلسَّادِسُ	اَلسَّاعَةُ ٱلسَّادِسَةُ
اَلدَّرْسُ ٱلسَّابِعُ	اَلسَّاعَةُ ٱلسَّابِعَةُ
اَلدَّرْسُ ٱلثَّامِنُ	اَلسَّاعَةُ ٱلثَّامِنَةُ
اَلدَّرْسُ ٱلتَّاسِعُ	اَلسَّاعَةُ ٱلتَّاسِعَةُ
اَلدَّرْسُ ٱلْعَاشِرُ	اَلسَّاعَةُ ٱلْعَاشِرَةُ

이들 형은 فَاعِلٌ 형이다. 남성단수형 اَلثَّانِي 는 격변화가 다른 것들과 다르다. 즉, 주격과 소유격은 اَلثَّانِي 이고, 목적격은 اَلثَّانِيَ 이다. 여성단수형 اَلثَّانِيَةُ 는 규칙변화한다. 이러한 명사를 결여명사(اَلِٱسْمُ ٱلنَّاقِصُ)라고 한다.

ㄷ. 열한번째에서 열아홉번째까지 : 이들 형은 두 요소(단단위 + عَشَرَ ([여] عَشْرَةَ)로 되어 있다. [열한번째]의 اَلْحَادِي 형에 주의하라.

남 성	여 성
اَلدَّرْسُ ٱلْحَادِيَ عَشَرَ	اَلسَّاعَةُ ٱلْحَادِيَةَ عَشْرَةَ
اَلدَّرْسُ ٱلثَّانِيَ عَشَرَ	اَلسَّاعَةُ ٱلثَّانِيَةَ عَشْرَةَ
اَلدَّرْسُ ٱلثَّالِثَ عَشَرَ	اَلسَّاعَةُ ٱلثَّالِثَةَ عَشْرَةَ
اَلدَّرْسُ ٱلرَّابِعَ عَشَرَ	اَلسَّاعَةُ ٱلرَّابِعَةَ عَشْرَةَ
اَلدَّرْسُ ٱلْخَامِسَ عَشَرَ	اَلسَّاعَةُ ٱلْخَامِسَةَ عَشْرَةَ
اَلدَّرْسُ ٱلسَّادِسَ عَشَرَ	اَلسَّاعَةُ ٱلسَّادِسَةَ عَشْرَةَ
اَلدَّرْسُ ٱلسَّابِعَ عَشَرَ	اَلسَّاعَةُ ٱلسَّابِعَةَ عَشْرَةَ
اَلدَّرْسُ ٱلثَّامِنَ عَشَرَ	اَلسَّاعَةُ ٱلثَّامِنَةَ عَشْرَةَ
اَلدَّرْسُ ٱلتَّاسِعَ عَشَرَ	اَلسَّاعَةُ ٱلتَّاسِعَةَ عَشْرَةَ

이들 형은 꾸며지는 명사의 격에 관계 없이 불변(ـَ)이다.

연습1. 연속 연습

'제1과는 쉽다. 제2과는?' الدرس الأوّل سهل. والثاني؟

'제2과는 쉽다. 제3과는?' الدرس الثاني سهل. والثالث؟

النصّ, الجملة 로 계속하라.

연습2. 연속 연습

النصّ الحادي عشر قصير. هل النصّ الثاني عشر قصير كذلك؟

نعم، النصّ الثاني عشر قصير. هل النصّ الثالث عشر قصير كذلك؟

الجملة 로 계속하라.

2 일치 : 사람이 아닌 명사의 복수형

아랍어의 형용사·대명사·지시사·동사 및 그밖의 어떤 단어들은 이들과 같이 쓰이는 명사에 따라 성(남성과 여성)과 수(단수·쌍수·복수)별로 다른 모양을 갖는다. 이를 이들 단어가 명사와 일치한다고 하며, 다음과 같은 일치의 규칙이 있다.

ㄱ. 명사가 단수인 경우 : 성에 따른 단수형을 쓴다.

اَلدَّرْسُ ٱلسَّهْلُ	[남,단] '그 쉬운 과'
اَلْجُمْلَةُ ٱلسَّهْلَةُ	[여,단] '그 쉬운 문장'
اَلدَّرْسُ سَهْلٌ.	[남,단] '그 과는 쉽다.'
هُوَ سَهْلٌ.	[남,단] '그것은 쉽다.'
اَلْجُمْلَةُ سَهْلَةٌ.	[여,단] '그 문장은 쉽다.'
هِيَ سَهْلَةٌ.	[여,단] '그것은 쉽다.'
رَجَعَ ٱلْمُرَاسِلُ.	[남,단) '그 (남)기자가 돌아왔다.'
رَجَعَتِ ٱلْمُرَاسِلَةُ.	[여,단] '그 여기자가 돌아왔다.'

ㄴ. 명사가 복수인 경우 :

ㄱ) 사람을 나타내는 경우 : 성에 따른 복수형을 쓴다.

اَلْأَسَاتِذَةُ ٱلْمَشْهُورُونَ	[남,복] '그 유명한 교수들'
اَلنِّسَاءُ ٱللُّبْنَانِيَّاتُ	[여,복] '그 레바논 여자들'
اِسْتَقْبَلَهُمُ ٱلرَّئِيسُ.	[남,복] '대통령이 그들(교수들)을 맞이했다.'
اِسْتَقْبَلَهُنَّ ٱلرَّئِيسُ.	[여,복] '대통령이 그들(여자들)을 맞이했다.'
اَلْأَسَاتِذَةُ يَرْجِعُونَ غَدًا صَبَاحًا.	[남,복] '그 교수들이 내일 아침 돌아온다.'
اَلنِّسَاءُ يَرْجِعْنَ غَدًا صَبَاحًا.	[여,복] '그 여자들이 내일 아침 돌아온다.'

ㄴ) 사람이 아닌 것(동물·살아 있지 않은 것·추상적 개념 따위)을 나타내는 명사의 복수형과 일치하는 단어는 명사의 단수형의 성에 관계없이 여성 단수형이다(12. 다. 5 참조).

اَلْكُتُبُ ٱلْجَدِيدَةُ	'그 새 책들'
هٰذِهِ ٱلدُّرُوسُ سَهْلَةٌ.	'이들 과는 쉽다.'
اَلْمُدُنُ ٱلْكَبِيرَةُ وَشَوَارِعُهَا	'그 큰 도시들과 그의 거리들'

لَيْسَتْ كَبِيرَةً.	'그것들(학교)은 크지 않다.'
اَلِامْتِحَانُ يَشْمَلُ ٱلْجُمَلَ ٱلْأَسَاسِيَّةَ.	'그 시험은 기본문들을 포함한다.'
كَانَتِ ٱلْأَقْلَامُ عَلَى ٱلطَّاوِلَةِ.	'그 연필들은 탁자 위에 있었다.'

(동사가 주어의 앞에 오면 항상 단수로 씀을 기억하라. 그러나 이 때도 위의 규칙에 따라 주어와 성에 일치한다.)

연습3. 쓰기, 가려내기

아래의 각 단어와 일치하는 분리형 대명사를 써라.

الطالبات – هنّ

الآثار – هي

الأساتذة	الامتحان	الأوّل
الدروس	القواعد	الوضع
الزوجات	المديرون	المصانع
المراسلون	المراسلات	الرؤساء
الساعات	الحكومة	الورقات

녹음

연습4. 말바꾸기/변형

연습5. 연속 연습, 변형 : 단수형 → كلّ + 복수형

الدرس سهل.	'그 과는 쉽다.'
هل الدرس سهل؟	'그 과는 쉬우냐?'
كل الدروس سهلة.	'모든 과가 쉽다.'

١ الطائرة جديدة.

٥ الرسالة بالعربيّة.

٢ الجملة قصيرة.

٣ اللغة سهلة.

٤ صديقه مخلص.

٦ المدرسة ثانويّة.

٧ الرجل ذاهب إلى الاجتماع.

٨ الأوتوبيس جديد.

연습6. 변형 : 단수형 → 복수형

녹음

필요한 곳에 알맞은 변화를 시켜서 아래 각 문장의 밑줄 친 단어를 복수형으로 바꾸어라.

أهذا الامتحان سهل؟	'이 시험은 쉬우냐?'
أهذه الامتحانات سهلة؟	'이들 시험은 쉬우냐?'

١ أعجبني هذا الفيلم.

٢ تسكن عائلتهم في مدينة لبنانيّة.

٣ المدير ليس أجنبيّا.

٤ تابعت صديقتي دراستها في مدرسة خاصّة.

٥ مدير الشركة تحدث إلى موظّفه الجديد.

٦ يعمل صديقنا في متحف وطنيّ.

٧ الزائر الأجنبيّ سافر بالأوتوبيس.

3 명사와 كُلّ + 대명사의 연결형

우리는 9. 다. 1에서 كُلّ 과 한정상태 명사와의 연결형에 대해서 배웠다.

كُلُّ ٱلدَّرْسِ	'온 과, 그 과의 전체'
كُلُّ ٱلْمُوَظَّفِينَ	'모든 직원'

이보다는 덜 쓰이지만, 한정상태의 명사를 앞에 놓고 كُلٌّ 과 그 명사를 받으며 그 명사와 성·수에 일치하는 대명사와의 연결형을 뒤에 놓아서 같은 뜻을 갖는 구문이 있다. 이 때 كُلٌّ 은 앞의 명사와 동격으로서 같은 격을 가진다.

قَرَأْنَا كُلَّ ٱلدَّرْسِ. قَرَأْنَا ٱلدَّرْسَ كُلَّهُ.	'우리는 그 과의 전체를 읽었다.'
يَسْكُنُ كُلُّ ٱلطُّلَّابِ فِي بِنَاءٍ وَاحِدٍ. يَسْكُنُ ٱلطُّلَّابُ كُلُّهُمْ فِي بِنَاءٍ وَاحِدٍ.	'모든 학생이 한 건물에 살고 있다.'
لَمْ نَسْتَمِعْ لِكُلِّ ٱلْأَخْبَارِ. لَمْ نَسْتَمِعْ لِلْأَخْبَارِ كُلِّهَا.	'우리는 모든 새소식을 듣지는 않았다.'
كَتَبَ إِلَى كُلِّ أَصْدِقَائِهِ. كَتَبَ إِلَى أَصْدِقَائِهِ كُلِّهِمْ.	'그는 그의 모든 친구들에게 편지했다.'

만약 명사가 연결형 안에 있으면, 두번째 구문의 كُلٌّ 은 그 전체 연결형의 뒤에 와야 된다(아래의 두번째 문장).

تَعَلَّمْنَا كُلَّ جُمَلِ ٱلدَّرْسِ. تَعَلَّمْنَا جُمَلَ ٱلدَّرْسِ كُلَّهَا.	'우리는 그 과의 모든 문장을 배웠다.'

녹음

연습7. كُلٌّ + 대명사

درسنا كلّ الدرس. درسنا الدرس كلّه.	'우리는 그 과의 전체를 공부했다.'

١ يشمل الامتحان كلّ دروس الكتاب.

٢ تحدّث المدير إلى كلّ موظفيه.

٣ هل سافر الطلاّب إلى كلّ الدول العربيّة؟

٤ ذهبن لزيارة كلّ آثار لبنان.

٥ قابل الرئيس كلّ الوزراء الجدد.

٦ تسكن كلّ عائلتي في هذه المدينة.

٧ كان كلّ المراسلين أجانب.

٨ استمعنا إلى كلّ المحاضرة.

٩ نشرت الشركة كلّ الكتب.

١٠ أعجبتني كلّ هذه الجمل.

١١ ننقل إليكم كلّ الأخبار.

4 시간 말하기

하루의 시간을 말할 때는 다음과 같은 표현을 쓴다. 이 때, '1시'만 기수의 여성형을 사용하고, 나머지는 모두 서수를 쓴다.

كَمِ ٱلسَّاعَةُ؟ مَا ٱلسَّاعَةُ؟	'몇 시냐?'
اَلسَّاعَةُ ٱلْوَاحِدَةُ.	'1시다.'
اَلسَّاعَةُ ٱلثَّانِيَةُ.	'2시다.'
اَلسَّاعَةُ ٱلثَّالِثَةُ.	'3시다.'
اَلسَّاعَةُ ٱلرَّابِعَةُ وَٱلدَّقِيقَةُ ٱلْخَامِسَةُ.	'4시 5분이다.'
اَلسَّاعَةُ ٱلْخَامِسَةُ وَٱلدَّقِيقَةُ ٱلْعَاشِرَةُ.	'5시 10분이다.'
اَلسَّاعَةُ ٱلسَّادِسَةُ وَٱلرُّبْعُ.	'6시 15분이다.'
اَلسَّاعَةُ ٱلسَّابِعَةُ وَٱلثُّلْثُ.	'7시 20분이다.'
اَلسَّاعَةُ ٱلثَّامِنَةُ وَٱلنِّصْفُ إِلَّا خَمْسَ دَقَائِقَ.	'8시 25분이다.'
اَلسَّاعَةُ ٱلتَّاسِعَةُ وَٱلنِّصْفُ.	'9시 반이다.'

اَلسَّاعَةُ ٱلْعَاشِرَةُ وَٱلنِّصْفُ وَخَمْسُ دَقَائِقَ.	'10시 35분이다.'
اَلسَّاعَةُ ٱلْحَادِيَةَ عَشْرَةَ إِلَّا ثُلْثًا.	'11시 20분 전이다.'
اَلسَّاعَةُ ٱلثَّانِيَةَ عَشْرَةَ إِلَّا رُبْعًا.	'12시 15분 전이다.'
فِي أَيِّ سَاعَةٍ؟، مَتَى؟	'몇 시에? 언제?'
فِي ٱلسَّاعَةِ ٱلرَّابِعَةِ.	'4시에'
فِي ٱلسَّاعَةِ ٱلْخَامِسَةِ وَٱلنِّصْفِ.	'5시 반에'
فِي ٱلسَّاعَةِ ٱلْحَادِيَةَ عَشْرَةَ.	'11시에'

위의 처음의 두 문장에서, اَلسَّاعَةُ 는 문자의 주어로서 주격상태이고, كَمْ 과 مَا 는 술어이다.

연습8. 시간 말하기

الأستاذ : كم الساعة الآن؟

10 : 00	10 : 30
10 : 05	10 : 40
10 : 10	10 : 45
10 : 15	11 : 00
10 : 20	6 : 30
8 : 15	12 : 20
3 : 05	2 : 45
7 : 40	1 : 00
11 : 10	6 : 05

연습 9. 쓰기, 시간 말하기

아래의 시간을 말해 보아라.

라. 강 독　　　د – نُصُوصٌ لِلْفَهْمِ

다음 문장을 읽고 연습 10을 하라.

شَاهَدْتُ هٰذِهِ ٱلسَّنَةَ عَدَدًا مِنَ ٱلْأَفْلَامِ. بَعْضُ هٰذِهِ ٱلْأَفْلَامِ عَرَبِيَّةٌ وَبَعْضُهَا أَمْرِيكِيَّةٌ.

كَانَ ٱلْفِلْمُ ٱلْأَوَّلُ فِلْمًا أَمْرِيكِيًّا عَنْ أُسْتَاذٍ جَامِعِيٍّ. سَافَرَ هٰذَا ٱلرَّجُلُ مِنْ بَلَدِهِ إِلَى مِصْرَ لِزِيَارَةِ ٱلْآثَارِ ٱلْقَدِيمَةِ وَدِرَاسَةِ شَيْءٍ عَنْ تَارِيخِهَا.

وَكَانَ ٱلْفِلْمُ ٱلثَّانِي فِلْمًا مِصْرِيًّا بِعُنْوَانِ "ٱلْمَرْأَةُ ٱلْمِصْرِيَّةُ فِي ٱلْجَامِعَةِ". تَحَدَّثَ هٰذَا ٱلْفِلْمُ عَنْ وَضْعِ ٱلْمَرْأَةِ فِي ٱلْمُدُنِ ٱلْمِصْرِيَّةِ.

اَلْفِلْمُ ٱلثَّالِثُ تَحَدَّثَ عَنْ عَائِلَةٍ أَمْرِيكِيَّةٍ. اِنْتَقَلَتْ هٰذِهِ ٱلْعَائِلَةُ مِنْ مَدِينَةٍ إِلَى مَدِينَةٍ فِي أَمْرِيكَا وَبَحَثَتْ عَنْ عَمَلٍ.

اَلْفِلْمُ ٱلرَّابِعُ فِلْمٌ لُبْنَانِيٌّ عَنْ رَجُلٍ مِنْ بَيْرُوتَ. اِسْمُ هٰذَا ٱلرَّجُلِ سَامِي. تَرَكَ لُبْنَانَ وَسَافَرَ إِلَى ٱلْبَرَازِيلِ لِلْعَمَلِ فِي مَصْنَعٍ كَبِيرٍ هُنَاكَ. وَفِي ٱلْبَرَازِيلِ قَابَلَ ٱلسَّيِّدُ سَامِي ٱلسَّيِّدَةَ وِدَادَ وَهِيَ ٱمْرَأَةٌ عِرَاقِيَّةٌ مِنْ بَغْدَادَ. أَصْدَرَ سَامِي وَوِدَادُ جَرِيدَةً عَرَبِيَّةً هُنَاكَ.　　브라질

أَعْجَبَتْنِي هٰذِهِ ٱلْأَفْلَامُ كُلُّهَا خَاصَّةً ٱلْفِلْمُ ٱللُّبْنَانِيُّ. شَاهَدْتُ هٰذِهِ ٱلْفِلْمَ أَمْسِ فِي ٱلسَّاعَةِ ٱلتَّاسِعَةِ.　　특히

연습10. 쓰기　　　أسئلة

١ عمّ كان الفمل الأوّل؟

٢ ما عنوان الفلم الثاني؟

٣ وما عنوان الفلم الثالث؟ – هو فلم أمريكيّ معروف لسْتَايْنْبيك.

٤ عمّ تحدّث الفلم الرابع؟

٥ متى شاهد الكاتب الفلم اللبنانيّ؟

마. 종합연습 ـه - اَلتَّمَارِينُ ٱلْعَامَّةُ

연습11. 변형 : 완료형 → 미완료형

'그가 이슬람사를 공부했다.' →	درس التاريخ الإسلاميّ.
'그가 이슬람사를 공부한다.'	يدرس التاريخ الإسلاميّ.

١ الرؤساء بحثوا الوضع السياسيّ الحاضر.

٢ ذهبنا إلى الجامعة في الساعة العاشرة.

٣ ماذا قرأتم هذه السنةَ؟

٤ عملت البنات في مصنع كبير.

٥ ذكرت زيارتها القادمة في رسالتها.

٦ حصل هذه السنة على البكالوريوس.

٧ هل سكنتم في عمّان؟

٨ بدأ العمل في الساعة الثامنة.

٩ شربت القهوة العربيّة في هذا المطعم مع بعض الأصدقاء.

١٠ بحث حسين عن عمل في المدينة.

١١ هل سمعتنّ الأخبار العالميّة؟

연습12. 쓰기, 연결하기 : 의문문 만들기

(ㄱ)난과 (ㄴ)난을 적당히 연결하여 의문문을 만들어라.

(ㄱ)	(ㄴ)
أين	فعلتنّ في دمشق؟
من	ذهبوا إلى تونس : للدراسة أم العمل؟
لماذا	استقبلكم في المطار : صديقكم؟
أ	جامعة الأزهر : في بيروت أم في القاهرة؟
متى	قابلتم الرئيس : أمس أم اليوم؟
أيّ	هذه الكلمة أجنبيّة؟
كم	أستاذ أكل معكم في المطعم : الأستاذ حسين؟
هل	الجريدة مصريّة أم لبنانيّة؟
ماذا	مراسلا لهذه الجريدة؟

연습13. 작 문

1. 당신들[남]은 8과·9과·10과의 시험준비를 하지 않았습니까?
2. 예('아니요'로 옮겨라). 우리의 시험은 이들 과를 포함하지 않습니다.
3. 그 교수의 강의 시간은 내일 아침 11시 15분(에)이다.

제 16 과 현대 아랍여성

اَلدَّرْسُ ٱلسَّادِسَ عَشَرَ :

اَلْمَرْأَةُ ٱلْعَرَبِيَّةُ ٱلْحَدِيثَةُ

1 동명사 : 의미와 기능

2 동명사 : 원형 동사

3 연결형 : 제1요소의 확장

가-1. 기본문 현대 아랍여성 اَلْمَرْأَةُ ٱلْعَرَبِيَّةُ ٱلْحَدِيثَةُ

لِلْمَرْأَةِ مَكَانَةٌ هَامَّةٌ فِي ٱلْمُجْتَمَعِ ٱلْعَرَبِيِّ، وَلِلنِّسَاءِ فِي ٱلْعَالَمِ ٱلْعَرَبِيِّ كَثِيرٌ مِنْ حُقُوقِ ٱلرِّجَالِ وَوَاجِبَاتِهِمْ : فَلَهُنَّ حَقُّ ٱلدِّرَاسَةِ فِي ٱلْجَامِعَاتِ وَٱلْحُصُولِ عَلَى ٱلشَّهَادَاتِ ٱلْعَالِيَةِ وَحُضُورِ ٱلِاجْتِمَاعَاتِ ٱلسِّيَاسِيَّةِ وَٱلْعَمَلِ فِي ٱلْوَظَائِفِ ٱلْحُكُومِيَّةِ. وَمِنْهُنَّ ٱلْمُدَرِّسَاتُ وَٱلطَّبِيبَاتُ وَٱلْكَاتِبَاتُ. وَٱلنِّسَاءُ ٱلْيَوْمَ يُقَدِّمْنَ لِلْمُجْتَمَعِ ٱلْعَرَبِيِّ ٱلْخَدَمَاتِ ٱلْكَثِيرَةَ وَيَعْمَلْنَ عَلَى تَقَدُّمِهِ.

가-2. 한국어 현대 아랍여성 اَلْمَرْأَةُ ٱلْعَرَبِيَّةُ ٱلْحَدِيثَةُ

여성은 아랍 사회에서 중요한 지위가 있다. 아랍 세계의 여성들은 남자들의 많은 권리와 의무가 있다. 그들에게는 대학에서 공부할 권리·고급 학위를 얻을 권리·정치적 집회에 참석할 권리·관직에서 일할 권리가 있는 것이다. 그들 중에는 교사·의사·작가가 있다. 여성들은 오늘날 아랍 사회에 많은 공헌을 하고 있으며, 그 발전을 위해서 일하고 있다.

나. 단 어　　ب – اَلْمُفْرَدَاتُ

حُضُورٌ (~에) 참석(함)

وَظِيفَةٌ – وَظَائِفُ 일자리, 직업, 직책

مِنْ ~ 중에

طَبِيبٌ – أَطِبَّاءُ 의사

يُقَدِّمْنَ لِـ، إِلَى 그들[여]이 (~에게) 준다, 제공한다

خِدْمَةٌ – خَدَمَاتٌ 봉사, 공헌

عَمِلَ ـَ، عَمَلٌ عَلَى ~을 위해 일하다

تَقَدُّمٌ 발전, 발달, 전진

اَلسَّادِسَ عَشَرَ 열여섯번째의

مَكَانَةٌ – ات 지위, 신분

هَامٌّ 중요한

مُجْتَمَعٌ – ات 사회

كَثِيرٌ مِنْ ~의 많음, 많은 ~

حَقٌّ – حُقُوقٌ 권리

وَاجِبٌ – ات 의무

عَالِيَةٌ [여] 높은

보충어

يُقَدِّمُونَ 그들[남]이 준다, 제공한다

다. 문법과 연습 ‏جـ - اَلْقَوَاعِدُ وَٱلتَّمَارِينُ

1 동명사 : 의미와 기능

동명사(اَلْمَصْدَرُ)란 동사에서 파생되어 그 동사가 뜻하는 행동이나 상태를 나타내는 명사를 말한다. 동명사는 우리말의 동사의 명사형어미 '-ㅁ, -기'가 붙은 말에 해당된다.

[보기] دَرَسَ '공부하다'의 동명사는 دِرَاسَةٌ '공부함, 공부하기'

동명사는 다음과 같이 여느 명사의 모든 기능을 가진다. 또 동명사는 추상명사이기 때문에 보통, 한정상태(관사를 갖거나 한정상태인 연결형의 제1요소)로 쓰이며, 복수형이 없다. 그러나 구체적 의미로 쓰일 때는 복수형을 가질 수 있다(이 항의 마지막 부분 참조).

ㄱ. 명사문의 주어

اَلْعَمَلُ فِي هٰذَا ٱلْمَصْنَعِ سَهْلٌ. '이 공장에서 일하기는 쉽다.'

ㄴ. 동사의 주어

بَدَأَ بَحْثُ ٱلْمَوْضُوعِ أَمْسِ. '그 주제의 토론이 어제 시작되었다.'

ㄷ. 동사의 목적어

بَدَأُوا عَوْدَتَهُمْ إِلَى ٱلشَّرْقِ ٱلْأَوْسَطِ. '그들이 중동으로 돌아오기 시작했다.'

ㄹ. 전치사의 목적어

رَجَعَتْ بَعْدَ ٱلْحُصُولِ عَلَى شَهَادَةٍ. '그[여]는 학위를 얻은 후에 돌아왔다.'

전치사 لِـ 는 동명사와 같이 쓰여 '~을 위해서, ~의 목적으로, ~하려고'의 뜻을 나타낸다.

سَافَرَ إِلَى هُنَاكَ لِلْحُصُولِ عَلَى شَهَادَةٍ.	'그는 학위를 얻으려고 거기로 여행했다.'

رَجَعَتْ إِلَى بَلَدِهَا لِلْعَمَلِ هُنَاكَ.	'그[여]는 본국에서 일하려고 그리로 돌아갔다.'

ㅁ. 연결형의 제2요소

لِلْمَرْأَةِ ٱلْمِصْرِيَّةِ حَقُّ ٱلْعَمَلِ فِي ٱلْحُكُومَةِ.	'이집트 여성은 정부에서 일할 권리가 있다.'

ㅂ. 연결형의 제1요소

동명사가 연결형의 제1요소일 경우에, 제2요소는 다음의 두 가지 기능 중의 하나를 담당한다.

(1) 제2요소는 행위자(동사의 실질적인 동작을 하는 사람이나 사물)일 수 있다. 다음 보기에서 첫째 문장의 주어(ٱلرَّئِيسُ)인 행위자와 동사(وَصَلَ)는 둘째 문장에서 각각 연결형의 제2요소(ٱلرَّئِيس), 즉 행위자와 제1요소(وُصُولِ)로 되어 있음을 알 수 있다. 즉, 두 문장에서 '도착'을 행한 것은 '대통령'이다.

وَصَلَ ٱلرَّئِيسُ صَبَاحَ ٱلْيَوْمِ.	'대통령이 오늘 아침 도착했다.'
سَأَلُونِي عَنْ وُصُولِ ٱلرَّئِيسِ.	'그들이 대통령의 도착에 대해서 나에게 물었다.'

위와 같이 동명사가 자동사에서 파생된 것이면, 제2요소는 필히 행위자가 된다.

(2) 동명사가 타동사에서 파생 된 것이면, 제2요소는 행위자 또는 대상자(행위를 받는 사람이나 사물)가 될 수 있다.

먼저, 대상자의 기능부터 살피기로 한다.

حَضَرَتِ ٱلِاجْتِمَاعَ.	'그[여]가 그 모임에 참석했다.'
رَجَعَتْ إِلَى مَكْتَبِهَا بَعْدَ حُضُورِ ٱلِاجْتِمَاعِ.	'그[여]가 그 모임에 참석한 뒤 자기의 사무실로 돌아왔다.'

첫째 문장에서 ٱلِاجْتِمَاعَ 는 동사의 목적어이며 대상자이다. 둘째 문장에서 ٱلِاجْتِمَاعِ 는 연결형의 제2요소이며 대상자이다. 양쪽 문장에서 누군가가 참석한 것은

'모임'이다.

제2요소는 또 행위자일 수도 있다.

دَرَّسَ ٱلْأُسْتَاذُ سَامِي هُنَاكَ.	'사미 교수가 거기에서 가르쳤다.'
أَعْجَبَنِي تَدْرِيسُ ٱلْأُسْتَاذِ سَامِي.	'나는 사미 교수의 가르침이 마음에 들었다.'

동명사의 행위자와 대상자를 둘 다 표시할 수도 있다.

دَرَّسَ ٱلْأُسْتَاذُ ٱلتَّارِيخَ.	'그 교수가 역사를 가르쳤다.'
أَعْجَبَنِي تَدْرِيسُ ٱلْأُسْتَاذِ ٱلتَّارِيخَ.	'나는 그 교수의 역사 가르침이 마음에 들었다.'

이런 경우, 행위자는 연결형의 제2요소로서 표현되고, 대상자는 연결형과는 관계 없이 (첫째 문장에서 동사의 목적어인 것처럼 동명사의 목적어로서) 목적격으로 표현된다.

위의 두번째 문장의 대상자는 전치사 لِـ 의 앞에 놓는 구문으로도 흔히 사용된다.

أَعْجَبَنِي تَدْرِيسُ ٱلْأُسْتَاذِ لِلتَّارِيخِ.	'나는 그 교수의 역사 가르침이 마음에 들었다.'

이 모든 연결형 구문에서 제2요소로 대명사가 올 수 있으며, 역시 행위자나 대상자로서의 구실을 한다.

행위자 :	سَأَلُونِي عَنْ وُصُولِهِ.	'그들이 나에게 그의 도착에 대해서 물었다.'
	أَعْجَبَنِي تَدْرِيسُهُ.	'나는 그의 가르침이 마음에 들었다.'
	أَعْجَبَنِي تَدْرِيسُهُ ٱلتَّارِيخَ.	'나는 그의 역사 가르침이 마음에 들었다.'
대상자 :	رَجَعَتْ بَعْدَ حُضُورِهِ.	'그[여]가 거기(모임)에 참석한 뒤 돌아왔다.'
	أَعْجَبَنِي تَدْرِيسُهُ لَهُ.	'나는 그가 그것(역사)을 가르침이 마음에 들었다.'

다음에 이들 모든 구문의 보기를 더 든다.

هَلْ قَرَأْتَ عَنْ عَوْدَةِ ٱلرَّئِيسِ إِلَى	'당신은 대통령이 미국에 돌아온 것에 대해서 읽었느냐?'

أَمْرِيكَا؟	
دَرَسْنَا عَنْ بِنَائِهِمْ مُدُنًا جَدِيدَةً.	'우리는 그들의 새로운 도시들 건설에 대해 공부했다.'
كَتَبْتُ رِسَالَةً بَعْدَ زِيَارَتِي ٱلْمَتْحَفَ. [زِيَارَتِي لِلْمَتْحَفِ.]	'나는 (나의) 박물관 방문 뒤에 편지를 썼다.'

많은 동명사는 추상적인 의미 외에도 구체적인 의미로 발전될 수도 있다. 따라서 بِنَاءٌ 는 '건설(함)'이란 뜻 외에도 '건물'을 뜻하기도 한다. 이러한 구체적인 의미로 쓰이면, 일반명사와 같이 비한정상태로도 쓰이며, 복수형도 가질 수 있다. 다음에 이러한 동명사의 보기를 든다.

'공부'	دِرَاسَةٌ	دِرَاسَاتٌ
'방문'	زِيَارَةٌ	زِيَارَاتٌ
'일'	عَمَلٌ	أَعْمَالٌ
'모임, 회의'	اِجْتِمَاعٌ	اِجْتِمَاعَاتٌ
'상세'	تَفْصِيلٌ	تَفَاصِيلُ ، تَفْصِيلَاتٌ
'시험'	اِمْتِحَانٌ	اِمْتِحَانَاتٌ
'강의'	مُحَاضَرَةٌ	مُحَاضَرَاتٌ

연습1. 쓰기 가려내기

다음 문장에서 동명사에 밑줄을 치고 모음부호를 붙여라.

١ ليست الدراسة في الجامعة سهلة.

٢ ذهبوا إلى ديترويت للعمل في مصنع سيّارات.

٣ للمرأة العربيّة حقّ الحصول على الشهادات العالية.

٤ كتب المراسل عن زيارة الرئيس لدمشق.

٥ سافرت الى مصر لحضور الاجتماع.

٦ بحث الوزراء بناء المصريّين مصانع جديدة.

٧ أعجبني عمله على تقدّم بلده.

٨ بحثوا دراسة اللغات الأجنبيّة في المدارس الثانويّة.

연습2. 쓰기, 작문

다음 각 동명사를 사용하여 문장을 만들어라.

الوصول، العمل، الحصول على، الزيارة

2 동명사 : 원형 동사

파생형 동사의 동명사는 거의 대부분 일정한 형(뒤에 설명됨)을 하고 있으나, 원형 동사의 동명사형은 40여 종류나 되어, 불규칙 복수형처럼 일일이 동사마다 외워야 한다. 다음에 가장 보편적인 것을 지금까지 나온 동사와 같이 나열한다. (낯선 동사는 괄호 안에 넣었음.) 다른 동명사형은 나오는 대로 설명하기로 한다.

동명사

ㄱ. فَعْلٌ

تَرْكٌ '떠남'	تَرَكَ '떠나다'
بَحْثٌ '토론'	بَحَثَ '토론하다'
بَحْثٌ عَنْ '~을 찾음'	بَحَثَ عَنْ '~을 찾다'
نَقْلٌ '나름'	نَقَلَ '나르다'
حَمْدٌ '찬양(함)'	(حَمِدَ '찬양하다')
نَشْرٌ '발행'	نَشَرَ '발행하다'
بَدْءٌ '시작'	بَدَأَ '시작하다'
أَكْلٌ '먹음'	أَكَلَ '먹다'
شَمْلٌ '포함'	شَمَلَ '포함하다'

ㄴ. فِعْلٌ

فِعْلٌ '함, 행동(함)'	فَعَلَ '하다'

ذِكْرٌ '언급' ذَكَرَ '언급하다'

ㄷ. فُعْلٌ

شُرْبٌ '마심' شَرِبَ '마시다'

شُكْرٌ '감사(함)' (شَكَرَ '감사하다')

ㄹ. فَعْلَةٌ, فِعْلَةٌ, فُعْلَةٌ

عَوْدَةٌ '돌아옴' (عَادَ '돌아오다')

خِدْمَةٌ '봉사(함)' (خَدَمَ '봉사하다')

ㅁ. فَعَلٌ

عَمَلٌ '일(함)' عَمِلَ '일하다'

سَكَنٌ '삶, 거주' سَكَنَ '살다, 거주하다'

ㅂ. فَعَالٌ

ذَهَابٌ '감' ذَهَبَ '가다'

سَمَاعٌ '들음' سَمِعَ '듣다'

سَمَاحٌ بِـ '~을 허락(함)' سَمَحَ بِـ '~을 허락하다'

ㅅ. فَعَالَةٌ

سَلَامَةٌ '안전' (سَلِمَ '안전하다')

شَهَادَةٌ '증명; 증명서' (شَهِدَ '증명하다')

ㅇ. فِعَالٌ

بِنَاءٌ '건설' (بَنَى '건설하다')

لِقَاءٌ '모임' (لَقِيَ '모이다')

ㅈ. فِعَالَةٌ

دِرَاسَةٌ '공부(함)' دَرَسَ '공부하다'

زِيَارَةٌ '방문(함)' (زَارَ '방문하다')

كِتَابَةٌ '씀, 쓰기' كَتَبَ '쓰다'

قِرَاءَةٌ '읽음, 읽기' قَرَأَ '읽다'

ㅊ. <u>فُعَالٌ</u>

سُؤَالٌ '물음' سَأَلَ '묻다'

ㅋ. <u>فُعُولٌ</u> (이것은 보통, 동작의 자동사에서 파생된다)

وُصُولٌ '도착' (وَصَلَ '도착하다')

حُضُورٌ '참석' حَضَرَ '참석하다'

حُضُورٌ إِلَى '~에 옴' حَضَرَ إِلَى '~에 오다'

رُجُوعٌ '돌아옴' رَجَعَ '돌아오다'

حُصُولٌ عَلَى '~을 얻음' حَصَلَ عَلَى '~을 얻다'

شُمُولٌ '포함' شَمَلَ '포함하다'

이 외에도 덜 보편적이지만 다른 동명사형이 있다. 위의 شَمَلَ, شَمِلَ 와 같이 어떤 동사는 두 개 이상의 동명사를 가지기도 하며, 많은 경우에 뜻이 다름에 따라 동명사도 다르다. 앞으로 단어집에서 원형동사에는 동명사를 표시하기로 한다.

연습3. 반복하기 : 동명사 녹음

연습4. 만들기 : 동명사 녹음

연습5. 말바꾸기 녹음

ㄱ.	'그[여]는 그 회의에 참석하러 뉴욕으로 여행했다.'	سافرت إلى نيويورك <u>لحضور الاجتماع</u>.

١ نشرت الكتاب. ٤ حصلت على شهادة.

٢ عملت في مصنع. ٥ درست في جامعة نيويورك.

٣ سكنت هناك.

رجعت بعد شرب القهوة.	ㄴ. ‘나는 커피를 마신 후에 돌아왔다.’

١ أبحث الوضع السياسيّ. ٤ أقرأ جرائد عربيّة.

٢ أعمل في مصنع الطائرات. ٥ أكتب رسائل لمعظم أصدقائي.

٣ أذهب إلى المسرح. ٦ أحضر اجتماعات هامّة.

연습6. 변 형

다음 문장들을 동명사를 사용하여 하나로 연결하라.

درس التاريخ. +	‘그는 역사를 공부했다.’ +
رجع إلى مصر بعد ذلك. ←	‘그는 그 뒤에 이집트로 돌아왔다.’ →
رجع إلى مصر بعد دراسة التاريخ.	‘그는 역사를 공부한 후에 이집트로 돌아왔다.’

١ حضر الاجتماع. رجع إلى بلده بعد ذلك.

٢ كتب كتابا عن السعوديّة. ذهب إلى الرياض قبل ذلك.

٣ بحث الوزراء الوضع السياسيّ. سافر الوزراء بعد ذلك.

٤ حصل كريم على شهادة في التاريخ. درس كريم في جامعة بغداد بعد ذلك.

٥ ذهب إلى المتحف الوطنيّ. قرأ كتابا عن الآثار التاريخيّة قبل ذلك.

3 연결형 : 제1요소의 확장

다음 기본문에 나오는 구문을 보자.

حُقُوقُ ٱلرِّجَالِ وَوَاجِبَاتُهُمْ ‘남자들의 권리와 의무’

위의 보기처럼 연결형의 제1요소(여기서는 حُقُوق)가 두 개 이상으로 확장되면, 그 추가 요소(여기서는 وَاجِبَاتُ)는 완전한 연결형의 뒤에 오며 제2요소(여기서는 ٱلرِّجَالِ)를 받는 대명사와 연결형을 이루게 된다. 이 때 글자대로의 뜻은 ‘남자들의 권리와 그들의 의무’로 된다. 즉, 두 개의 연결형을 이어 놓은 형태이다.

다른 보기를 든다.

حُقُوقُ ٱلنِّسَاءِ وَوَاجِبَاتُهُنَّ	‘여성들의 권리와 의무’
وَالِدُ سَامِي وَأُخْتُهُ	‘사미의 아버지와 누이’
مَدَارِسُ بَيْرُوتَ وَجَامِعَاتُهَا	‘베이루트의 학교와 대학 들’

연습7. 변 형

‘여성들은 남성들의 몇몇 권리와 남성들의 (몇몇) 의무가 있다.’ →	للنساء بعض حقوق الرجال وواجبات الرجال. ←
‘여성들은 남성들의 몇몇 권리와 의무가 있다.’	للنساء بعض حقوق الرجال وواجباتهم.

١ قابل الرئيس طلّاب الجامعة + أساتذة الجامعة في الساعة العاشرة والنصف.

٢ أعجبني جمال بلدكم + آثار بلدكم.

٣ درست جمل الدرس + قواعد الدرس.

٤ تعمل النساء في مصانع البلد + شركات البلد.

٥ استقبلوا وزراء العراق + رئيس العراق.

٦ طاولات الصفّ + كراسي الصفّ جديدة.

라. 강 독

د – نُصُوصٌ لِلْفَهْمِ

다음 문장을 읽고 연습 8을 하라.

잘 알려진; 회의, 협의회

تَحَدَّثَتْ جَرِيدَةٌ قَاهِرِيَّةٌ مَعْرُوفَةٌ عَنِ ٱلِاجْتِمَاعِ ٱلثَّانِي لِمُؤْتَمَرِ ٱلْأَطِبَّاءِ ٱلْمِصْرِيِّينَ. قَالَتْ ٱلْجَرِيدَةُ :

حَضَرَ ٱلِاجْتِمَاعَ عَدَدٌ كَبِيرٌ مِنَ ٱلْأَطِبَّاءِ ٱلْمِصْرِيِّينَ، وَحَضَرَهُ كَذٰلِكَ مُرَاسِلُونَ مِصْرِيُّونَ وَأَجَانِبُ. وَبَحَثَ ٱلْأَطِبَّاءُ فِي ٱجْتِمَاعِهِمِ ٱلثَّانِي حُقُوقَ ٱلْأَطِبَّاءِ وَوَاجِبَاتِهِمْ. تَحَدَّثَ فِي ٱلِاجْتِمَاعِ عَدَدٌ مِنَ ٱلْأَطِبَّاءِ ٱلْمَشْهُورِينَ فِي مِصْرَ مِنْهُمُ ٱلدُّكْتُورُ عَلِيٌّ حَسَنٌ، وَهُوَ أُسْتَاذٌ فِي جَامِعَةِ ٱلْقَاهِرَةِ. ذَكَرَ ٱلدُّكْتُورُ عَلِيٌّ زِيَارَتَهُ لِأَمْرِيكَا وَدِرَاسَتَهُ لِوَضْعِ ٱلْأَطِبَّاءِ فِيهَا، وَذَكَرَ كَذٰلِكَ حُضُورَهُ ٱجْتِمَاعًا لِلْأَطِبَّاءِ فِي فَرَنْسَا هٰذِهِ السَّنَةَ.

وَقَالَتِ ٱلْجَرِيدَةُ : "اَلْأَطِبَّاءُ يُقَدِّمُونَ لِلْمُجْتَمَعِ خَدَمَاتٍ هَامَّةً وَلٰكِنْ لَهُمْ كَذٰلِكَ حُقُوقٌ، وَبَحْثُ هٰذِهِ ٱلْحُقُوقِ مِنْ وَاجِبَاتِ ٱلْمُؤْتَمَرِ".

연습8. 쓰기, 묻고 대답하기

أسئلة

١ هل الجريدة لبنانيّة؟

٢ عن أيّ اجتماع تحدّثت الجريدة؟

٣ كم طبيبا حضر الاجتماع؟

٤ ماذا بحث الأطبّاء في اجتماعهم الثاني؟

٥ من هو الدكتور عليّ حسن؟ عن أيّ شيء تحدّث في الاجتماع؟

마. 종합연습

هـ - اَلتَّمَارِينُ الْعَامَّةُ

연습9. 부 정

다음 문장을 부정문으로 만들어라.

١ صديقي مستعدّ للامتحان.

٢ تعمل أخته في مكتبة الجامعة.

٣ هذه فكرة جميلة.

٤ سكنت في تلك المدينة.

٥ كانوا موظّفين في مكتب حكوميّ.

٦ الزوّار من الشرق الأوسط.

٧ هذه الدروس هامّة جدّا.

٨ حصلت على الماجستير.

٩ يكتب رسالة الآن.

١٠ معظم هذه الكلمات قصيرة.

연습10. 연속 연습, 복습

'나는 몇몇 학생에게 이야기했다.' →	← تحدّثت إلى بعض الطلّاب.
'나는 모든 학생에게 이야기했다.' →	← تحدّثت إلى كلّ الطلّاب.
'나는 학생들 모두에게 이야기했다.'	تحدّثت إلى الطلّاب كلّهم.

١ بعض الأصدقاء

٢ بعض المراسلات

٣ بعض الأطبّاء

٤ بعض الكاتبات

٥ بعض النساء

٦ بعض الرجال

٧ بعض السكرتيرات

٨ بعض المراسلين

연습11. 쓰기, 말바꾸고 번역하기

'나는 그들에게 그 새로운 책의 발간에 대해 이야기했다.'	تحدّثت إليهم عن نشر الكتاب الجديد.

대통령이 중동에서 돌아옴
그 국립 공항의 건설
각료들의 정치적 상황 토론
여성들이 아랍사회 발전을 위해 일함
그 외국 이사들의 그 이집트회사 방문

연습12. 쓰기, 변형 : 단수형 → 복수형

다음에 필요한 변형을 하여 밑줄 친 낱말을 복수형으로 만들어라.

١ عملت الشركة على بناء المدرسة الجديدة.

٢ درست قواعد الدرس الجديد.

٣ المرأة العربيّة تعمل على تقدّم المجتمع العربيّ.

٤ مطعم المطار كبير جدّا.

٥ كان المصنع حديثا.

٦ الطبيبة تقدّم الخدمات الكثيرة للمجتمع اللبنابيّ.

٧ أعجبني الامتحان الأخير.

٨ الدرس يشمل عادة قراءات كثيرة.

연습13. 쓰기, 사전

다음 각 단어의 어근과 형을 쓰고, 사전에서 그 뜻을 찾아 적어라.

مَحْكَمَةٌ	هَنْدَسَةٌ	نِعْمَةٌ
سَفَرٌ	مَجْلِسٌ	وَدَاعٌ
جَانِبٌ	خُرُوجٌ	مَنَاعَةٌ
عَرِيضٌ	وِزَارَةٌ	مَنْحٌ

제 17 과 아랍 세계의 교육단계

اَلدَّرْسُ ٱلسَّابِعَ عَشَرَ : مَرَاحِلُ ٱلتَّعْلِيمِ فِي ٱلْعَالَمِ ٱلْعَرَبِيِّ

1 '~이 있다' : هُنَاكَ

2 بَعْضٌ '몇몇'의 일치

3 지시사 : 복수형 هٰؤُلَاءِ 와 أُولٰئِكَ

4 목적격 : 시간을 나타내는 부사어

5 II형 동사와 동명사

가-1. 기본문　아랍 세계의 교육단계　مَرَاحِلُ ٱلتَّعْلِيمِ فِي ٱلْعَالَمِ ٱلْعَرَبِيِّ

단계들; 초급의, 초등학교의; 예비의, 중학교의

مَرَاحِلُ ٱلتَّعْلِيمِ فِي ٱلْعَالَمِ ٱلْعَرَبِيِّ هِيَ ٱلِٱبْتِدَائِيَّةُ وَٱلْإِعْدَادِيَّةُ وَٱلثَّانَوِيَّةُ وَٱلْجَامِعِيَّةُ. تُقَرِّرُ وِزَارَاتُ ٱلتَّرْبِيَةِ وَٱلتَّعْلِيمِ مَنَاهِجَ ٱلتَّعْلِيمِ، وَتُحَدِّدُ مَوَاعِيدَ ٱلِٱمْتِحَانَاتِ، وَتُعَيِّنُ ٱلْمُعَلِّمِينَ وَٱلْمُعَلِّمَاتِ فِي ٱلْمَدَارِسِ ٱلْحُكُومِيَّةِ. تُدَرِّسُ ٱلْمَدَارِسُ وَٱلْجَامِعَاتُ فِي ٱلْعَالَمِ ٱلْعَرَبِيِّ ٱلْفَرَنْسِيَّةَ وَٱلْإِنْجِلِيزِيَّةَ وَٱلْعَرَبِيَّةَ إِلَى جَانِبِ ٱلْمَوَاضِيعِ ٱلْأُخْرَى.

وَمُعْظَمُ ٱلْمَدَارِسِ وَٱلْجَامِعَاتِ فِي ٱلْعَالَمِ ٱلْعَرَبِيِّ حُكُومِيَّةٌ، لٰكِنْ هُنَاكَ عَدَدٌ مِنَ ٱلْمَدَارِسِ وَٱلْجَامِعَاتِ ٱلْخَاصَّةِ : بَعْضُهَا أَجْنَبِيَّةٌ وَبَعْضُهَا عَرَبِيَّةٌ.

تُخَرِّجُ ٱلْجَامِعَاتُ ٱلْعَرَبِيَّةُ عَدَدًا كَبِيرًا مِنَ ٱلطُّلَّابِ وَٱلطَّالِبَاتِ كُلَّ سَنَةٍ، وَبَعْضُ هٰؤُلَاءِ يَذْهَبُونَ إِلَى أُورُوبَّا أَوْ أَمْرِيكَا لِلْحُصُولِ عَلَى ٱلشَّهَادَاتِ ٱلْعَالِيَةِ، ثُمَّ يَرْجِعُونَ لِلتَّدْرِيسِ فِي ٱلْجَامِعَاتِ ٱلْعَرَبِيَّةِ أَوْ لِلْعَمَلِ فِي ٱلشَّرِكَاتِ أَوِ ٱلْحُكُومَةِ.

أسئلة

١ ما هي مراحل التعليم في البلاد العربيّة؟

٢ وما هي مراحل التعليم في بلدك؟

٣ ما هي واجبات وزارات التربية والتعليم في العالم العربيّ؟

٤ أيّ اللغات تدرّس المدارس والجامعات العربيّة؟

٥ وأنت، أيّ مواضيع تدرس الآن؟

٦ هل كلّ المدارس والجامعات في العالم العربيّ حكوميّة؟

٧ هل درست في مدرسة حكوميّة؟

가-2. 한국어

아랍 세계의 교육단계

مَرَاحِلُ ٱلتَّعْلِيمِ فِي ٱلْعَالَمِ ٱلْعَرَبِيِّ

아랍 세계의 교육단계는 초등급(초등학교에 해당)·중학급·중등급(고등학교에 해당)·고등급(대학교)이다. 교육부들은 교육과정을 결정하고, 시험시간을 정하고, 공립학교의 남·녀교사들을 임명한다. 아랍 세계의 학교와 대학들은 다른 과목 외에도 프랑스어·영어·아랍어를 가르친다.

아랍 세계의 대부분의 학교와 대학들은 공립이다. 그러나 사립학교와 대학도 다수가 있다. 그 중 일부는 외국계이고 일부는 아랍계이다.

아랍의 대학들은 해마다 많은 수의 남·녀학생들을 배출한다. 이들 중 일부는 고급 학위를 얻으려고 유럽이나 미국으로 간다. 그리고는 아랍의 대학에서 가르치거나 회사나 정부에서 근무하려고 돌아온다.

나. 단 어 ب – اَلْمُفْرَدَاتُ

تَعْلِيمٌ 가르침, 교육

تُقَرِّرُ 그[여]/그것이 결정한다

وِزَارَةٌ – ات 부처, 부, 성

تَرْبِيَةٌ 교육, 양성([관형] تَرْبَوِيٌّ)

مَنْهَجٌ – مَنَاهِجُ 과정표

مَنْهَجُ ٱلتَّعْلِيمِ 교육과정

تُحَدِّدُ 그[여]/그것이 (날짜·시간 따위를) 지정한다

تُعَيِّنُ 그[여]/그것은 (~을, ~으로) 임명한다

مُعَلِّمٌ – ون 교사, 선생

إِلَى جَانِبِ ~의 외에도

مَوْضُوعٌ – مَوَاضِيعُ 과목, 주제

آخَرُ – ون 다른[남]

أُخْرَى – أُخْرَيَاتٌ 다른[여]

هُنَاكَ (+비한정 명사) ~이 있다

تُخَرِّجُ 그[여]/그것이 (~을) 배출한다

هٰؤُلَاءِ 이들[남,여]

أُورُوبَّا، أُورُبَّا، أُرُوبَّا [ʔurubbā]; 유럽

تَدْرِيسٌ 가르침, 교수

أَوْ 또는

보충어

أُولٰئِكَ [ʔu-]; 그들, 저들[남,여]

اَلْجَزَائِرُ 알제리; 알제

صَبَاحٌ 아침

مَسَاءٌ – أَمْسَاءٌ، أَمْسِيَّاتٌ 저녁

يَوْمٌ – أَيَّامٌ 날

غَدٌ، اَلْغَدُ 내일, 다음날

عَلَّمَ 가르치다

다. 문법과 연습 جـ - اَلْقَوَاعِدُ وَٱلتَّمَارِينُ

1 '~이 있다' : هُنَاكَ

아랍어로 '~이 있다'라는 표현은 부사 هُنَاكَ '저기에, 거기에'를 명사문의 머리에 놓아 만든다. 이 경우 هُنَاكَ 는 술어이고, 따라오는 명사는 주어로서 반드시 비한정 상태이어야 한다.

هُنَاكَ عَدَدٌ مِنَ ٱلْمَدَارِسِ ٱلْخَاصَّةِ.	'사립학교가 다수 있다.'
هَلْ هُنَاكَ جَامِعَةٌ إِسْلَامِيَّةٌ أَمْرِيكِيَّةٌ؟	'미국의 이슬람계 대학교가 있느냐?'

2 بَعْضٌ '몇몇'의 일치

بَعْضٌ '몇몇'란 단어는 남성 단수형 명사로서, 흔히 연결형의 제1요소로 사용된다. 동사의 일치는, 특히 동사가 앞에 나오고 بَعْضٌ 다음의 요소가 사람을 가리킬 때는 남성 단수형일 수도 있다.

يَحْضُرُ بَعْضُ ٱلرِّجَالِ ٱلْاِجْتِمَاعَ كُلَّ يَوْمٍ.	'몇몇 남자들이 매일 그 모임에 참석한다.'
يَحْضُرُ بَعْضُ ٱلنِّسَاءِ ٱلْاِجْتِمَاعَ كُلَّ يَوْمٍ.	'몇몇 여성들이 매일 그 모임에 참석한다.'

그러나 다른 경우에는, 동사나 형용사의 일치는 بَعْضٌ 란 단어('문법적 주어')보다는 بَعْضٌ 다음의 요소('논리적 주어')의 성과 수에 일치하는 경우가 아주 흔하다.

بَعْضُ ٱلْمُوَظَّفِينَ يَعْمَلُونَ فِي هٰذَا ٱلْمَكْتَبِ.	'몇몇 직원이 이 사무실에서 일한다.'
بَعْضُ ٱلطَّبِيبَاتِ يُدَرِّسْنَ هُنَا.	'몇몇 여의사들이 여기에서 가르친다.'
بَعْضُهُنَّ لُبْنَانِيَّاتٌ.	'그들(여의사)의 몇몇은 레바논인이다.'
بَعْضُ هٰؤُلَاءِ يَذْهَبُونَ إِلَى أُورُوبَّا.	'이들(남학생)의 몇몇이 유럽으로 간다.'
تَشْمُلُ بَعْضُ ٱلدُّرُوسِ جُمَلًا قَصِيرَةً.	'몇몇 과는 짧은 문장들을 포함하고 있다.'
بَعْضُهَا أَجْنَبِيَّةٌ.	'그것들(학교)의 몇 군데는 외국계이다.'

연습1. 완성하기, بَعْضٌ 와의 일치

괄호 안의 단어를 올바르게 고쳐라.

١ (ذهب) بعض الوزراء إلى الاجتماع السياسيّ أمس.

٢ بعض هذه المواضيع (سهل).

٣ (قدّم) بعض النساء خدمات هامة.

٤ بعض الرجال (يبحث) الوضع السياسيّ.

٥ (أعجبني) بعض الدروس (الأخير).

٦ (حضر) بعض الطبيبات (المصريّ) المحاضرة.

٧ بعض الكتب (يشمل) فِكَرًا جميلة.

٨ (ينقل) بعض المراسلين أخبار اليوم.

٩ بعض الموظّفات (يعمل) في وظائف حكوميّة.

١٠ بعض قواعد اللغة (هامّ) جدّا.

3 지시사 : 복수형 هٰؤُلَاءِ 와 أُولٰئِكَ

지시사 هٰذَا 와 هٰذِهِ 의 복수형인 هٰؤُلَاءِ 는 사람만을 가리키는데 사용된다.

단 수	복 수
هٰذَا ٱلطَّالِبُ '이 남학생' هٰذِهِ ٱلطَّالِبَةُ '이 여학생'	هٰؤُلَاءِ ٱلطُّلَّابُ '이 남학생들' هٰؤُلَاءِ ٱلطَّالِبَاتُ '이 여학생들'

지시사 ذٰلِكَ 와 تِلْكَ 의 복수형인 أُولٰئِكَ 도 마찬가지로 사람만을 가리키는데 사용된다.

[보기] أُولٰئِكَ ٱلطُّلَّابُ '저 학생들'

이를 도시하면 다음과 같다.

	단 수	복 수
남	هٰذَا	هٰؤُلَاءِ
여	هٰذِهِ	
남	ذٰلِكَ	أُولٰئِكَ
여	تِلْكَ	

هٰؤُلَاءِ와 أُولٰئِكَ는 격변화를 하지 않는다.

[주]	مَتَى رَجَعَ هٰؤُلَاءِ ٱلْمُدَرِّسُونَ إِلَى بَلَدِهِمْ؟	'이 교사들은 언제 본국으로 돌아갔느냐?'
[소]	مُحَاضَرَاتُ هٰؤُلَاءِ ٱلْأَسَاتِذَةِ هَامَّةٌ جِدًّا.	'이 교수들의 강의는 매우 중요하다.'
[목]	سَأَلْتُ أُولٰئِكَ ٱلْمُرَاسِلِينَ عَنِ ٱلْعَمَلِ فِي جَرِيدَتِهِمْ.	'나는 그 기자들에게 그들의 신문에서의 일에 대해서 물었다.'

연습2. 쓰기, 완성하기

아래 문장의 대명사를 올바르게 고쳐라.

١ (هذا) الأساتذة مغربيّون و(ذلك) جزائريّون.

٢ هل شاهدت كلّ (هذا) الأفلام، يا سميرة؟

٣ (هذا) المرأة صديقتي و(ذلك) ليست صديقتي.

٤ استقبل الرئيس (هذا) الوزراء في الساعة التاسعة والدقيقة العاشرة.

٥ أَكُلُّ (ذلك) النساء أستاذات جامعيّات؟

٦ (هذا) الجمل الأساسيّة سهلة جدّا.

٧ تعيّن الوزارة (ذلك) الموظّفين.

٨ هل شمل الامتحان قواعد (هذا) الدروس كلّها ؟

٩ هل أخبرك بأسماء (هذا) الأساتذة الجدد؟

연습3. 말바꾸기 - 변형 : 지시사 단수형 → 복수형

녹음

4 목적격 : 시간을 나타내는 부사어

아랍어에서 시간의 부사적 표현으로는 흔히 전치사구를 사용한다.

فِي ٱلصَّبَاحِ	'아침에'
فِي ٱلْمَسَاءِ	'저녁에'
فِي ٱلسَّاعَةِ ٱلْعَاشِرَةِ	'10시에'
فِي هٰذَا ٱلْيَوْمِ	'이 날에'
فِي ٱلْغَدِ	'내일(에)'

아랍어에서는 같은 뜻을 명사의 목적격으로 나타낼 수도 있다.

صَبَاحًا	'아침에'
مَسَاءً	'저녁에'
سَاعَةَ ٱلِامْتِحَانِ	'시험 시간에'
اَلْيَوْمَ	'오늘'
اَلْمَسَاءَ	'오늘 저녁'
غَدًا	'내일'

صَبَاحٌ '아침'와 مَسَاءٌ '저녁'는 다음과 같이 여러 결합어를 만들 수 있다.

اَلْيَوْمَ فِي ٱلصَّبَاحِ اَلْيَوْمَ صَبَاحًا صَبَاحَ ٱلْيَوْمِ	'오늘 아침'
اَلْيَوْمَ فِي ٱلْمَسَاءِ	'오늘 저녁'

اَلْيَوْمَ مَسَاءً مَسَاءَ ٱلْيَوْمِ	
غَدًا فِي ٱلصَّبَاحِ غَدًا صَبَاحًا صَبَاحَ غَدٍ	'내일 아침'
أَمْسِ فِي ٱلْمَسَاءِ أَمْسِ مَسَاءً مَسَاءَ أَمْسِ	'어제 저녁'

أَمْسِ '어제'는 ـِ 로 끝나며 불변이다. 보통명사 يَوْمٌ '날'의 목적격형인 اَلْيَوْمَ 는 '오늘'을 뜻한다. 같은 규칙이 صَبَاحٌ '아침', مَسَاءٌ '저녁', غَدٌ '이튿날'에도 적용된다.

اَلْآنَ 는 ـَ 로 끝나는 부사이다.

كُلٌّ 은 연결형의 제1요소로서 시간을 나타내는 부사어로 흔히 사용된다. 이의 보기가 기본문에 나온다.

كُلَّ سَنَةٍ '해마다'

다음에 다른 보기를 든다(9. 다. 1 의 كُلٌّ의 용법 참조).

كُلَّ ٱلسَّنَةِ '온 해에, 일년 내내'
كُلَّ سَنَةٍ '해마다'
كُلَّ ٱلسَّاعَةِ '한 시간 내내'
كُلَّ سَاعَةٍ '시간마다'
كُلَّ ٱلْيَوْمِ '하루 종일'
كُلَّ يَوْمٍ '날마다'

연습4. 반복하기 : 시간 표현

녹음

녹음

연습5. 변형 : 시간 표현

سافر المراسلون اليوم في الصباح. ←
سافر المراسلون اليوم صباحا. ← '그 기자들이 오늘 아침 떠났다.'
سافر المراسلون صباح اليوم.

١ يحضر الوزراء الاجتماع اليوم في المساء.
٢ يرجع المديرون غدا في المساء.
٣ بحثت عن كتابي أمس في الصباح.
٤ عيّنوا موظّفي البنك أمس في المساء.
٥ أصدقائي ذاهبون غدا في الصباح.
٦ أرسل رسالة إلى زوجته اليوم في الصباح.

연습6. 번 역

١ هل تذهب إلى المسرح كلّ يوم؟
٢ درسوا العربيّة كلّ السنة.
٣ استمعت إلى المحاضرة كلّ الساعة.
٤ تعمل فريدة في المكتب كلّ الصباح.
٥ بحث الوزراء الوضع كلّ اليوم.
٦ نذهب لزيارة أصدقائنا كلّ سنة.
٧ شربوا القهوة العربيّة كلّ مساء.
٨ يقرأ الجريدة كلّ مساء في المكتبة.

5 II형 동사와 동명사

ㄱ. 형

II형 동사는 어간의 두번째 어근자가 중복되어 있는 점이 특징이다.

완료형	미완료형	
دَرَّسَ	يُدَرِّسُ	'가르치다'

완료형 어간은 فَعَّلَ 형이고, 미완료형 어간은 فَعِّلْ 형이다. 미완료형의 주어표지어의 모음은 ـُ 이며, 주어표지어와 법표지어는 원형 동사에서와 같다.

다음에 Ⅱ형 동사의 변화표를 도시한다.

	완 료 형	미 완 료 형	
		직 설 법	단 축 법
3남단	دَرَّسَ	يُدَرِّسُ	يُدَرِّسْ
여단	دَرَّسَتْ	تُدَرِّسُ	تُدَرِّسْ
2남단	دَرَّسْتَ	تُدَرِّسُ	تُدَرِّسْ
여단	دَرَّسْتِ	تُدَرِّسِينَ	تُدَرِّسِي
1 단	دَرَّسْتُ	أُدَرِّسُ	أُدَرِّسْ
3남복	دَرَّسُوا	يُدَرِّسُونَ	يُدَرِّسُوا
여복	دَرَّسْنَ	يُدَرِّسْنَ	يُدَرِّسْنَ
2남복	دَرَّسْتُمْ	تُدَرِّسُونَ	تُدَرِّسُوا
여복	دَرَّسْتُنَّ	تُدَرِّسْنَ	تُدَرِّسْنَ
1 복	دَرَّسْنَا	نُدَرِّسُ	نُدَرِّسْ

대부분의 Ⅱ형 동사의 동명사는 تَفْعِيلٌ 형이다. 다음은 지금까지 나온 Ⅱ형 동사(괄호 안은 미완료형)와 그 동명사를 모은 것이다.

Ⅱ형 동사	동 명 사
حَدَّدَ (يُحَدِّدُ) '한정(지정)하다'	تَحْدِيدٌ '한정(지정)함'
خَرَّجَ (يُخَرِّجُ) '배출하다, 졸업시키다'	تَخْرِيجٌ '배출'
دَرَّسَ (يُدَرِّسُ) '가르치다'	تَدْرِيسٌ '가르침'
عَيَّنَ (يُعَيِّنُ) '임명하다'	تَعْيِينٌ '임명'
قَدَّمَ (يُقَدِّمُ) '제공하다'	تَقْدِيمٌ '제공'

قَرَّرَ (يُقَرِّرُ) '결정하다'	تَقْرِيرٌ '결정'
عَلَّمَ (يُعَلِّمُ) '가르치다'	تَعْلِيمٌ '가르침, 교육'

ㄴ. 의 미

대부분의 파생형 동사는 원형 동사나 다른 파생형에 기준하고, 나머지는 명사·형용사·전치사등에 기준한다. 그래서 기준형과 그 뜻을 알고 있으면, 거기에서 파생된 동사의 형과 뜻을 상당수 예측할 수 있다. 물론 이 예측이 항상 맞는 것은 아니므로 개별동사마다 따로 그 형과 뜻을 외우는 것이 좋다. 또 한 어근에서 모든 파생형 동사가 나오는 것은 아니고, 어떤 동사는 Ⅰ·Ⅱ·Ⅲ·Ⅳ형만 있는 것도 있고, 어떤 동사는 Ⅰ·Ⅳ·Ⅹ형만 있는 것도 있다.

다음에 Ⅱ형 동사의 여러 가지 뜻을 보인다.

① Ⅱ형 동사의 가장 대표적인 뜻은 사역으로서 즉, '아무에게 원형 동사의 행위를 하게 하다'라는 뜻을 나타낸다. (다음의 보기 중에는 이 책에 나오지 않은 동사가 있는데, 여기서는 보기로만 든 것이다.)

원 형		Ⅱ 형	
ذَكَرَ	'언급하다'	ذَكَّرَ	'(~에게) (~을) 언급하게 하다'='생각나게 하다'
شَرِبَ	'마시다'	شَرَّبَ	'(~에게) (~을) 마시게 하다'
سَمِعَ	'듣다'	سَمَّعَ	'(~에게) (~을) 듣게 하다'

② Ⅱ형 동사에는 이 사역의 뜻과 관련하여 타동사화의 기능도 있다. 즉, 원형동사가 자동사이면 Ⅱ형 동사는 타동사가 되며, 원형 동사가 타동사이면 Ⅱ형 동사는 목적어가 두 개인 이중 타동사가 된다.

원 형		Ⅱ 형	
رَجَعَ	'돌아오다'	رَجَّعَ	'(~을) 돌려주다'
دَرَسَ	'(~을) 공부하다'	دَرَّسَ	'(~에게) (~을) 가르치다'

دَرَسَ ٱلْعَرَبِيَّةَ. '그가 아랍어를 공부했다.'

دَرَّسَنِي ٱلْعَرَبِيَّةَ. '그가 나에게 아랍어를 가르쳐 주었다.'

③ 어떤 Ⅱ형 동사는 강조 또는 반복의 뜻을 가진다.

원 형	Ⅱ 형
كَسَرَ '부수다'	كَسَّرَ '박살내다'
قَتَلَ '죽이다'	قَتَّلَ '대량 학살하다'

④ 또 추정 즉, '아무 또는 무엇을 어떠하다고 생각하다'라는 뜻을 가진다.

원 형	Ⅱ 형
صَدَقَ '진실을 말하다, 진실되다'	صَدَّقَ '~을 진실되다고 생각하다, 믿다'
كَذَبَ '거짓말을 하다'	كَذَّبَ '~을 거짓말쟁이라고 부르다, 불신하다'

⑤ 몇몇 Ⅱ형 동사는 적용 즉, '(~을 ~에게) 적용하다, 주다, 만들다, 다루다, (어떤 표현을) 말한다 등'의 뜻을 가진다. 이 경우 기준형은 흔히 동사 외의 다른 단어이다.

기 준 형	Ⅱ형 동사
اِسْمٌ '이름'	سَمَّى '이름을 붙이다'
مَرِيضٌ '아픈; 환자'	مَرَّضَ '(환자를) 간호하다'
خَيْمَةٌ '천막'	خَيَّمَ '자신의 천막을 치다'
عِيدٌ '명절, 축제일'	عَيَّدَ '명절을 축하하다'
اَلسَّلَامُ عَلَيْكُمْ '평화가 당신들에게'	سَلَّمَ عَلَى '(~에게) اَلسَّلَامُ عَلَيْكُمْ이라고 말하다, (~에게) 인사하다'

연습7. 쓰기, 가려내기 연습 : Ⅱ형 동사의 형

다음 각 어근의 Ⅱ형 동사와 그 동명사를 적어라.

تَفْعِيلٌ	←	فَعَّلَ	←	فعل
تَدْرِيسٌ	←	دَرَّسَ	←	درس

قدم لقت فكر صدق علم فسر فصل

قدر وحد فرق

녹음

연습8. 동사활용 : II형

연습9. 변형 : 완료형 → 미완료형 → 단축법

‘장관들이 교육과정을 결정했다.’ →	الوزراء قرّروا مناهج التعليم. ←
‘장관들이 교육과정을 결정한다.’ →	الوزراء يقرّرون مناهج التعليم. ←
‘장관들이 교육과정을 결정하지 않았다.’	الوزراء لم يقرّروا مناهج التعليم.

١ وزارة التربية والتعليم حدّدت مواعيد الامتحانات.

٢ خرّجت هذه الجامعة كثيرا من الطلّاب.

٣ عيّن رئيس الجامعة الأساتذة.

٤ درّسته اللغة الإنكليزيّة.

٥ قرّرت الوزارة مناهج التعليم في المدارس الثانويّة.

٦ قدّمن خدمات كثيرة للمجتمع.

라. 강 독

د - نُصُوصٌ لِلْفَهْمِ

(1) 다음 문장을 읽고 연습 10을 하라.

اَلْمَرْأَةُ ٱلْأَمْرِيكِيَّةُ

لِلنِّسَاءِ فِي أَمْرِيكَا حُقُوقُ ٱلرِّجَالِ وَوَاجِبَاتُهُمْ : فَلَهُنَّ حَقُّ ٱلدِّرَاسَةِ وَٱلتَّدْرِيسِ فِي ٱلْمَدَارِسِ وَٱلْجَامِعَاتِ ٱلْخَاصَّةِ وَٱلْحُكُومِيَّةِ، وَحَقُّ ٱلْحُصُولِ عَلَى وَظَائِفَ عَالِيَةٍ فِي ٱلْحُكُومَاتِ وَٱلشَّرِكَاتِ. وَٱلْمَرْأَةُ ٱلْأَمْرِيكِيَّةُ تَحْضُرُ ٱلْإِجْتِمَاعَاتِ ٱلْهَامَّةَ وَتَبْحَثُ مَعَ ٱلرِّجَالِ أَوْضَاعَ ٱلسِّيَاسَةِ. وَٱلدُّسْتُورُ ٱلْأَمْرِيكِيُّ يَسْمَحُ لِلْمَرْأَةِ بِٱلْحُصُولِ عَلَى كُلِّ ٱلْوَظَائِفِ ٱلْحُكُومِيَّةِ. 헌법

تُخَرِّجُ ٱلْجَامِعَاتُ ٱلْأَمْرِيكِيَّةُ عَدَدًا كَبِيرًا مِنَ ٱلطَّالِبَاتِ كُلَّ سَنَةٍ. وَبَعْضُهُنَّ يَحْصُلْنَ عَلَى ٱلْمَاجِسْتِير أَوِ ٱلدُّكْتُورَاه. تُقَدِّمُ ٱلنِّسَاءُ ٱلْأَمْرِيكِيَّاتُ ٱلْيَوْمَ خَدَمَاتٍ كَثِيرَةً لِلْمُجْتَمَعِ، فَمِنْهُنَّ ٱلْمُرَاسِلَاتُ وَٱلْأُسْتَاذَاتُ وَٱلْمُدِيرَاتُ وَٱلطَّبِيبَاتُ وَٱلْكَاتِبَاتُ. مِنْ نِسَاءِ أَمْرِيكَا ٱلْمَشْهُورَاتِ مَارْغَرِيت مِيد، وَإِلْيَانُور رُوزْفِلْت، وَإِمِلِي دِيكِنْسُون، وَمَارِيَان أَنْدِرْسُون.

연습10. 택일하여 완성하기

١ التدريس في جامعات أمريكا حق لـ ______________.

(الرجال فقط، النساء فقط، الرجال والنساء)

٢ تحصل النساء الأمريكيّات على ______________ .

(الماجستير، كلّ الشهادات، البكالوريوس)

٣ للمرأة الأمريكيّة الحق في الحصول على ______________ في الحكومة.

(بعض الوظائف، معظم الوظائف، كلّ الوظائف)

٤ في أمريكا مدارس ______________.

(خاصّة، حكوميّة، خاصّة وحكوميّة)

٥ ______________ السياسيّين في أمريكا رجال. (بعض، كلّ)

(2) 녹음 자료에서 문장을 듣고 연습11을 하라.

녹음

연습11. 쓰기, 녹음 자료의 문장에 대한 물음

أسئلة

١ هل كريمة سورية؟

٢ أين أكملت كريمة دراستها الثانويّة؟

٣ إلى أيّ دولة ذهبت كريمة بعد حصولها على البكالوريوس؟

٤ من أيّ جامعة حصلت كريمة على الماجستير؟

٥ أين تدرّس كريمة الآن؟

마. 종합연습　　　　هـ - اَلتَّمَارِينُ ٱلْعَامَّةُ

연습12. 바꾸기

다음의 밑줄 친 말을 적당한 대명사로 바꾸어라.

'총장실에 새로 온 여비서가 있다.' →	في مكتب الرئيس سكرتيرة جديدة. ←
'그의 방에 새로 온 여비서가 있다.'	في مكتبه سكرتيرة جديدة.

١ في الدروس الأخيرة قواعد هامّة.

٢ المعلّم يدرّس الطلّاب التاريخ الإسلاميّ.

٣ سيّارة أختي أمام الباب.

٤ تحدّث المدير إلى موظّفيه.

٥ هل قرأتم عن تاريخ المغرب؟

٦ الوزارة تعيّن المدرّسين والمدرّسات.

٧ ذهبت مع هؤلاء النساء إلى الاجتماع.

٨ متى موعد طائرة الوزراء؟

연습13. 작 문

1. 그 교수는 시험 시간을 정하기 위해서 대학의 비서실에 갔다.
2. 이들 몇몇 의사들이 알제리에서 일하느냐?
3. 교육부장관의 의무 중에는 신임 교사들의 임명이 있다.
4. 공립학교의 교육과정은 누가 결정하느냐?
5. 오늘날 아랍 사회에서의 여성들의 위치가 무엇이냐? 사회는 그들이 자신들의 발전을 위해 일하도록 허용하느냐?

제 18 과 나일강

اَلدَّرْسُ ٱلثَّامِنَ عَشَرَ : نَهْرُ ٱلنِّيلِ

1 우선급 : 비교급 및 최상급

2 절대목적어(동족목적어)

3 Ⅲ형 동사와 동명사

4 동사-전치사 숙어

5 사전 찾아보기 : 동명사

가-1. 기본문 나일강 نَهْرُ ٱلنِّيلِ

اَلنِّيلُ نَهْرٌ طَوِيلٌ جِدًّا، بَلْ هُوَ مِنْ أَطْوَلِ أَنْهَارِ ٱلْعَالَمِ وَأَكْبَرِهَا. فَهُوَ أَطْوَلُ مِنَ ٱلْأَمَازُون وَأَكْبَرُ مِنَ ٱلْمِسِيسِبِّي.

위치한다 / 파라오의 / 하이댐

تَقَعُ عَلَى ٱلنِّيلِ مُدُنٌ مِصْرِيَّةٌ هَامَّةٌ. مِنْهَا ٱلْقَاهِرَةُ وَٱلْإِسْكَنْدَرِيَّةُ وَأَسْوَانُ. وَمَدِينَةُ ٱلْأُقْصُرِ مَشْهُورَةٌ بِآثَارِهَا ٱلْفِرْعَوْنِيَّةِ.

اَلسَّدُّ ٱلْعَالِي سَدٌّ كَبِيرٌ قَرِيبٌ مِنْ أَسْوَانَ. بَذَلَ ٱلْمِصْرِيُّونَ جُهُودًا عَظِيمَةً فِي بِنَائِهِ، وَشَارَكَتْهُمْ فِي ذٰلِكَ بَعْضُ ٱلدُّوَلِ ٱلْأَجْنَبِيَّةِ. وَيُسَاعِدُ هٰذَا ٱلسَّدُّ مُسَاعَدَةً عَظِيمَةً عَلَى تَقَدُّمِ ٱلِاقْتِصَادِ ٱلْمِصْرِيِّ.

헤로도토스 / 선물

وَمِصْرُ تَعْتَمِدُ عَلَى مِيَاهِ ٱلنِّيلِ إِلَى أَبْعَدِ حَدٍّ. وَقَدِيمًا قَالَ هِيرُودُتُس : "مِصْرُ هِبَةُ ٱلنِّيلِ".

أسئلة

١ هل نهر الأمازون أطول من النيل؟

٢ أيّ مدن مصريّة تقع على النيل؟

٣ بِمَ مدينة الأقصر مشهورة؟

٤ ما هو السدّ العالي؟ أين هو؟

٥ من عمل على بناء السدّ العالي؟

٦ هل نهر النيل هامّ في مصر؟ لماذا؟

가-2. 한국어 나일강 نَهْرُ ٱلنِّيلِ

나일강은 매우 긴 강이다. 실로 세계에서 가장 길고 가장 큰 강 중의 하나이다. 아마존강보다 더 길고, 미시시피강보다 더 크기 때문이다.

나일강에는 중요한 이집트 도시들이 위치해 있다. 그 중에는 카이로·알렉산드리아·아스완이 있다. 룩소르시는 파라오의 유적으로 유명하다.

하이댐은 아스완에서 가까운 큰 댐이다. 이집트인들은 그 건설에 굉장한 노력을 기울였고, 몇몇 외국이 거기에 그들과 참여했다. 이 댐은 이집트의 경제 발전에 크게 도움을 주고 있다.

이집트는 나일강 물에 최대한도로 의존하고 있다. 옛날에 헤로도토스가, “이집트는 나일강의 선물이다.”라고 말했다.

나. 단 어 ب – اَلْمُفْرَدَاتُ

نَهْرٌ – أَنْهَارٌ	강
اَلنِّيلُ	나일(강)
طَوِيلٌ – طِوَالٌ	긴; (사람이) 키가 큰
أَطْوَلُ	더/가장 긴
كَبِيرٌ – كِبَارٌ، كُبَرَاءُ	큰; (사람이) 나이가 많은
أَكْبَرُ	더/가장 큰; (사람이) 더/가장 늙은
اَلْأَمَازُون	아마존강
اَلْمِسِيسِبِّي	미시시피강
اَلْإِسْكَنْدَرِيَّةُ	알렉산드리아
أَسْوَانُ	아스완
اَلْأُقْصُرُ	룩소르
سَدٌّ – سُدُودٌ	둑, 댐

بَذَلَ ـُ، بَذْلٌ	(노력을) 기울이다
جَهْدٌ – جُهُودٌ	노력
شَارَكَ (فِي)	그가 (~와) (~에) 참여했다
يُسَاعِدُ (عَلَى)	그가 (~에) (~을) 돕는다
مُسَاعَدَةٌ	도움
عَظِيمٌ – عِظَامٌ، عُظَمَاءُ، عَظَائِمُ	큰, 커다란, 굉장한, 어마어마한
اِقْتِصَادٌ	경제
تَعْتَمِدُ عَلَى	그[여]가 ~에 의존한다
مَاءٌ – مِيَاهٌ	물
أَبْعَدُ	더/가장 먼
حَدٌّ – حُدُودٌ	한계, 경계(선)
قَدِيمًا	오래 전에, 옛날에

보충어

صَغِيرٌ – صِغَارٌ	적은; (사람이) 나이 어린, 젊은	كَثِيرًا	많이; 자주
كَثِيرٌ – ونَ، كِثَارٌ	(양이나 수가) 많은		

다. 문법과 연습 جـ - اَلْقَوَاعِدُ وَٱلتَّمَارِينُ

1 우선급 : 비교급 및 최상급

아랍어에서 형용사의 비교급 또는 최상급을 표현할 경우에는 우선급(اِسْمُ ٱلتَّفْضِيلِ)을 사용한다.

(1) 우선급의 형

우선급의 남성 단수형은 أَفْعَلُ 형(쌍격명사)이고, 여성 단수형은 فُعْلَى 형(불변명사)이다. 다음에 지금까지 나온 모든 형용사의 원급과 그 우선급의 남성 단수형을 보인다.

ㄱ. أَفْعَلُ

سَهْلٌ	'쉬운'	أَسْهَلُ	'더/가장 쉬운'
قَرِيبٌ	'가까운'	أَقْرَبُ	'더/가장 가까운'
جَمِيلٌ	'아름다운'	أَجْمَلُ	'더/가장 아름다운'
كَبِيرٌ	'큰'	أَكْبَرُ	'더/가장 큰'
مَشْهُورٌ	'유명한'	أَشْهَرُ	'더/가장 유명한'
قَدِيمٌ	'오래된'	أَقْدَمُ	'더/가장 오래된'
حَدِيثٌ	'새로운, 현대의'	أَحْدَثُ	'더/가장 새로운, 현대의'
بَعِيدٌ	'먼'	أَبْعَدُ	'더/가장 먼'
قَصِيرٌ	'짧은'	أَقْصَرُ	'더/가장 짧은'
كَثِيرٌ	'많은'	أَكْثَرُ	'더/가장 많은'
طَوِيلٌ	'긴, 키가 큰'	أَطْوَلُ	'더/가장 긴; 더/가장 키가 큰'
عَظِيمٌ	'커다란'	أَعْظَمُ	'더/가장 커다란'
صَغِيرٌ	'작은	أَصْغَرُ	'더/가장 작은'

ㄴ. أَفَعُّ (두번째 어근자 ع 과 세번째 어근자 ل 이 같은 자임)

جَدِيدٌ '새로운'	أَجَدُّ '더/가장 새로운'
هَامٌّ '중요한'	أَهَمُّ '더/가장 중요한'
عَزِيزٌ '사랑스러운'	أَعَزُّ '더/가장 사랑스러운'

ㄷ. أَفْعَى (ل 이 و 또는 ي 인 것)

اَلْعَالِي '(그) 높은'	أَعْلَى '더/가장 높은'

مَشْهُورٌ 와 شَهِيرٌ 는 둘 다 '유명한'의 뜻이고, 어근이 같으므로, 두 단어의 우선급은 أَشْهَرُ '더/가장 유명한'이다.

남성형은 대개는 불규칙 복수형인 أَفَاعِلُ 형을 취하지만, 간혹 규칙 복수형을 취하기도 한다.

[보기] أَكَابِرُ 또는 أَكْبَرُونَ

여성형의 복수형은 대개는 규칙형인 فُعْلَيَاتٌ 형이지만 간혹 불규칙형인 فُعَلٌ 형을 취하기도 한다.

[보기] كُبْرَيَاتٌ 또는 كُبَرٌ

(2) 비교급의 표현

두 명사의 비교 즉, 'ㄱ은 ㄴ보다 더 ~하다'라는 표현에서는 성·수에 관계없이 항상 비한정 상태 남성 단수형의 우선급을 사용한다.

أَيُّ مَدِينَةٍ أَكْبَرُ؟ '어느 도시가 더 큰가?'
اَلرِّبَاطُ أَكْبَرُ. '라바트가 더 크다'

'~보다'라는 표현은 전치사 مِنْ으로 나타낸다.

اَلنِّيلُ أَكْبَرُ مِنَ ٱلدَّانُوبِ.	'나일강은 도나우강보다 더 크다.'
أَلَيْسَتْ مَرْيَمُ أَطْوَلَ مِنْكَ؟	'마리아는 당신보다 크지 않느냐?'
تَعَلَّمْنَا أَكْثَرَ مِنْكُمْ.	'우리는 당신들보다 더 많이 배웠다.'

우선급은 명사-형용사구를 이루어 비한정 상태의 명사를 꾸밀 수도 있는데, 이 때 우선급은 명사와 성·수가 아닌 격이 일치한다.

هٰذَا بِنَاءٌ كَبِيرٌ، لٰكِنْ ذٰلِكَ بِنَاءٌ أَكْبَرُ.	'이것은 큰 건물이다. 그러나 저것은 더 큰 건물이다.'
قَرَأْنَا عَنْ مَدِينَةٍ أَكْبَرَ.	'우리는 더 큰 도시에 대해서 읽었다.'
لَمْ نَدْرُسْ عَنْ بَلَدٍ أَكْبَرَ مِنْ ذٰلِكَ.	'우리는 저것보다 더 큰 나라에 대해서 공부하지 않았다.'

(3) 최상급의 표현

우선급이 한정상태(관사가 있는 경우와 연결형의 제1요소로 쓰일 경우)로 되면 최상급의 뜻을 가진다.

<관사가 있는 경우> (이 때는 성에 일치한다.)

هٰذَا هُوَ ٱلْأَكْبَرُ.	'이것이 가장 큰 것[남]이다.'
عَلَى ٱلْأَكْثَرِ	'많아도, 많아야'
هٰذِهِ هِيَ ٱلْكُبْرَى.	'이것이 가장 큰 것[여]이다.'
هِيَ ٱلْمَدِينَةُ ٱلْكُبْرَى.	'그것이 가장 큰 도시이다.'

<연결형의 제1요소로 쓰일 경우> (이 때는 남성형만 사용하며, 제2요소는 관사가 없다.)

أَكْبَرُ مَدِينَةٍ	'가장 큰 도시'
أَطْوَلُ نَهْرٍ	'가장 긴 강'

أَجْمَلُ مُدُنٍ	'가장 아름다운 도시들'
أَجْمَلُ بِنَاءٍ تُونِسِيٍّ	'가장 아름다운 튀니지의 건물'

(드물지만 위와 같은 뜻의 표현으로 명사-형용사구를 사용할 수도 있다.
[보기] اَلنَّهْرُ ٱلْأَكْبَرُ '가장 큰 강': اَلْمَدِينَةُ ٱلْكُبْرَى '가장 큰 도시'
이 경우는 우선급이 관사가 있으므로 명사와 성에 일치한다.)

또 제2요소가 관사가 있는 경우, 우선급은 '가장 ~한 것 중의 하나 또는 몇몇'을 나타낸다.

هُوَ مِنْ أَطْوَلِ أَنْهَارِ ٱلْعَالَمِ.	'그것은 세계에서 가장 긴 강들 중의 하나이다.'
وَهِيَ مِنْ أَطْوَلِ أَنْهَارِ ٱلْعَالَمِ.	'그것들은 세계에서 가장 긴 강들 중의 몇몇이다.'
أَقْدَمُ ٱلْمُدُنِ	'가장 오래된 도시(들)'
أَكْثَرُ ٱلْوَقْتِ	'시간의 대부분'

(4) 원급 의미의 우선급
몇몇 형용사는 우선급이 원급의 뜻으로만 사용된다.
[보기] أَوْسَطُ ([여] وُسْطَى) '가운데의, 중앙의'; آخَرُ ([여] أُخْرَى) '다른'

이들 단어는 명사-형용사구를 이루어 사용되며, 그 수식되는 명사와 성·수·격·한정여부에 일치한다.

اَلشَّرْقُ ٱلْأَوْسَطُ	'중동'
أُورُوبَا ٱلْوُسْطَى	'중앙 유럽'
سُؤَالٌ آخَرُ	'다른 질문'
وِزَارَاتٌ أُخْرَى	'다른 부처들'

또 다음과 같이 우선급 여성형이 비교급 또는 최상급의 뜻으로 사용되는 관용적 용법도 있다.

اَلدُّوَلُ ٱلْكَبِيرَةُ، اَلدُّوَلُ ٱلْكُبْرَى ‘강대국들’

بَرِيطَانِيَا ٱلْعُظْمَى ‘대영국’

끝으로, كَبِيرٌ ‘큰, 나이 많은’와 صَغِيرٌ ‘작은, 어린, 젊은’는 사람을 가리킬 때 연결형의 제1요소로 쓰여서 최상급의 뜻을 나타낸다.

كَبِيرُ ٱلْمُوَظَّفِينَ ‘수석 직원(공무원)’

كِبَارُ ٱلْمُوَظَّفِينَ ‘고위 직원들(공무원들)’

صَغِيرُهُمْ ‘그들 중 막내’

서수 형용사 أَوَّلُ ‘첫번째의’ 역시 우선급이며, 다음과 같이 우선급의 여러 가지 형이 있다.

	단 수	복 수
남	أَوَّلُ	أَوَائِلُ، أَوَّلُونَ
여	أُولَى	أُوَلٌ

이것은 보통, 연결형보다는 명사-형용사구로 사용된다.

[보기] اَلدَّرْسُ ٱلْأَوَّلُ ‘제1과’

<요약>

<table>
<tr><td></td><td colspan="2">단 수</td><td colspan="2">복 수</td><td></td></tr>
<tr><td></td><td>남성</td><td>여성</td><td>남성</td><td>여성</td><td></td></tr>
<tr><td rowspan="2">원 급</td><td rowspan="2">كَبِيرٌ</td><td>كَبِيرَةٌ</td><td rowspan="2">كِبَارٌ</td><td>كَبِيرَاتٌ</td><td rowspan="2">‘큰’</td></tr>
<tr><td>كُبْرَى</td><td>كُبْرَيَاتٌ</td></tr>
<tr><td>비교급</td><td colspan="4">أَكْبَرُ مِنْ</td><td>‘~보다 더 큰’</td></tr>
<tr><td rowspan="2">최상급</td><td colspan="4">اَلْأَكْبَرُ
اَلْكُبْرَى</td><td>‘가장 큰’[남]
‘가장 큰’[여]</td></tr>
<tr><td colspan="4">أَكْبَرُ نَهْرٍ (اَلنَّهْرُ ٱلْأَكْبَرُ)
أَكْبَرُ مَدِينَةٍ (اَلْمَدِينَةُ ٱلْكُبْرَى)</td><td>‘가장 큰 강’
‘가장 큰 도시’</td></tr>
</table>

연습1. 쓰기, 가려내기 : 우선급형

다음 형용사의 우선급형을 써라.

ㄱ. (보기)

جميل ← أجمل
سهل ← أسهل

غريب	عجيب
سعيد	فقير
صعب	قبيح
حسن	سهل
بعيد	عميق

ㄴ. (보기)

عزيز ← أعز
هامّ ← أهمّ

صحيح	جديد
عامّ	عزيز
لذيذ	

연습2. 반복하기 : 우선급

연습3. 변형 : 원급 → 비교급

'사무실은 가깝다. – 학교' →	المكتب قريب. – المدرسة ←
'사무실은 학교보다 가깝다.'	المكتب أقرب من المدرسة.

١ الكرسيّ قديم. – الطاولة

٦ الطبيبة مشهورة. – زوجتي

٢ المتحف بعيد. – المصنع

٣ السيّارة جديدة. – الأوتوبيس

٤ النيل طويل. – المسيسبّي

٥ الولد عزيز. – الصديق

٧ أختي طويلة. – زوجتي

٨ الصفّ كبير. – المكتب

٩ هذا البناء حديث. – ذلك البناء

١٠ دراستك هامّة. – الذهاب إلى السينما

연습4. 말바꾸고 번역하기 : 최상급

필요한 변화를 주면서 밑줄 친 구를 다음 구로 바꾸어라.

هذا هو أطول نهر في العالم.	'이것은 세계에서 가장 긴 강이다.'

가장 유명한 여의사들
가장 현대식 비행기
가장 짧은 거리
가장 큰 공장
가장 새로운 비행장
가장 큰 식당

가장 높은 건물
가장 아름다운 언어
가장 키 큰 남자
가장 커다란 나라
가장 오래된 유적

녹음

연습 5. 말바꾸고 번역하기 : 최상급

هذا بلد جميل. ←	'이것은 아름다운 나라이다.' →
بل هو من أجمل البلاد.	'실로 그것은 가장 아름다운 나라들 중의 하나이다.'

١ هذه جملة قصيرة.

٢ هذه آثار قديمة.

٣ هذه طبيبة مشهورة.

٤ هذا موضوع هامّ.

٥ هذا رجل طويل.

٦ هؤلاء مراسلون مشهورون.

٧ هؤلاء أصدقاء أعزّاء.

٨ هذا لوح قديم.

2 절대목적어(동족목적어)

우리말의 '꿈을 꾸다'에서와 같이 동사와 그 동명사를 같이 쓰는 구문이 아랍어에도 있다. 이러한 경우의 동명사를 절대목적어(اَلْمَفْعُولُ ٱلْمُطْلَقُ)라고 한다. 이것을 영문법에서는 동족목적어라고 한다. 이 절대목적어는 강한 뜻이나 강조 또는 방법을 나타내는 데에 쓰인다. 이 동명사는 동사의 부사적 수식어로서 목적격으로 놓으며, 연결형 상태가 아니면 비한정 상태로 쓰인다.

이 때 동명사는 단독으로나, 형용사의 수식을 받거나, 다른 명사와 연결형 상태 등으로 쓰일 수 있다. 일반적인 구문은 كُلٌّ 또는 بَعْضٌ 와 같은 양을 나타내는 명사나 우선급이 연결형의 제1요소로 쓰이는데, 이 때 동명사는 일반적으로 관사가 있다. 동명사가 형용사로 수식될 때는 그 동명사와 형용사구 전체가 일반적으로 부사로 번역된다.

يُسَاعِدُ هٰذَا ٱلسَّدُّ مُسَاعَدَةً عَظِيمَةً.	'이 댐은 크게 돕는다.'
تَقَدَّمَتْ مِصْرُ تَقَدُّمًا كَبِيرًا.	'이집트는 크게 발전했다.'
اِحْتَرَمَهُ ٱحْتِرَامَ ٱلاِبْنِ لِوَالِدِهِ.	'그는 아들이 자신의 아버지를 존경하듯 그를 존경했다.'
سَاعَدَهَا كُلَّ ٱلْمُسَاعَدَةِ.	'그는 그[여]를 전적으로 도왔다.'
اِسْتَقْبَلَهُمْ أَعْظَمَ ٱسْتِقْبَالٍ.	'그는 그들을 크게 환영했다.'

3 III형 동사와 동명사

ㄱ. 형

Ⅲ형 동사는 어간의 첫번째 어근자가 장모음을 가지는 점이 특징이다.

완료형	미완료형	
سَاعَدَ	يُسَاعِدُ	'돕다'

완료형 어간은 فَاعَلَ 형이고, 미완료형 어간은 فَاعِلَ 형이다. 미완료형의 주어표지어의 모음은 Ⅱ형 동사에서와 같이 ـُ 이며, 주어표지와 법표지어는 원형 동사에서와 같다. 주어표지어와 법표지어는 이하 모든 파생형 동사에서 동일하다.

다음에 Ⅲ형 동사의 변화표를 도시한다.

	완 료 형	미완료형	
		직설법	단축법
3남단	سَاعَدَ	يُسَاعِدُ	يُسَاعِدْ
여단	سَاعَدَتْ	تُسَاعِدُ	تُسَاعِدْ
2남단	سَاعَدْتَ	تُسَاعِدُ	تُسَاعِدْ
여단	سَاعَدْتِ	تُسَاعِدِينَ	تُسَاعِدِي
1 단	سَاعَدْتُ	أُسَاعِدُ	أُسَاعِدْ
3남복	سَاعَدُوا	يُسَاعِدُونَ	يُسَاعِدُوا
여복	سَاعَدْنَ	يُسَاعِدْنَ	يُسَاعِدْنَ
2남복	سَاعَدْتُمْ	تُسَاعِدُونَ	تُسَاعِدُوا
여복	سَاعَدْتُنَّ	تُسَاعِدْنَ	تُسَاعِدْنَ
1 복	سَاعَدْنَا	نُسَاعِدُ	نُسَاعِدْ

대부분의 Ⅲ형 동사의 동명사는 مُفَاعَلَةٌ형이다. 다음은 지금까지 나온 Ⅲ형 동사(괄호 안은 미완료형)와 그 동명사를 모은 것이다.

Ⅲ형 동사	동 명 사
حَاضَرَ (يُحَاضِرُ) '강의하다'	مُحَاضَرَةٌ '강의(함)'
تَابَعَ (يُتَابِعُ) '계속(추구)하다'	مُتَابَعَةٌ '계속, 추구'
سَاعَدَ (يُسَاعِدُ) '돕다'	مُسَاعَدَةٌ '도움'
شَارَكَ (يُشَارِكُ) '참여하다'	مُشَارَكَةٌ '참여'
شَاهَدَ (يُشَاهِدُ) '보다'	مُشَاهَدَةٌ '봄'
قَابَلَ (يُقَابِلُ) '만나다'	مُقَابَلَةٌ '만남, 회견(함)'
سَافَرَ (يُسَافِرُ) '여행하다'	سَفَرٌ '여행(함)'(아래를 보라)

سَافَرَ '여행하다' 동사는 보통, 그 동명사가 원형의 형이다. 몇몇 Ⅲ형 동사는 مُفَاعَلَةٌ 형 외에도, 또는 그 대신에 فِعَالٌ 형의 동명사가 있다.

Ⅲ형 동사	동 명 사
قَاتَلَ '(~와) 싸우다, 전투하다'	مُقَاتَلَةٌ، قِتَالٌ '싸움, 전투'

ㄴ. 의 미

Ⅲ형 동사는 특징적으로 시도 즉, '아무에게 무엇을 하도록 시도하다'의 뜻이나, 연좌 즉 '아무를 무엇에 참여시키다'의 뜻을 가진다. 그러므로 거의 대부분이 타동사이며, 많은 경우에 해당 원형 동사에 전치사를 포함하는 뜻을 가진다. (낯선 동사는 보기로만 든 것이다.)

원형 동사		Ⅲ형 동사	
قَتَلَ	'죽이다'	قَاتَلَ	'(~와) 싸우다, (~을) 죽이려 하다'
قَبِلَ	'받아들이다'	قَابَلَ	'(~와) 만나다, (~에) 직면하다'
قَامَ (عَلَى)	'(~에 대항해) 일어서다'	قَاوَمَ	'(~에) 반대하다, (~에) 저항하다'
جَلَسَ (إِلَى)	'(~와) 앉다'	جَالَسَ	'(~와) 같이 앉다'

연습 6. 쓰기, 가려내기 : Ⅲ형 동사의 형

아래 표의 빈칸을 채워라.

동명사	Ⅲ형 동사	어근
مُشَارَكَةٌ	شَارَكَ	شرك
		طلب
		صدق
		رسل
		عصر
		كفح
		حفظ

녹음

연습7. 동사 활용 : Ⅲ형 동사

연습8. 변형 : 완료형 → لَمْ + 단축법

녹음

‘실장은 그 직원을 자기의 사무실에서 만났다.’ →	قابل المدير الموظّف في مكتبه. ←
‘실장은 그 직원을 자기의 사무실에서 만나지 않았다.’	لم يقابل المدير الموظّف في مكتبه.

١ ذكرت في رسالتك لي إقامتك هناك.

٢ ساعد المنهج على تقدّم البلد.

٣ شاركت الدول الكبرى في بناء المصنع الجديد.

٤ الوزراء قابلوا الرئيس أثناء زيارته لمصر.

٥ شاهدنا فيلما عربيّا مساء أمس.

٦ سافرن إلى فرنسا لحضور الاجتماع.

٧ شاركت هذه السنة في تقرير منهج التعليم.

٨ عيّن الوزير المعلّمين الجدد.

٩ أكلت وشربت بعد عودتها من المدرسة.

4 동사-전치사 숙어

아랍어 동사 중에는 전치사를 동반하여 숙어적으로 쓰이는 것이 있는데, 이를 동사-전치사 숙어라고 한다. 일반적으로 이 숙어는 전치사를 동반할 때나 그렇지 않을 때의 뜻이 다르며, 다른 전치사를 쓸 경우에도 뜻이 달라지는 것이 보통이다.

بَحَثُوا مَوَاضِيعَ كَثِيرَةً وَمِنْهَا ٱلسَّلَامُ فِي ٱلشَّرْقِ ٱلْأَوْسَطِ.	‘그들은 많은 주제를 토의했는데, 그 중에는 중동에서의 평화가 있다.’
بَحَثُوا عَنْ قَلَمِكَ فِي كُلِّ صَفٍّ.	‘그들은 교실마다에서 당신의 연필을 찾았다.’

다음은 지금까지 나온 동사-전치사 숙어이다.

حَضَرَ إِلَى	'~으로 오다' (비교 : حَضَرَ '참석하다')
بَحَثَ عَنْ	'~을 찾다' (비교 : بَحَثَ '토의하다')
حَصَلَ عَلَى	'~을 얻다'
سَمَحَ بِ	'~을 허락하다'
اِعْتَمَدَ عَلَى	'~에 의존하다'

아랍어에는 또 이러한 동사-전치사 숙어는 아니지만 기본적인 뜻에는 변화가 없이 특정한 전치사를 동반하는 동사가 몇 개 있다.

[보기] سَاعَدَ '(~을) 돕다'; سَاعَدَ عَلَى '(~을) ~에 돕다'

هَلْ سَاعَدَكَ ٱلْكِتَابُ؟	'그 책이 당신을 도왔습니까?'
نَعَمْ، سَاعَدَنِي عَلَى ٱلتَّعْلِيمِ.	'예, 그것은 가르치는 데에 나를 도왔습니다.'

اِعْتَمَدَ عَلَى 와 같은 동사-전치사 숙어와 سَاعَدَ 와 같은 동사는 구별되어야 하며, 이들을 익힐 때는 관계되는 전치사와 함께 외워야 한다. 다음의 괄호 안은 그러한 전치사를 나타낸 것이다.

اِسْتَمَعَ (لِ)	'(~을) 듣다'
أَخْبَرَ (بِ)	'(~에 대해) 알리다'
شَارَكَ (فِي)	'(~에) 참여하다'
سَاعَدَ (عَلَى)	'(~에) 돕다'
عَمِلَ (عَلَى)	'(~을 위해) 일하다'

연습9. 쓰기, 완성하기

빈칸에 알맞은 전치사를 써라.

١ بحث المراسل ______ عمل في جريدة "الأهرام" المصريّة.

٢ ساعدت الدول الكبرى ______ بناء السدّ العالي.

٣ يحصل عدد كبير من الطلّاب ______ شهادات عالية كلّ سنة.

٤ أخبرني ______ وصول الرئيس الأمريكيّ.

٥ يعمل الرجال والنساء ______ تقدم المجتمع العربيّ.

٦ شارك المدرّس ______ تدريس التاريخ الإسلاميّ.

٧ لم يسمح وقتنا ______ زيارة آثار بعلبكّ.

٨ استمعنا ______ محاضرة الأستاذ الزائر بعنوان "جمال مصر".

٩ حصلت الطالبة ______ البكالوريوس وبدأت عملا جديدا.

5 사전 찾아보기 : 동명사

일반적으로 아랍어 사전에서는 표제어가 그 어근별로, 어근의 자모순으로 배열되어 있다. 한 어근에는 동사가 맨 처음에 나오고, 원형 동사 뒤에는 미완료형의 중간모음과 그 동명사가 나온다. 다음은 Hans Wehr 아-영사전의 한 표제어의 보기이다.

동사	동사의 음역	중간모음	동명사의 음역	동사의 뜻풀이
شغل	šaḡala	a	(šaḡl, šuḡl)	to occupy, busy ····

동명사가 두 개 이상이 주어지면, 대개 첫번째 것이 더 일반적이거나, 약간씩의 다른 뜻을 가지는 수가 있다. 보통, 그러한 동명사는 다시 표제어로 나오게 된다. 만약에 위와 구성이 다른 경우는 사전의 일러두기에 설명되어 있다.

연습10. 쓰기, 사전 연습

다음 동사를 사전에서 찾아, 그 뜻과 동명사를 적어라.

رَحَّبَ بِـ	صَادَقَ
رَاسَلَ	أَثَّرَ عَلَى
أَجَّلَ	نَظَرَ فِي
رَحَلَ	طَالَبَ

라. 강 독

د – نُصُوصٌ لِلْفَهْمِ

다음 문장을 읽고 연습 10을 하라.

اَلسَّدُّ ٱلْعَالِي سَدٌّ كَبِيرٌ جِدًّا عَلَى نَهْرِ ٱلنِّيلِ، بَلْ هُوَ أَكْبَرُ سَدٍّ فِي ٱلشَّرْقِ ٱلْأَوْسَطِ. بَذَلَ ٱلْمِصْرِيُّونَ أَعْظَمَ ٱلْجُهُودِ فِي بِنَائِهِ، وَشَارَكَتْهُمْ فِي ذٰلِكَ رُوسِيَا. سَاعَدَ بِنَاءُ هٰذَا ٱلسَّدِّ ٱلْمُدُنَ ٱلْوَاقِعَةَ عَلَى نَهْرِ ٱلنِّيلِ مُسَاعَدَةً كَبِيرَةً، وَنَقَلَتِ ٱلْحُكُومَةُ ٱلْمِصْرِيَّةُ بَعْضَ ٱلْآثَارِ ٱلتَّارِيخِيَّةِ ٱلْقَدِيمَةِ مِنْ مِنْطَقَةِ ٱلسَّدِّ إِلَى مَكَانٍ جَدِيدٍ. وَٱلسَّدُّ ٱلْعَالِي ٱلْيَوْمَ أَشْهَرُ سَدٍّ فِي ٱلْعَالَمِ، فَهُوَ يُسَاعِدُ عَلَى تَقَدُّمِ ٱلْأَوْضَاعِ ٱلْاِقْتِصَادِيَّةِ فِي مِصْرَ، بَلْ يَعْتَمِدُ ٱلْاِقْتِصَادُ ٱلْمِصْرِيُّ عَلَيْهِ إِلَى أَبْعَدِ حَدٍّ.

러시아

~에 위치한 지역

وَفِي مِصْرَ سَدٌّ كَبِيرٌ آخَرُ عَلَى ٱلنِّيلِ وَٱسْمُهُ سَدُّ أَسْوَانَ. وَهٰذَا ٱلسَّدُّ أَقْدَمُ مِنَ ٱلسَّدِّ ٱلْعَالِي، لٰكِنَّ ٱلسَّدَّ ٱلْعَالِيَ أَكْبَرُ مِنْهُ. وَعَلَى ٱلنِّيلِ سُدُودٌ صَغِيرَةٌ أُخْرَى.

연습11.

الأسئلة

١ من شارك المصريّين في بناء السدّ العالي؟

٢ ماذا نقلت الحكومة المصريّة من منطقة السدّ العالي؟

٣ علامَ ساعد بناء السدّ العالي؟

٤ هل على النيل سُدُودٌ أخرى؟

٥ هل سدّ أسوان أكبر من السدّ العالي؟

마. 종합연습 ‏هـ - اَلتَّمَارِينُ الْعَامَّةُ

연습12. 말바꾸기 : 시간 말하기

‘지금 몇 시냐?’ →	ما الساعة الآن؟ ←
‘11시다.’	الساعة الحادية عشرة.

10:20	3:15
7:55	5:45
8:40	12:10
6:30	2:30

연습13. 여러 가지 말바꾸기

‘아흐마드는 그 반에서 첫번째 학생이다.’	أحمد هو الطالب الأوّل في الصفّ.

١١	هِنْدُ	٢
سُعَادُ	١٠	حُسَيْنٌ
٥	عَادِلٌ	١٩
فَرِيدٌ	٤	وِدَادُ

연습14. 작 문

1. 교육부장관은 고등학교들에서 신임 선생님들을 임명하고 교육과정을 결정하기 위해서 그 부의 고위 직원들과 만났다.
2. 정부는 그 회사들을 크게 도와 주었다(절대목적어를 사용하라). 그 회사들은 전적으로 이 도움에 의존했다.
3. 강대국들이 세계에서 가장 큰 공장을 건설하는 데에 참여하고 있다.

[부록 1]

아랍어-한국어 단어집

이 단어집에는 이 책에 나온 모든 단어가 수록되어 있다. 단어는 어근의 자모 순으로 배열되어 있으며, # 기호는 새로운 어근의 첫번째 표제어를 가리킨다. 한 어근의 표제어는 동사(원형-X형의 순서)·분사(원형-X형의 순서)·م-파생어의 순서로 되어 있다. 파생형 동사의 우리말 앞에는 Ⅱ - X로 표시하였다.

명사와 형용사는 남성 단수 주격형으로 수록했으며, 필요한 경우에는 괄호 안에 여성형을 넣었다. 복수형은 — 뒤에 놓았다. 아랍어의 다른 형은 아랍식 쉼표(،)로 구분하였다. 또한 일반적인 규칙과 성이 다른 명사는 우리말 앞에 표시하였다.

동사는 3인칭 남성 단수 완료형을 수록하였으며, 미완료형의 중간모음은 — 위에 표시하였다. 동명사가 수록된 경우에는 아랍식 쉼표(،)로 구분하였다. 동사와 같은 어근의 전치사는 동명사 뒤에 놓았다.

다음과 같은 것은 수록하지 않았다.

ةً를 붙여서 남성형에서 만들어지는 명사 및 형용사의 여성형

관계형용사(니스바)

불변사

그러나 예외적으로 만들어지는 말이나, 뜻이 특별한 경우에는 수록하였다.

【준말】

[주] 주격　[소] 소유격　[목] 목적격
[단] 단수　[쌍] 쌍수　[복] 복수
[남] 남성　[여] 여성
[집] 집합명사　[개] 개체명사　[동] 동명사
[연] 연계형대명사　[관] 관계대명사　[의] 의문대명사
[관형] 관계형용사
[1] 1인칭　[2] 2인칭　[3] 3인칭
[4] 4자음어근
[완] 완료형　[미] 미완료형　[직] 직설법
[접] 접속법　[축] 단축법
[부] 부사　[전] 전치사　[속] 접속사
[강] 강세사　[호] 호격사　[문] 의문사
[래] 미래사
فعل 어근　ف 첫번째 어근자　ع 두번째 어근자
ل 세번째 어근자
Ⅱ - X 파생형

[أ]	
أ	# [문] '예-아니요' 의문문
أَبٌ، أَبُو – آبَاءٌ	# 아버지([관형] أَبَوِيٌّ)
إِبْرَاهِيم طُوقَانُ	# 이브라힘 뚜깐(시인)
إِبْرَاهِيمُ بْنُ عَبَّاسٍ ٱلصُّولِيُّ	이브라힘 이븐 압바스 (앗)술리(정치인)
أَثَّرَ، تَأْثِيرٌ عَلَى، فِي	# II 영향을 미치다
تَأَثَّرَ، تَأَثُّرٌ (بِـ)	V (~에) 영향을 받다
أَثَرٌ – آثَارٌ	자취, 흔적; [복] 유적, 유물
أَجَّلَ – تَأْجِيلٌ	# II 연기하다
أَحَدٌ	# 하나, 누군가; (부정어와 함께) 아무도
أَحَدَ عَشَرَ	열 하나, 11
حَادِيَ عَشَرَ	열 한번째의
أَخَذَ ـُـ، أَخْذٌ	# 취하다, 갖다; (+[직]) ~하기 시작하다
آخَرُ – ون (أُخْرَى – أُخْرَيَاتٌ)	# 다른
أَخِيرٌ	마지막의, 최후의; 최근의
أَخِيرًا	결국; 최근에
أَخٌ، أَخُو – إِخْوَةٌ	# 형제([관형] أَخَوِيٌّ)
أُخْتٌ – أَخَوَاتٌ	자매
أَدَبٌ – آدَابٌ	# 문학
أَدِيبٌ – أُدَبَاءُ	문인
تَأْدِيبٌ	훈육, 훈계; 교육
أَدَّى، تَأْدِيَةٌ	# II 실행하다, 행하다
أُذُنٌ – آذَانٌ	# [여] 귀
أَرَامْكُو	# 아람코(The Arabian American Oil Co.)
تَارِيخٌ – تَوَارِيخُ	# 역사; 날짜
اَلْأُرْدُنُّ	# [남] 요르단(나라 이름)
أَرْزٌ	# [집] 삼나무
أُرُوبَّا	# [ʔurubbā] 유럽(지명)
أَسَاسِيٌّ	# 기본적인
أُسْتَاذٌ – أَسَاتِذَةٌ	# 교수

اَلْإِسْكَنْدَرِيَّةُ	# 알렉산드리아(도시 이름)
أَسْوَانُ	# 아스완(도시 이름)
أَفْلَاطُونُ	# 플라톤(그리스의 철학자)
اَلْأُقْصُرُ	# 아래의 قصر를 보라
تَأَكَّدَ، تَأَكُّدٌ (مِنْ)	# V (~을) 확신하다
أَكَلَ ـُـ، أَكْلٌ	# 먹다
أَكْلٌ	먹음; 음식
إِلَّا	# ~을 제외하고; (부정어 +) 단지, 오로지, 뿐
اَلَّذِي – اَللَّذَانِ، اَللَّذَيْنِ – اَلَّذِينَ (اَلَّتِي – اَللَّتَانِ، اَللَّتَيْنِ – اَللَّوَاتِي)	# [관] ~하는/한 (사람/것)
أَلْفٌ – آلَافٌ	# 천, 1000
أُلُوفٌ مِنْ	수 천의
اَللهُ	# 하나님
لِلّٰهِ	하나님께
إِلَى	# ~에(로), ~까지
إِلَى جَانِبِ	~에 덧붙여서; ~이외에도
أَمْ	# 또는
أُمٌّ – أُمَّهَاتٌ، أُمَّاتٌ	# 어머니
أَمَامَ	~의 앞에
اَلْأَمَازُون	# 아마존(강 이름)
أَمَّا ... فَ	# ~에 대해 말하면
أَمْرٌ – أُمُورٌ	# 일, 문제
مُؤْتَمَرٌ – ات	회의; 대회
أَمْرِيكَا	# 미국(나라 이름)
أَمْرِيكِيٌّ – أَمْرِيكَانٌ	미국의; 미국인
أَمْسِ	# 어제
آنْ آرْبَرَ [آرْبِر]	# 앤 아버(도시 이름)
أَنْ	# [속] (+[접]) ~하는 것
أَنَّ	# [속] ~이라는 것, ~이라고
إِنَّ	(قَالَ +) ~이라고
إِنَّ	[강] 참으로, 실로
أَنَا	# 나

أَنْتَ – أَنْتُمَا – أَنْتُمْ # 너

(أَنْتِ – أَنْتُمَا – أَنْتُنَّ)

اَلْأَنْدَلُسُ # 안달루시아(지명)

نَاسٌ # [복] 사람들

آنِسَةٌ 아가씨: ~양

إِنْكِلِيزِيٌّ، إِنْجِلِيزِيٌّ – إِنْكِلِيزٌ، إِنْجِلِيزٌ # [-gil-] 영국의, 영국 사람

اَلْإِنْكِلِيزِيَّةُ، اَلْإِنْجِلِيزِيَّةُ 영어

أَهْلٌ – أَهَالٍ # [복] 사람들; 가족; 임자들

أَهْلًا وَسَهْلًا 어서 오십시오, 환영합니다

أَوْ # 또는

أُوتُوبِيس – ات # 버스

أُورُبَّا، أُورُوبَّا، أُرُوبَّا # [ʔurubbā] 유럽(지명)

أُوسْتِن # 오스틴(도시 이름)

أَوَّلُ – أَوَائِلُ (أُولَى) # 첫번째의

أَوَّلًا 첫번째로

اَلْآنَ # 지금

أَيْ # 다시 말하면, 즉

أَيٌّ # 무슨, 어떤; (서술문) 어느, 어떤; (부정어와 함께) 어느 것도 아닌

أَيْضًا # 역시, ~도, 또한

أَيْنَ # 어디

أَيُّهَا (أَيَّتُهَا) # [호] ~아!, ~여!

[ب]

بِ # ~으로, ~을 가지고

بَحَثَ ـَ، بَحْثٌ # 토의하다

بَحَثَ ـَ، بَحْثٌ عَنْ ~을 찾다

بَحْثٌ – بُحُوثٌ، أَبْحَاثٌ (عَنْ) (~에 대한) 토의; (~을) 찾음; (~에 대한) 연구

بَاحِثٌ – ون 연구원

بَدَأَ ـَ، بَدْءٌ (بِ) # (~으로) 시작하다

بِدَايَةٌ 시작

اِبْتِدَائِيٌّ 초보의

بَدَوِيٌّ – بَدْوٌ # 유목민, 베두인

بَذَلَ ـُ، بَذْلٌ # (노력을) 기울이다

بَرْلَمَانٌ # 의회

بَرِيطَانِيَا [بِرِيطَانِيَا] (الْعُظْمَى) # 영국, 대영제국(나라 이름)

بَسْكِنْتَا # 바스킨타(레바논의 도시)

اَلْبَصْرَةُ # 바스라(이라크의 도시)

بَطَالَةٌ # 실업

بَعْدَ # ~의 뒤에

بَعْدَ أَنْ ~한 뒤에

بَعِيدٌ – بُعَدَاءُ (عَنْ) (~에서) 먼

بَعْضٌ # 몇몇, 약간

بَعْلَبَكُّ # 바알벡(레바논의 도시)

بَغْدَادُ # 바그다드(이라크의 서울)

بَكَالُورِيُوس # 학사학위

بَلْ # 그러나, 오히려

بَلَدٌ – بِلَادٌ، بُلْدَانٌ # 나라, 국가

بَلَدِيٌّ 나라의, 자국의, 토착의

بِلَادٌ [여] 나라, 본국

اِبْنٌ – أَبْنَاءٌ # 아들

اِبْنُ خَلْدُونَ 이븐 할둔(중세의 역사가, 사회학자)

اِبْنَةٌ – بَنَات 딸

بِنْتٌ – بَنَاتٌ 소녀; 딸

بَنْكٌ – بُنُوكٌ # 은행

بَنَامَا # 파나마(지명)

بِنَاءٌ # 건축, 건설

بِنَاءٌ – أَبْنِيَةٌ 건물

بَابٌ – أَبْوَابٌ # 문

بُورُ سَعِيدٍ # 부르사이드(이집트의 도시)

بَيْتٌ – بُيُوتٌ # 집; 가정

بَيْرُوتُ # 베이루트(레바논의 서울)

بَيْنَ # ~의 사이에

[ت]

تَابَعَ، مُتَابَعَةٌ # III 계속하다; 추구하다

اِتَّبَعَ، اِتِّبَاعٌ VIII 따르다; 준수하다

تِجَارَةٌ # 상업, 무역

تحد، مُتَّحِدٌ # 아래의 وحد를 보라

مَتْحَفٌ – مَتَاحِفُ # 박물관

تَرْجَمَ – تَرْجَمَةٌ # [4] 번역하다

تَرَكَ ـُـ، تَرْكٌ # 떠나다, 남겨두다

تِسْعَةٌ # 아홉, 9

تِسْعُونَ [주] 아흔, 90; (한정 [단] +) 아흔번째의

تَاسِعٌ 아홉번째의

تِكْسَاس # 텍사스(지명)

تِلْمِيذٌ – تَلَامِيذُ # 학생, 제자

تَمَّ ـِـ، تَمٌّ # 이루어지다, 완성되다

تُونِسُ [تُونُسُ] # 튀니스(튀니지의 서울); 튀니지(나라 이름)

[ث]

ثَقَافَةٌ – ات # 문화

ثُلْثٌ – أَثْلَاثٌ # 1/3, 20분

ثَلَاثَةٌ 셋, 3

ثَالِثٌ 세번째의

ثَالِثًا 세번째로

ثَلَاثُونَ [주] 여든, 80; (한정 [단] +) 서른번째의

مِنْ ثَمَّ # 그래서, 그러므로

ثُمَّ 그리고 나서

ثَمَانِيَةٌ # 여덟, 8

ثَمَانُونَ [주] 여든, 80; (한정 [단] +) 여든번째의

ثَامِنٌ 여덟번째의

أَثْنَاءَ # ~의 동안에

اِثْنَانِ 둘, 2

ثَانٍ 두번째의

ثَانِيًا 두번째로

ثَانَوِيٌّ 제2위의; 고등학교의

ثَوْرَةٌ – ات (عَلَى) # (~에 대한) 혁명, 반란

ثَوْرِيٌّ – ون 혁명가, 혁명의

[ج]

جُبْرَانُ خَلِيلٌ جُبْرَانُ # 할릴 주브란, (영어식으로) 칼릴 지브란(작가)

اَلْجَاحِظُ # 알자히즈(중세의 작가)

جِدًّا # 매우

جَدِيدٌ – جُدُدٌ [جُدَدٌ] 새로운

جَرِيدَةٌ – جَرَائِدُ # 신문

اَلْجَزَائِرُ # 알제(알제리의 서울); 알제리(나라 이름)

جَعَلَ ـَـ، جَعْلٌ # 창조하다, (~을 ~으로) 만들다; (+ [직]) ~하기 시작하다

مَجَلَّةٌ # 잡지

جَمَعَ ـَـ، جَمْعٌ # 모으다, 결합하다

جَمَعَ بَيْنَ ... وَ ~와 ~을 연합하다

اِجْتَمَعَ، اِجْتِمَاعٌ (مَعَ، بِ) Ⅷ (~와) 만나다

جَمِيعٌ 모두

اَلْجَمِيعُ 모든 사람, 누구나

جَمِيعًا 모두 함께, 모두

اِجْتِمَاعٌ – ات 모임

اِجْتِمَاعِيٌّ 사회적인, 사회학적인

جَامِعٌ – جَوَامِعُ 모스크

جَامِعَةٌ – ات 대학교

مُجْتَمَعٌ –ات 사회

جُمْلَةٌ – جُمَلٌ # 문장, 절

جَمَالٌ 아름다움

جَمَالٌ عَبْدُ اَلنَّاصِرِ 가말 압둔나시르(나시르)(이집트 대통령)

جَمِيلٌ – ون 아름다운, 멋있는

جُمْهُورِيَّةٌ – ات # 공화국

رَئِيسُ اَلْجُمْهُورِيَّةِ 대통령

إِلَى جَانِبِ # ~에 덧붙여서, ~이외에도

أَجْنَبِيٌّ – أَجَانِبُ # 외국의; 외국인

جَهْدٌ – جُهُودٌ # 노력

جَارٌ – جِيرَانٌ # 이웃

جُورْج وَاشِنْطُن # 조지 워싱턴(미국 대통령)

جُورْجْتَاوْن # 조지타운(지명)

جُورْجِي زَيْدَانٌ # 주르지 자이단(작가)

تَجَوَّلَ، تَجَوُّلٌ # V 걷다, 떠돌아 다니다

جَاءَ ـِ، مَجِيءٌ (فِي) # 오다, (서류 등에) 들어 있다

[ح]

أَحَبَّ، حُبٌّ # Ⅳ 사랑하다, 좋아하다

حُبٌّ 사랑

حَبِيبٌ – أَحِبَّاءُ 애인, 연인

حَتَّى # (+ [완]) ~ 했을 때까지; (+ [접]) ~ 하도록, ~하기 위해서; [부] ~까지도

حَدَّدَ، تَحْدِيدٌ # Ⅱ 한정하다, 제한하다

حَدٌّ – حُدُودٌ 범위, 한계; 경계

تَحَدَّثَ، تَحَدُّثٌ (إِلَى) (عَنْ) # V (~에게) (~에 대해) 말하다; (~와) (~에 대해) 이야기하다

حَدِيثٌ – حِدَاثٌ 새로운, 현대의

حَدِيثًا 최근에, 근래에

حُرِّيَّةٌ – ات # 자유

تَحْرِيرٌ 해방

اِحْتَرَمَ، اِحْتِرَامٌ # Ⅷ 존경하다, 공경하다

حِزْبٌ – أَحْزَابٌ # 정당

حُسْنُ ٱلضِّيَافَةِ # 환대, 후대

لِحُسْنِ ٱلْحَظِّ 다행히

حَسَنًا 좋다!, 훌륭하다!

حُسَيْنٌ 후사인(남자 이름)

حَصَلَ ـُ، حُصُولٌ عَلَى # ~을 얻다

حُصُولٌ عَلَى ~을 획득(함), 취득(함)

حَاصِلٌ – ون عَلَى ~을 획득한

حَضَرَ ـُ، حُضُورٌ # ~에 출석하다, 참석하다

حَضَرَ ـُ، حُضُورٌ إِلَى، لِـ ~에 오다

حَاضَرَ، مُحَاضَرَةٌ	III 강의하다
حُضُورٌ	(~에) 출석(함), 참석(함)
حُضُورٌ إِلَى	~에 옴
حَضَارَةٌ	문명; 문화
مُحَاضَرَةٌ – ات	강의
حَاضِرٌ – ون	참석한, 출석한; 현재의
لِحُسْنِ ٱلْحَظِّ	# 다행히
حَفَرَ ـِ، حَفْرٌ	# 파다, (구멍을) 뚫다
حَافَظَ، مُحَافَظَةٌ عَلَى	# III ~을 유지하다, 보존하다; 방어하다
حَقَّقَ، تَحْقِيقٌ	# II 실현하다, 성취하다
حَقٌّ – حُقُوقٌ	권리; 진실
حَقًّا	정말로, 실로
حَكَمَ ـُ، حُكْمٌ	# 통치하다, 다스리다
حَكَمَ ـُ، حُكْمٌ عَلَى	~에 판결을 내리다, 심판하다
حِكْمَةٌ – حِكَمٌ	속담, 격언, 금언
حَكِيمٌ – حُكَمَاءُ	현명한; 현인
حُكُومَةٌ – ات	정부
حَاكِمٌ – ون، حُكَّامٌ	통치자
حَلٌّ – حُلُولٌ	# 해결; 해체, 해산
اَلْحَمْدُ لِلّٰهِ	# 찬양이 하나님께 (있다)
أَحْمَدُ	아흐마드(남자 이름)
مُحَمَّدٌ	무함마드(남자 이름)
مُحَمَّدٌ عَلِيٌّ	무함마드 알리(이집트의 왕)
حَمَلَ ـِ، حَمْلٌ	# 운반하다, 나르다
حَمْلَةٌ – حَمَلَاتٌ (عَلَى)	(~에 대한) 원정
حَاجَةٌ – ات (إِلَى)	# (~의) 필요
بِحَاجَةٍ إِلَى	~이 필요한
حِوَارٌ	# 대화; 회화
حَالٌ – أَحْوَالٌ	# [남,여] 조건, 상황, 환경
كَيْفَ ٱلْحَالُ؟	어떻게 지내십니까?
حَيَاةٌ – حَيَوَاتٌ	# 삶, 생활
حَيَوِيٌّ	활기찬

حَانَ ـِ، حَيْنٌ	# (시간이) 되다
حِينٌ – أَحْيَانٌ	시간; 경우
حِينَ	~할 때에
أَحْيَانًا	때때로

[خ]

أَخْبَرَ، إِخْبَارٌ (بِـ)	# Ⅳ (~에 대해) 누구에게 알리다; 말하다
خَبَرٌ – أَخْبَارٌ	소식 한 토막; [복] 새소식
خَاتِمٌ – خَوَاتِمُ	# 반지
خَدَمَ ـِ، ـُ، خِدْمَةٌ	# ~에 봉사하다
اِسْتَخْدَمَ، اِسْتِخْدَامٌ	X 사용하다
خِدْمَةٌ – خَدَمَاتٌ	봉사
خَرَجَ ـُ، خُرُوجٌ (مِنْ)	# (~에서) 나가다
خَرَّجَ، تَخْرِيجٌ	# Ⅱ 배출하다, 졸업시키다; 교육시키다
أَخْرَجَ، إِخْرَاجٌ	Ⅳ 데리고 나가다, 제거하다, 추방하다
خَارِجٌ	밖(의), 외국(의)
فِي ٱلْخَارِجِ	해외에
خَارِجَ	~의 밖에
خَارِجِيٌّ	밖의, 외국의
اَلْخَارِجِيَّةُ	외교(활동), 외무
اَلْخَرْطُومُ	# 하르뚬(수단의 서울)
خَاصٌّ	# 특별한; 개인적인
خَاصَّةً	특히
خِطَابٌ – ات	# 연설
تَخَاطُبٌ	대화, 회화
خِلَالَ	# ~의 동안에
اَلْخَلِيلُ بْنُ أَحْمَدَ	알할릴 이븐 아흐마드(아랍의 문법학자)
مُخْلِصٌ – ون	# 성실한
اِخْتَلَفَ، اِخْتِلَافٌ (عَنْ، مَعَ)	# Ⅷ (~와) 다르다, (~와) 일치하지 않다
خَلِيفَةٌ – خُلَفَاءُ	[남] 할리파, 칼리프
خَمْسَةٌ	# 다섯, 5
خَمْسُونَ	[주] 쉰, 50; (한정[단] +): 쉰번째의

خَامِسٌ 다섯번째의

خَيْرٌ – خُيُورٌ # 좋은 (것), 선, 축복, 이익; 복지

بِخَيْرٍ (나는) 안녕하다

خَيْمَةٌ – خِيَامٌ # 천막

[د]

دَاخِلِيٌّ # 안의, 내부의, 국내의

دَرَسَ ـُ، دِرَاسَةٌ، دَرْسٌ # 공부하다

دَرَّسَ، تَدْرِيسٌ Ⅱ 가르치다

دَرْسٌ – دُرُوسٌ 과

دِرَاسَةٌ – ات 공부(함), 연구

مَدْرَسَةٌ – مَدَارِسُ 학교

مَدْرَسَةٌ حُكُومِيَّةٌ 공립학교

مَدْرَسَةٌ خَاصَّةٌ 사립학교

مَدْرَسَةٌ لُغَوِيَّةٌ 언어학교

تَدْرِيسٌ 가르침, 교수, 교육

مُدَرِّسٌ – ون 선생, 교사

دُسْتُورٌ – دَسَاتِيرُ # 헌법

دَقِيقَةٌ – دَقَائِقُ # (시간, 각도의) 분

دُكْتُورٌ – دَكَاتِرَةٌ # 박사

دُكْتُورَاه 박사학위

دِمَشْقُ # 다마스쿠스(시리아의 서울)

دَارٌ – دُورٌ، دِيَارٌ # [여] 집

مُدِيرٌ – ون 장, 지배인, 국장, 이사

دَوْلَةٌ – دُوَلٌ # 나라, 국가

اَلدُّوَلُ ٱلْكُبْرَى 강대국들

دُوَلِيٌّ 국제적인

دُولَارٌ – ات # 달러

دُونَ # [전] ~ 없이

دُونَ أَنْ [속] ~ 없이

[ذ]

ذٰلِكَ (تِلْكَ) – أُولٰئِكَ # [ʔu-]; 그 (사람/것), 저 (사람/것)

كَذٰلِكَ 그처럼, 그렇게, 또한

أَلَيْسَ كَذٰلِكَ؟ 그렇지 않느냐?

ذَكَرَ ـُـ، ذِكْرٌ # 언급하다

مُذَكِّرَةٌ – ات 비망록, 메모

ذَهَبَ ـَـ، ذَهَابٌ (إِلَى) # (~에) 가다

ذَهَبَ ـَـ، ذَهَابٌ بِـ (إِلَى) (~을) (~으로) 데려가다, 가져가다

ذَاهِبٌ – ون 가는

[ر]

رَأْسٌ – رُؤُوسٌ # [남,여] 머리

رَئِيسٌ – رُؤَسَاءُ 우두머리, 대통령

رَئِيسُ ٱلْوُزَرَاءِ 국무총리

رَئِيسُ ٱلْجُمْهُورِيَّةِ 대통령

رَأْيٌ – آرَاءٌ (فِي) # (~에 대한) 의견, 견해

رَبَطَ ـُـ، ـِـ، رَبْطٌ (إِلَى، بَيْنَ … وَبَيْنَ) # (~에) 묶다, 연결하다; (~와 ~을) 결합하다

اَلرِّبَاطُ 라바트(모로코의 서울)

رَابِطَةٌ – رَوَابِطُ 결합, 연결; 연합; 연맹

اَلرَّابِطَةُ ٱلْقَلَمِيَّةُ 문학회

رُبْعٌ – أَرْبَاعٌ # 1/4, 15분

أَرْبَعَةٌ 넷, 4

أَرْبَعُونَ [주] 마흔, 40; (한정 [단] +) 마흔번째의

رَابِعٌ 네번째의

تَرْبِيَةٌ – ات # 교육, 양육([관형] تَرْبَوِيٌّ)

رَجَعَ ـِـ، رُجُوعٌ # 돌아가다, 돌아오다

رَجُلٌ – رِجَالٌ # 남자

رَجَاءٌ # 소망, 희망

رَحَّبَ، تَرْحِيبٌ بِـ # Ⅱ ~을 반기다, 환영하다

مَرْحَبًا 안녕!

رَحَلَ ـَـ، رَحِيلٌ # 돌아다니다, 여행하다

مَرْحَلَةٌ – مَرَاحِلُ 단계

رَاسَلَ، مُرَاسَلَةٌ # Ⅲ ~와 서신 왕래하다

أَرْسَلَ، إِرْسَالٌ Ⅳ 보내다

تَرَاسَلَ، تَرَاسُلٌ Ⅵ 서로 서신 왕래하다

رِسَالَةٌ – رَسَائِلُ 편지

مُرَاسِلٌ – ون 기자

رَسَمَ ـُـ، رَسْمٌ # 그리다

رَسْمِيٌّ 공식적인, 의식상의, 형식적인

مُرَشَّحٌ – ون # 입후보자, 후보

رَغِبَ ـَـ، رَغْبَةٌ فِي # ~을 원하다, 바라다

رُوسِيَا # 러시아(나라 이름)

اَلرِّيَاضُ # 리야드(사우디아라비아의 서울)

[ز]

زَمَنٌ – أَزْمَانٌ # 기간; 시대; 시간

اَلْأَزْهَرُ # (알)아즈하르(대학, 모스크)

تَزَوَّجَ، تَزَوُّجٌ، زَوَاجٌ (مِنْ) # V (~와) 결혼하다

زَوْجٌ – أَزْوَاجٌ 남편

زَوْجَةٌ – ات 아내

زَوَاجٌ 결혼

زِيَارَةٌ – ات # 방문

زَائِرٌ – ون 방문하는

زَائِرٌ – زُوَّارٌ 방문자

مَا زَالَ # 아직도 ~하다

لَا يَزَالُ 아직도 ~하다

[س]

سَـ # [래] ~할 것이다

سَأَلَ ـَـ، سُؤَالٌ # 묻다

سُؤَالٌ – أَسْئِلَةٌ 질문

سَبْعَةٌ # 일곱, 7

سَبْعُونَ [주] 일흔, 70; (한정 [단] +) 일흔번째의

سَابِعٌ 일곱번째의

سِتَّةٌ # 여섯, 6

سِتُّونَ [주] 예순, 60; (한정 [단] +) 예순번째의

سَادِسٌ 여섯번째의

سَدٌّ – سُدُودٌ # 댐

اَلسَّلَامُ عَلَيْكُمْ 안녕하세요('평화가 당신들에게')

وَعَلَيْكُمُ ٱلسَّلَامُ 안녕하세요('당신들에게 평화가'; 답례)

سَلَامَةٌ 안녕, 복지

مَعَ ٱلسَّلَامَةِ 안녕히 가십시오

سَلِيمٌ 살림(남자 이름)

سُلَيْمَانُ ٱلْحَكِيمُ 현자 솔로몬

إِسْلَامٌ 이슬람

مُسْلِمٌ – ون 무슬림

سَمَحَ ـَ، سَمَاحٌ (لِـ) (بِـ) # (~에게) (~을) 허용하다

سَمِيرٌ # 사미르(남자 이름)

سَمِعَ ـَ، سَمَاعٌ # 듣다

اِسْتَمَعَ، اِسْتِمَاعٌ (لِـ، إِلَى) Ⅷ (~을) 듣다, 경청하다

سَامِي # 사미(남자 이름)

اِسْمٌ – أَسْمَاءٌ # 이름, 명사

اِسْمِيٌّ 이름의, 명사의

سَنَةٌ – سَنَوَاتٌ # 해, 연

اَلسَّدُّ ٱلْعَالِي 하이댐

مَسْرَحٌ – مَسَارِحُ # 극장, 무대

أَسْرَعَ، إِسْرَاعٌ # Ⅳ 서두르다

سَاعَدَ، مُسَاعَدَةٌ (عَلَى، فِي) # Ⅲ (~에) 돕다

سَعِيدٌ – سُعَدَاءُ (بِـ) (~으로) 행복한

اَلسَّعُودِيَّةُ [اَلسُّعُودِيَّةُ] 사우디(아라비아)

سُعَادُ 수아드(여자 이름)

سَافَرَ، سَفَرٌ # Ⅲ 여행하다; 떠나다

سَفَرٌ – أَسْفَارٌ 떠남; 여행

سَكَتَ ـُ، سُكُوتٌ # 조용히 하다, 말이 없다

سِكْرِتِيرٌ – ون # 비서

سَكَنَ ـُ، سَكَنٌ # 살다, 거주하다

سَاكِنٌ – ون 사는, 거주하는

سَاكِنٌ – سُكَّانٌ 주민, 거주자

أُسْلُوبٌ – أَسَالِيبُ # 문체

سَلَامٌ # 평화; 인사

سَنَوِيٌّ 일년의, 해마다의

سَهْلٌ # 쉬운

سَيِّئٌ # 나쁜

اَلسُّودَانُ # [남] 수단(나라 이름)

سَيِّدٌ – سَادَةٌ # 주님, ~님, ~씨

سُورِيَا # 시리아(나라 이름)

سِيَاسَةٌ – ات # 정책, 정치

اَلسُّوَيْسُ # 수에즈(도시 이름)

سَاعَةٌ – ات # 시간, 시계, ~시

سَوْفَ # [래] ~할 것이다

مَسَافَةٌ – ات 거리, 간격

سِوَى # (+ [소], [연]) ~을 제외하고

مُسَاوٍ (لِ) (~와) 같은, 평등한

سِيبَوَيْهِ # 시바와이흐(중세의 문법학자)

سَيَّارَةٌ – ات # 차, 자동차

سَيْطَرَ، سَيْطَرَةٌ عَلَى # [4] 통제하다, 조종하다

سِينَمَا # [여] 영화관

سِيُول، سِيُول # 서울(한국의 서울)

[ش]

شَأْنٌ – شُؤُونٌ # 일, 문제; 상태

بِشَأْنِ ~에 관해서는

شُبَّاكٌ – شَبَابِيكُ # 창(문)

شَرٌّ – شُرُورٌ # 악, 해

شَرِبَ ـَ، شُرْبٌ # 마시다

شَرَابٌ – أَشْرِبَةٌ 마실 것, 음료

شَارِعٌ – شَوَارِعُ # 거리, ~가

أَشْرَفَ، إِشْرَافٌ عَلَى # Ⅳ ~을 감독하다

اَلشَّرِيفُ 샤리프(남자 이름)

شَرْقٌ # 동쪽

اَلشَّرْقُ ٱلْأَوْسَطُ 중동

مُسْتَشْرِقٌ – ون 동양학자

شَارَكَ، مُشَارَكَةٌ فِي # Ⅲ ~에 참석하다, 참가하다

شَرِكَةٌ – ات 회사

شَعْبٌ – شُعُوبٌ # 국민, 민족

شِعْرٌ – أَشْعَارٌ # 시, 시가

شُكْرٌ – شُكُورٌ # 감사, 사의

شُكْرًا 고맙습니다

شَكْلٌ – أَشْكَالٌ # 형태, 형상, 유형

مُشْكِلَةٌ – مَشَاكِلُ 문제

شَمِلَ ـَـ، شَمَلَ ـُـ، شَمَلٌ، شُمُولٌ # 포함하다

شَاهَدَ، مُشَاهَدَةٌ # Ⅲ 보다, 지켜보다, 목격하다

شَهَادَةٌ – ات 증거, 학위, 증명서

شَهْرٌ – أَشْهُرٌ # (한) 달

مَشْهُورٌ – ون (بِـ) (~으로) 유명한

مُشْتَاقٌ – ون إِلَى # ~을 갈망하다, 고대하다

شَيْءٌ – أَشْيَاءُ # 일, 사물

شَيْطَانٌ – شَيَاطِينُ # 악마, 사탄

[ص]

أَصْبَحَ # Ⅳ ~이 되다

صَبَاحٌ 아침

صَبَاحَ ٱلْخَيْرِ 안녕하세요(아침 인사)

صَبَاحَ ٱلنُّورِ 안녕하세요(답례)

صَحْرَاءُ – صَحَارَى # [여] 사막([관형] صَحْرَاوِيٌّ)

صَحِيفَةٌ – صُحُفٌ # 신문([관형] صُحُفِيٌّ)

أَصْدَرَ، إِصْدَارٌ # Ⅳ 수출하다; 출판하다

صَادَقَ، مُصَادَقَةٌ # Ⅲ ~와 친구가 되다, 사귀다

صَدِيقٌ – أَصْدِقَاءُ 친구

تَصَرَّفَ، تَصَرُّفٌ # Ⅴ 처신하다, 행동하다

اِنْصَرَفَ، اِنْصِرَافٌ Ⅶ 떠나가다, 가버리다

صَعْبٌ – صِعَابٌ (عَلَى) # (~에게) 힘든, 어려운

صَغِيرٌ – صِغَارٌ # 작은, 젊은

صَفٌّ – صُفُوفٌ # 학급, 학년; 교실

صِنَاعَةٌ – ات # 산업, 공업

مَصْنَعٌ – مَصَانِعُ 공장

صُورَةٌ – صُوَرٌ # 그림, 형상, 사진

صَائِغٌ – صَاغَةٌ	#	금세공인, 보석 세공인
صَيْفٌ – أَصْيَافٌ	#	여름

[ض]

ضَحِكَ ـَ، ضَحْكٌ، ضِحْكٌ	#	웃다
حُسْنُ ٱلضِّيَافَةِ	#	환대

[ط]

طَاوْلَةٌ، طَاوِلَةٌ – ات	#	탁자, (책)상
طَبِيبٌ – أَطِبَّاءُ	#	의사
طَرَدَ ـُ، طَرْدٌ (مِنْ)	#	(~에서부터) 밀어내다, 해고하다, 추방하다
طَارِقُ بْنُ زِيَادٍ	#	따리끄 이븐 지야드(이베리아의 정복자)
طَعَامٌ – أَطْعِمَةٌ	#	음식
مَطْعَمٌ – مَطَاعِمُ		식당
طَلَبَ ـُ، طَلَبٌ	#	요청하다
طَالَبَ، مُطَالَبَةٌ (بِـ)		III (~에게) (~을) 요구하다
تَطَلَّبَ، تَطَلُّبٌ		V 필요로 하다
طَلَبٌ – ات		요청, 신청, 요구
طَالِبٌ – طُلَّابٌ		학생
تَطَوَّرَ، تَطَوُّرٌ	#	V 발전하다
طَوِيلٌ – طِوَالٌ	#	긴, 오랜, (키가) 큰
طَوِيلًا		길게, 오랫동안
مَطَارٌ – ات	#	공항
طَائِرَةٌ – ات		비행기

[ظ]

ظَلَّ ـَ، ظَلٌّ	#	남다; 계속 ~하다
أَظْهَرَ، إِظْهَارٌ	#	IV 보이다, 나타내다
اَلظَّهْرَانُ		다흐란(사우디아라비아의 도시)

[ع]

عَبَّرَ، تَعْبِيرٌ (عَنْ)	#	II (~을) 나타내다, 표현하다
اِعْتَبَرَ، اِعْتِبَارٌ		VIII (~을) (~으로) 여기다

عَبَّاسٌ مَحْمُودٌ ٱلْعَقَّادُ # 압바스 마흐무드 (알)악까드(작가)

عُثْمَانِيٌّ # 오스만 제국의

أَعْجَبَ، إِعْجَابٌ # Ⅳ 즐겁게 하다, 기쁘게 하다

عَدَدٌ – أَعْدَادٌ # 수

إِعْدَادِيٌّ 예비의; 중학교의

مُسْتَعِدٌّ – ون (لِـ) (~에) 준비가 된

عَرَبِيٌّ – عَرَبٌ # 아랍(어)의; 아랍 사람

اَلْعَرَبِيَّةُ 아랍어

عَرَفَ ـِ، مَعْرِفَةٌ # [완] (~에 대해) 찾아내다, 알아내다; [미] 알다

عُرِفَ بِـ ~으로 알려져 있다

مَعْرِفَةٌ – مَعَارِفُ 앎, 지식

مَعْرُوفٌ (잘) 알려진

اَلْمَعْرُوفُ أَنَّ ~이라는 것이 알려져 있다

اَلْعِرَاقُ # [남] 이라끄(나라 이름)

عَزِيزٌ – أَعِزَّاءُ # 사랑하는, 친애하는

عَشَرَةٌ # 열, 10

عِشْرُونَ [주] 스물, 20; (한정 [단] +) 스무번째의

عَاشِرٌ 열번째의

عَاصَرَ، مُعَاصَرَةٌ # Ⅲ ~와 동시대이다

مُعَاصِرٌ 동시대의, 당대의, 현대의

عَظِيمٌ – عُظَمَاءُ # 위대한, 큰, 굉장한

مُعْظَمُ # 대부분의

عَفْوًا # 별말씀을(شُكْرًا에 대한 답례)

عَقَدَ ـِ، عَقْدٌ # (모임을) 열다

اِنْعَقَدَ، اِنْعِقَادٌ Ⅶ (모임이) 열리다

اِعْتَقَدَ، اِعْتِقَادٌ (بِـ) Ⅷ (~을) 믿다

اِعْتِقَادٌ 믿음

عَلَاقَةٌ – ات (بِـ) # (~와의) 관계, 관련

لَعَلَّ # 아마

عَلِمَ ـَ، عِلْمٌ # 알다, 정통하다

عَلَّمَ، تَعْلِيمٌ Ⅱ (~에게) (~을) 가르치다, 교육하다

تَعَلَّمَ، تَعَلُّمٌ	V 배우다; 교육을 받다
عِلْمٌ	배움; 지식; 과학, 학문
عَالَمٌ – عَوَالِمُ	세계
تَعْلِيمٌ	교육
مُعَلِّمٌ – ون	교사
عَلَى	# ~의 위에
عَالٍ (عَالِيَةٌ)	높은
عَلِيٌّ	알리(남자 이름)
عَامَّةً	# 일반적으로
اَلْعَامِّيَّةُ	구어체 (아랍어)
اِعْتَمَدَ، اِعْتِمَادٌ عَلَى	# Ⅷ ~에 의존하다
عَمِيدٌ – عُمَدَاءُ	학장
عُمْرٌ – أَعْمَارٌ	# 나이; 일생
عُمَرُ	우마르(남자 이름)
عَمِلَ ـَـ، عَمَلٌ	# 일하다
عَمِلَ ـَـ، عَمَلٌ عَلَى	~을 위해 일하다
عَمَلٌ – أَعْمَالٌ	일, 직업
عَمَلِيٌّ	일의; 실용적인
عَامِلٌ – عُمَّالٌ	근로자
عَمَّانُ	# 암만(요르단의 서울)
عَنْ	# ~에 관하여
عِنْدَ	# ~에, ~의 근처에, ~의 무렵에; (+ [동]) ~하자마자; ~의 생각에
عِنْدَمَا	~할 때
عُنْوَانٌ – عَنَاوِينُ	# 제목; 주소
مَعْنًى – مَعَانٍ	# 뜻, 의미
مَعْهَدٌ – مَعَاهِدُ	# 연구소
عَوْدَةٌ	# 돌아옴
عَادَةً	보통
عَائِلَةٌ – ات	# 가족
عَامٌ – أَعْوَامٌ	# 해, 연
تَعَاوَنَ، تَعَاوُنٌ	# Ⅵ 협력하다
عَيَّنَ، تَعْيِينٌ	# Ⅱ (~을) (~으로) 임명하다
عَيْنٌ – عُيُونٌ	# [여] 눈

[غ]

غَدٌ # 내일, 다음날

غَدًا 내일

غَرْبٌ # 서쪽

غَرِيبٌ – غُرَبَاءُ 낯선 이, 이방인; 낯선, 이상한

اَلْمَغْرِبُ [남] 모로코(나라 이름)

غَالِبٌ # (+ [소]) 대부분의

غَيَّرَ، تَغْيِيرٌ # II 바꾸다

تَغَيَّرَ، تَغَيُّرٌ V 바뀌다

غَيْرٌ ~이외의 다른 것

[ف]

فَ # 그리고; 그리고 나서; 그래서

فَتَحَ ـَ، فَتْحٌ # 열다; 정복하다

فَتَّشَ، تَفْتِيشٌ (عَنْ) # II (~을) 찾다, 구하다

تَفَحَّصَ، تَفَحُّصٌ # V 조사하다

فَدْوَى طُوقَانُ # 파드와 뚜깐(여류 시인)

فَرِيدٌ # 파리드(남자 이름)

مُفْرَدَاتٌ 단어들, 어휘

فَرَضَ ـِ، فَرْضٌ عَلَى # (~을) ~에게 부과하다

فِرْعَوْنِيٌّ # 파라오의

فَرَنْسَا # 프랑스(나라 이름)

اَلْفُصْحَى # 문어체 (아랍어)

تَفْصِيلٌ – تَفَاصِيلُ # 세부, 세목

فَضَّلَ، تَفْضِيلٌ عَلَى # II ~보다 (~을) 더 좋아하다

فَعَلَ ـَ، فِعْلٌ # 하다, 행하다; 만들다

فِعْلٌ – أَفْعَالٌ 행함, 행동; 동사

فَقَدَ ـِ، فَقْدٌ، فُقْدَانٌ # 잃다, 여의다

فَقْرٌ # 가난, 빈곤

فَقَطْ # 단지, ~뿐

فَكَّرَ، تَفْكِيرٌ (بِـ) # II (~에 대하여) 생각하다

فِكْرَةٌ – فِكَرٌ 생각, 사상, 개념

فِكْرِيٌّ 지적인, 정신적인

مُفَكِّرٌ – ون 사상가

فِلَسْطِينُ # 팔레스틴(지명)

فَلْسَفَةٌ # 철학

فِلْمٌ، فِيلْمٌ – أَفْلَامٌ # [fi-]; 영화, 필름

فَمٌ – أَفْوَاهٌ # 입

فَنٌّ – فُنُونٌ # 예술, 미술, 기술

فِي # ~의 안에, ~에

[ق]

قَبِيحٌ – قِبَاحٌ # 못생긴

قَابَلَ، مُقَابَلَةٌ # Ⅲ (~와) 만나다

أَقْبَلَ، إِقْبَالٌ عَلَى # Ⅳ 다가가다, 가다; ~에 전념하다, ~하기 시작하다

اِسْتَقْبَلَ، اِسْتِقْبَالٌ X 맞아들이다, 영접하다

قَبْلَ ~의 앞에

مُقَابَلَةٌ – ات 회견

قَدْ # ([완] 앞에서) 이미, '-었-'

قَدَّمَ، تَقْدِيمٌ # Ⅱ 주다, 제공하다; (봉사를) 하다

تَقَدَّمَ، تَقَدُّمٌ V 전진하다, 발전하다

تَقَدَّمَ، تَقَدُّمٌ بِ V 제출하다, 내다

قَدِيمٌ – قُدَمَاءُ 오래된

قَدِيمًا 오래 전에

إِلَى قُدَّامِ ~의 앞으로

تَقَدُّمٌ 전진, 발전

قَادِمٌ – ون 오는; 다음의

قَرَّرَ، تَقْرِيرٌ # Ⅱ 결정하다

قَرَأَ ـَـ، قِرَاءَةٌ # 읽다

اَلْقُرْآنُ 꾸란

قَرِيبٌ – ون (مِنْ) # (~에서) 가까운

قَرِيبٌ – أَقْرِبَاءُ 친척

قَرِيبًا 곧

قَرْنٌ – قُرُونٌ # 세기

اَلْقُرُونُ اَلْوُسْطَى 중세

قَاسِمٌ أَمِينٌ # 까심 아민(작가)

قِصَّةٌ – قِصَصٌ # 이야기, 소설

اِقْتِصَادٌ # 경제

اِقْتِصَادِيٌّ 경제적인

أَقْصَرَ، إِقْصَارٌ # Ⅳ 짧게 하다

قَصِيرٌ – قِصَارٌ 짧은

اَلْأُقْصُرُ 룩소르(도시 이름)

اِنْقَطَعَ، اِنْقِطَاعٌ # Ⅶ 끊어지다, 끝나다

قَاعِدَةٌ – قَوَاعِدُ # 규칙; [복] 문법

قَلْبٌ – قُلُوبٌ # 마음

قَلَمٌ – أَقْلَامٌ # 연필

قَنَاةٌ – قَنَوَاتٌ # 운하

اَلْقَاهِرَةُ # 카이로(도시 이름)

قَهْوَةٌ – قَهَوَاتٌ # 커피; 다방

قَائِدٌ – قُوَّادٌ، قَادَةٌ # 지도자, 사령관, 장수

قَالَ ـُـ، قَوْلٌ # 말하다

مَقَالَةٌ، مَقَالٌ – ات 기사, 소론, 수필

قَامَ ـُـ، قِيَامٌ بِـ # 행하다

قَاوَمَ، مُقَاوَمَةٌ Ⅲ 저항하다, 싸우다

قَوْمِيٌّ 민족적인, 민족주의의; 민족주의자

قَوْمِيَّةٌ 민족주의

إِقَامَةٌ 머무름, 체류, 거주

قَيْدٌ – قُيُودٌ # 사슬, 족쇄, 속박

[ك]

كَ # ~와 같은, ~처럼

كَذٰلِكَ ذٰلِكَ의 아래를 보라

أَلَيْسَ كَذٰلِكَ ذٰلِكَ의 아래를 보라

كَمَا (+문장) ~도 또한, 역시

كَارْل بْرُوكِلْمَان # 카를 브로켈만(독일의 아랍 학자)

كَالِيفُورْنِيَا # 캘리포니아(지명)

كُبَّةٌ # 쿱바(음식 이름)

كَبَابٌ 카밥(음식 이름)

كَبِيرٌ – كِبَارٌ # 큰; 나이 많은; 고위의

كَتَبَ ـُـ، كِتَابَةٌ # 쓰다

كِتَابٌ – كُتُبٌ 책

كَاتِبٌ – كُتَّابٌ	작가, 작자, 서기
مَكْتَبٌ – مَكَاتِبُ	사무실
مَكْتَبَةٌ – ات	도서관, 서점
كُتْلَةٌ – كُتَلٌ	# 단체, 진영
كَثِيرٌ – كِثَارٌ	# 많은
كَثِيرًا	매우, 대단히; 자주
كَثِيرٌ مِنْ	많은, 다수의
كُرْسِيٌّ – كَرَاسٍ	# 의자
أَكْرَمَ، إِكْرَامٌ	# Ⅳ 존경하다
كَرِيمٌ	카림(남자 이름)
كُلٌّ	# 모두
اَلْكُلُّ	모든 것
تَكَلَّمَ، تَكَلُّمٌ	# Ⅴ 말하다, (언어를) 사용하다
كَلِمَةٌ – ات	단어
كَلَامٌ	말(하기), 담화
كَمْ	# 얼마나
أَكْمَلَ، إِكْمَالٌ	# Ⅳ 끝내다, 완성하다, 이루다
كُورِيَا	# 한국(나라 이름)
كُورِيٌّ	한국의; 한국인
كُونْغْرِس	# (미국의) 의회
اَلْكُوَيْتُ	# [남] 쿠웨이트(나라 이름)
كَانَ ـُـ، كَوْنٌ	# ~이다, 있다
مَكَانٌ – أَمَاكِنُ	장소, 곳
مَكَانَةٌ – ات	위치, 지위
كَيْ، لِكَيْ	# لِـ를 보라
كَيْلَا، لِكَيْلَا	لِـ를 보라
كَيْفَ	# 어떻게
كَيْفَ ٱلْحَالُ؟	어떻게 지내십니까?

[ل]

لِـ	# [전] ~을 위하여; ~에 속한, ~의; [속] ~하기 위해서; (+[축]) ~하게 하라!
لِكَيْ، كَيْ، لِأَنْ	(+[접]) ~하기 위하여
لِكَيْلَا، كَيْلَا، لِئَلَّا	(+[접]) ~하지 않도록

لِمَاذَا، لِمَ 왜

لَ # [강] 참으로

لَا # 아니요

لٰكِنْ، لٰكِنَّ # 그러나, 하지만

لُبْنَانُ # [남] 레바논(나라 이름)

لَعَلَّ # عَلَّ를 보라

لُغَةٌ – ات # 언어

لُغَوِيٌّ 언어의, 언어학의; 언어학자

لِقَاءٌ # 만남, 마주침

لَمْ # (+ [단]) ~하지 않았다

لَمَّا # ~할 때

لَنْ # (+ [접]) ~하지 않을 것이다

لَنْدَن # 런던(영국의 서울)

لَهْجَةٌ – لَهَجَاتٌ # 방언

لَوْحٌ – أَلْوَاحٌ # (칠)판

لَيْسَ # ~이 아니다, 없다

لَيْلَةٌ – لَيَالٍ # 밤; 저녁

[م]

مَا # [의] 무엇(전치사의 목적어로는 مَ로 씀)

مَاذَا (동사의 목적어) 무엇

لِمَاذَا، لِمَ 왜

مَا [관] ~하는 것

مَاجِسْتِير # 석사학위

مِئَةٌ، مِائَةٌ # 백, 100

مِئَاتٌ مِنْ 수 백의

مَتَى # 언제

مِثْلٌ # (+ [소]) ~와 같은 사람/것

مِثْلَ [전] ~처럼

مَثَلًا 예를 들면

اِمْتِحَانٌ – ات # 시험

مُدَّةٌ – مُدَدٌ # 기간

مَدَحَ ـَ، مَدْحٌ # 칭찬하다

مَدِينَةٌ – مُدُنٌ # 도시([관형] مَدَنِيٌّ)

اِمْرَأَةٌ، اَلْمَرْأَةُ – نِسَاءٌ، نِسْوَةٌ # 여자([관형] نِسَائِيٌّ)

مَرْيَمُ # 마르얌, 미리암, 마리아(여자 이름)

اَلْمِسِيسِبِّي # 미시시피(강 이름)

مَسَاءٌ # 저녁

مَسَاءً 저녁에

مِيشِغَان # 미시간(지명)

مِصْرُ # 이집트(나라 이름)

مَعَ # ~와 함께

مَعًا 함께

تَمَكَّنَ، تَمَكُّنٌ مِنْ # V ~을 할 수 있다

مَلِكٌ – مُلُوكٌ # 왕

مَنْ # 누구, [관] ~하는 이(들)

مِنْ # ~에서부터, ~ 중에, ~의; ~중의 하나/일부

مَنَحَ ـَ، مَنْحٌ # (~에게) (~을) 수여하다

مَنَعَ ـَ، مَنْعٌ (مِنْ، عَنْ) # (~에게) (~을) 금(지)하다

مَاءٌ – مِيَاهٌ # 물

مَيٌّ زِيَادَةُ # 마이 지야다(여류 작가)

[ن]

نَابُلِيُون # 나뽈레옹(프랑스의 황제)

اِسْتَنْبَطَ، اِسْتِنْبَاطٌ # X 끌어내다, 유도하다

نَبِيٌّ – أَنْبِيَاءُ # 예언자

أَنْتَجَ، إِنْتَاجٌ # Ⅳ 생산하다, 산출하다

نَتِيجَةً لِـ ~의 결과로

إِنْتَاجٌ 생산, 산출; 작품

نَاتِجًا عَنْ ~에서 기인한

نَجِيبُ مَحْفُوظ # 나깁 마흐푸드(이집트 작가)

نَجَحَ ـَ، نَجَاحٌ # 성공하다

نَحْنُ # 우리

اِنْتَخَبَ – اِنْتِخَابٌ # Ⅷ 선거하다

اِنْتِخَابٌ – ات 선거

نَازِكُ ٱلْمَلَائِكَةُ # 나직 (알)말라이카(여류작가)

مُنَاسَبَةٌ – ات # 경우, 기회

نِسَاءٌ، نِسْوَةٌ # اِمْرَأَةٌ을 보라

نِيسَانُ # 4월

أَنْشَأَ، إِنْشَاءٌ # Ⅳ 세우다, 창설하다, 창립하다

نَشَرَ ـُـ، نَشْرٌ # 발행하다; 발표하다, 공표하다

اِنْتَشَرَ، اِنْتِشَارٌ Ⅷ 흩어지다, 퍼지다, 만연되다

نَشْرٌ 발행

نَشْرَةٌ – نَشَرَاتٌ 책자, 회람, 공보, 간행물

مُنْتَشِرٌ 흩어져 있는, 퍼져 있는, 만연된

نَصٌّ – نُصُوصٌ # 본문

نِصْفٌ – أَنْصَافٌ # 반, 1/2

مِنْطَقَةٌ – مَنَاطِقُ # 지역, 구역

نَظَرَ ـُـ، نَظَرٌ # 보다, 여기다

نَظَرَ ـُـ، نَظَرٌ فِي 검토하다, 연구하다

اِنْتَظَرَ، اِنْتِظَارٌ Ⅷ 기다리다

نَظَرٌ – أَنْظَارٌ 응시, 전망; 의견

كَانَ فِي ٱلِٱنْتِظَارِ 기다리고 있다

اَلنَّظَّامُ # (안)낫담(사람 이름)

نَعَمْ # 예

نَفْسٌ – أَنْفُسٌ # [여] 영혼, ~자신, 똑같은

نَقَلَ ـُـ، نَقْلٌ # 나르다, 옮기다

اِنْتَقَلَ، اِنْتِقَالٌ (إِلَى) Ⅷ (~으로) 움직이다, 옮아가다, 이사하다

مَنْهَجٌ – مَنَاهِجُ # 프로그램

مَنْهَجُ ٱلتَّعْلِيمِ 교과과정

نَهْرٌ – أَنْهَارٌ، أَنْهُرٌ # 강

نَهْضَةٌ – ات # 재생, (부흥)운동

اِنْتَهَى، اِنْتِهَاءٌ (مِنْ) # Ⅷ (~으로) 끝나다

اِنْتِهَاءٌ مِنْ ~의 끝남

أَنْوَرُ ٱلسَّادَاتُ # 안와르 (앗)사다트(이집트의 대통령)

أَبُو نُوَاسٍ # 아부 누와스(중세의 시인)

تَنَاوَلَ، تَنَاوُلٌ # 취급하다, 다루다

نَوَالُ ٱلسَّعْدَاوِيُّ # 나왈 (앗)사아다위(여류작가)

اَلنِّيلُ # 나일(강 이름)

نِيُويُورْك # 뉴욕(도시 이름)

[هـ]

هٰذَا – هٰذَانِ، هٰذَيْنِ – هٰؤُلَاءِ (هٰذِهِ – هَاتَانِ، هَاتَيْنِ – هٰؤُلَاءِ) # 이 (사람/것)

اَلْأَهْرَامُ # (알)아흐람(이집트의 신문; '피라미드들')

هَلْ # [문] '예-아니요' 의문문

اَلْهِلَالُ # (알)힐랄(이집트의 문학지; '초승달')

هُمْ # [남] 그들

أَهَمِّيَّةٌ # 중요성

اِهْتِمَامٌ – ات 관심

هَامٌّ 중요한

هُنَّ # [여] 그들

هُنَا # 여기

هُنَاكَ 저기

هِنْدُ # 힌드(여자 이름)

مُهَنْدِسٌ – ون # 기사, 기술자

هُوَ # [남] 그

هِيَ # [여] 그

[و]

وَ # 그리고; (상태문에서) ~하면서

وَاشِنْطُن # 워싱턴(미국의 대통령, 지명)

وَجَبَ يَجِبُ، وُجُوبٌ (عَلَى) (أَنْ) # (~이) ~하는 것이 필요하다, ~해야 한다

وَاجِبٌ – ات 의무

وَاجِبٌ عَلَى ~에게 ~할 의무가 있는, ~할 필요가 있는

مَوْجُودٌ # 출석한, 있는

مُوجَزٌ # 요약

وَجْهٌ – وُجُوهٌ # 얼굴

وَاحِدٌ # 하나, 1

اَلْأُمَمُ ٱلْمُتَّحِدَةُ # 국제연합

اَلْوِلَايَاتُ ٱلْمُتَّحِدَةُ (اَلْأَمْرِيكِيَّةُ) # (미)합중국

وِدَادُ # 위다드(여자 이름)

وَرَقَةٌ – ات # [개] 종이 (한 장)([집] وَرَقٌ)

وَزِيرٌ – وُزَرَاءُ # 장관

وَزِيرُ ٱلْخَارِجِيَّةِ 외무장관, (미국의) 국무장관

رَئِيسُ ٱلْوُزَرَاءِ 국무총리

وِزَارَةٌ – ات 부처, 부, 성

أَوْسَطُ – أَوَاسِطُ # 가운데의, 중앙의

اَلشَّرْقُ ٱلْأَوْسَطُ 중동

وَصَلَ يَصِلُ، وُصُولٌ # 도착하다; (+ [목], [연]) ~에게 전해지다

وُصُولٌ 도착

وَاصِلُ بْنُ عَطَاءٍ 와실 이븐 아따(이슬람 학자)

وَضْعٌ – أَوْضَاعٌ # 상황, 상태

مَوْضُوعٌ – مَوَاضِيعُ 주제, 과목

وَطَنِيٌّ # 국가적인, 국립의; 민족주의자

وَظِيفَةٌ – وَظَائِفُ # 직(책), 직분

مُوَظَّفٌ – ون 고용인, 직원, 사원, 공무원

مَوْعِدٌ – مَوَاعِدُ، مَوَاعِيدُ # 약속 (시간)

مِيعَادٌ – مَوَاعِيدُ 약속 (시간)

تَوَفَّرَ، تَوَفُّرٌ # V 충분히 주어지다

تَوْفِيقٌ بَيْنَ # 화해, 조화

مِنَ ٱلْمُتَّفَقِ عَلَيْهِ (أَنَّ) ~하는 것이 일치되는 바이다

وَفَاةٌ # 죽음

وَقْتٌ – أَوْقَاتٌ # 시간

وَقَعَ يَقَعُ، وَقْعٌ # 넘어지다, 위치하다

وَاقِعٌ 위치하는, 자리잡은

وَلَدَ يَلِدُ، وِلَادَةٌ # 낳다

وَلَدٌ – أَوْلَادٌ 자식, 아이, 소년

مِيلَادِيٌّ 서기의('탄생의')

وَالِدٌ 아버지

وَالِدَانِ [주,쌍] 어버이, 부모

وِلَايَةٌ – ات # 주

اَلْوِلَايَاتُ ٱلْمُتَّحِدَةُ (ٱلْأَمْرِيكِيَّةُ) # (미)합중국

هِبَةٌ – ات # 선물

[ي]

يَا # [호] ~아!, ~여!

يَدٌ – أَيَادٍ # [여] 손

يَدَوِيٌّ (يَدٌ의 [관형]) 손의, 수공의

يَوْمٌ – أَيَّامٌ # 날

اَلْيَوْمَ 오늘

يَوْمِيٌّ 나날의

[부록 2]

'연습' 듣기 대본

** 제1과 **

연습6 받아쓰기.

١ – أنتَ　　٢ – نصّ　　٣ – مَن　　٤ – درس　　٥ – هذه

** 제2과 **

연습4 말바꾸기.

[مثال] هذا أستاذ من لبنان. (طالب) ← هذا طالب من لبنان.

١ – كتاب　　٢ – طالبة　　٣ – كرسيّ　　٤ – طاولة　　٥ – قلم

٦ – ورقة　　٧ – طالب　　٨ – أستاذ

연습10 쓰기, 받아쓰기.

١ – شبّاك　　٢ – أستاذ　　٣ – طالبة　　٤ – لبنان　　٥ – دمشق

** 제3과 **

연습4 쓰기, 가려내기: 한정/비한정.

[مثال] الكتاب (한정)

١ – الأستاذ　　٢ – طالبة　　٣ – الدرس　　٤ – نصّ　　٥ – السكرتيرة

연습5 말바꾸기.

* (أ) أين الكتاب؟ (المديرة) ← أين المديرة؟

١ – السكرتير　　٢ – الطالب　　٣ – الأستاذ　　٤ – الدرس　　٥ – الورقة

٦ – الكتاب

(ب) المدرس في القاهرة.

١ – الخرطوم　٢ – الرياض　٣ – العراق　٤ – السعوديّة　٥ – السودان

٦ – الكويت　٧ – القاهرة

연습8　쓰기, 가려내기: 지시사구.

[مثال] هذا كتاب. (문장)　هذه الورقة (구)

١ – هذا الباب　٢ – هذه ورقة.　٣ – هذا مدرّس.　٤ – هذه الطاولة　٥ – هذا شبّاك.

** 제4과 **

연습6　문장에 جِدًّا을 추가하기.

[مثال] الكتاب جديد. ← الكتاب جديد جدّا.

١ – المكتبة بعيدة.　٢ – القلم جديد.　٣ – الجامعة بعيدة.

٤ – الكرسيّ جديد.　٥ – الطاولة جديدة.　٦ – الكتاب جديد.

연습8　말바꾸기.

[مثال] الأستاذ فريد من مصر.

١ – لبنان　٢ – تونس　٣ – المغرب　٤ – سوريا　٥ – الأردنّ

٦ – بيروت　٧ – دمشق　٨ – الرياض　٩ – مصر

** 제5과 **

연습4　쓰기, 가려내기: 명사-형용사구.

[مثال] النصّ أساسيّ. (문장)　النصّ الأساسيّ (구)

١ – الزائر أجنبيّ.　٢ – المكتبة البعيدة　٣ – الجامعة الكبيرة

٤ – البناء بعيد.　٥ – الموظّف الجديد　٦ – المتحف الوطنيّ الحديث

٧ – هذه آنسة عربيّة.   ٨ – هذا المدير الأمريكيّ   ٩– هذا النصّ

١٠ – هذه طالبة فرنسيّة.

연습12 쓰기, 가려내기: 연계형대명사.

[مثال] كتابِه ← هو

١ – أستاذي   ٢ – طالبه   ٣ – مكتبكَ   ٤ – درسها   ٥ – جامعته

٦ – قلمكَ   ٧ – كتابِه   ٨ – مدرّستكِ   ٩ – لوحكِ   ١٠– كرسيّه

** 제6과 **

** 제7과 **

연습10 쓰기, 가려내기: 지시사.

١ – هذا الرجل المشهور   ٢ – ذلك مدير أجنبيّ.   ٣ – هذه أستاذة جامعيّة.

٤ – تلك المكتبة الحديثة   ٥ – ذلك الموظّف العربيّ   ٦ – هذا هو المتحف الوطنيّ.

٧ – هذه مدرسة ثانويّة.   ٨ – تلك المديرة الأردنيّة   ٩ – ذلك مكتب كبير.

١٠– هذا هو رئيس الجامعة.

** 제8과 **

연습12 동사활용.

* (أ) أصدر كتابا جديدا عن التاريخ الإسلاميّ.

(ب) استقبل الموظّفَ الجديد.   (ج) استمع للمحاضرة.

(د) أكمل دراسة العربيّة.

١ – أنتَ   ٢ – أنا   ٣ – هي   ٤ – أنتِ   ٥ – هو

٦ – الرجل   ٧ – الأستاذ الزائر   ٨ – السيّدة فريدة

** 제9과 **

연습6 동사활용.

* (هم) أكلوا الكباب وشربوا قهوة.

١ – نحن　٢ – أنا　٣ – أنتم　٤ – هنّ　٥ – أنتنّ

٦ – سامي　٧ – وداد　٨ – الموظّفون　٩ – أنتَ وأنتِ وأنتَ

١٠ – وداد ونانسي وهند　١١ – أنتَ وأنتَ وأنتَ　١٢ – فريد وسامي ونجيب

١٣ – أنتِ وأنتِ وأنتِ　١٤ – فريد ومريم ونجيب　١٥ – سميرة ومريم ونجيب

연습7 묻고 대답하기.

[مثال] هل ذهبتم إلى المطعم؟ – نعم، ذهبنا إلى المطعم.

١ – هل شاهدتم فلما جديدا؟　٢ – هل أكلتم الكبّة؟　٣ – هل شربتم قهوة عربيّة؟

٤ – هل درستم اللغة الفرنسيّة؟　٥ – هل قرأتم كتاب الأستاذ؟

٦ – هل استمعتم إلى المحاضرة؟　٧ – هل استقبلتم الرئيس؟

** 제10과 **

연습6 لَيْسَ로 부정하기: 비한정상태의 주어.

[مثال] هل في المدرسة طلّاب الآن؟ – لا، ليس في المدرسة طلّاب الآن.

١ – هل في المكتب المديرة طاولة جديدة؟　٢ – هل على الطاولة كتاب؟

٣ – هل للشركة طائرة كبيرة؟　٤ – هل للجامعة مكتبة حديثة؟

٥ – هل لصديقه سيّارة جديدة؟　٦ – هل لنانسي صديقات عراقيّات؟

٧ – هل أمام المتحف مطعم عربيّ؟

** 제11과 **

연습10 변형: 단수형 → 복수형.

[مثال] استقبل الأستاذَ أمس. ← استقبل الأساتذة أمس.

١ – استمعنا لمحاضرتهم.　　٢ – عملوا في المطار.

٣ – فريد استقبل صديقه هناك.　　٤ – هل ذهبت إلى المكتبة؟

٥ – أيّ كلمة تعلّمت؟　　٦ – صديقة كريم من تونس.

٧ – أمام الباب أوتوبيس.　　٨ – هل تركتم العائلة في القاهرة؟

٩ – شاهدت طائرة اليوم.　　١٠– هل عملتم في شركة هناك؟

연습12 듣고 이해하기.

كان كريم طالبا مع صديقه حسين في مدرسة ثانويّة في بغداد. بعد ذلك سافر كريم إلى مصر، وتابع دراسته في جامعة القاهرة. بعد الحصول على شهادة درّس في مدرسة حكوميّة في مصر. حسين انتقل كذلك إلى جامعة القاهرة. ولكن لم يحصل على شهادة، بل رجع إلى بلده بعد سنة للعمل هناك.

** 제12과 **

연습1 동사활용.

* لم يذهب لزيارة المتحف.

١ – هم　　٢ – نحن　　٣ – أنا　　٤ – هنّ　　٥ – الطلّاب

٦ – الآنسات　　٧ – أنتم　　٨ – أنتنّ　　٩ – الأستاذة　　١٠ – وداد

١١– أنتِ　　١٢ – سامي　　١٣ – أنتنّ　　١٤ – هو

연습3 동사활용: لَمْ + كَانَ.

* لم يكن معهم في المتحف الوطنيّ.

١ – أنا　　٢ – أنتم　　٣ – نحن　　٤ – الطلّاب　　٥ – الطالبات

٦ – أنتَ　　٧ – وداد　　٨ – أنتِ　　٩ – سامي وفريد وحسين

١٠ – هند ووداد ومريم　　١١ – هم　　١٢ – أنتنّ　　١٣ – هو

연습6 말바꾸기.

* أعجبنا الكتاب الجديد.

١ – الجريدة البيروتيّة　　٢ – جامعة القاهرة　　٣ – القهوة العربيّة

٤ – المطعم العربيّ　　٥ – النصّ الأساسيّ　　٦ – محاضرة أستاذنا

٧ – الكتاب الجديد

** 제13과 **

연습3 반복하기: 불규칙 복수형(단수형 → 복수형).
217~220쪽.

연습4 만들기: 불규칙 복수형(단수형 → 복수형).

١ – درس　　٢ – قلم　　٣ – بلد　　٤ – مدينة　　٥ – جملة

٦ – شارع　　٧ – طالب　　٨ – مكتب　　٩ – جريدة　　١٠ – شبّاك

١١– رئيس　　١٢ – أثر

** 제14과 **

연습2 동사활용.

* الوزير يسمع أخبار الاجتماع.

١ – أنتم　　٢ – أنا　　٣ – المراسلات　　٤ – هم　　٥ – مريم

٦ – أنتِ　　٧ – كريم وفريد وسمير　　٨ – هنّ　　٩ – نحن

١٠ – سامي　　١١ – المدراء　　١٢ – أنتنّ　　١٣ – أنتَ　　١٤ – الوزير

연습3 동사활용: 묻고 대답하기.

[مثال] هل تدرس العربيّة؟ – نعم، أدرس العربيّة.

١ – هل تعملون في مصنع؟ ٢ – هل تأكل في مطعم عربيّ؟

٣ – هل يدرسون الإنكليزيّة؟ ٤ – هل تذهبين إلى المطار؟

٥ – هل تسمعون الأخبار؟ ٦ – هل يبحثن عن عمل؟

٧ – هل تحضرون الاجتماع؟ ٨ – هل تشرب القهوة؟

٩ – هل يترك العائلة في لندن؟ ١٠ – هل ينقلون الأخبار؟

١١ – هل تبحثن الوضع السياسيّ؟ ١٢ – هل ينشرون أسماء الأساتذة؟

١٣ – هل ترجعين إلى بلدك؟ ١٤ – هل تقرأ هذا الكتاب الآن؟

연습10 쓰기, 받아쓰고 번역하기.

يحضر الوزراء الجدد اجتماعا في مكتب الرئيس. وأثناء الاجتماع يبحثون وضع العالم العربيّ السياسيّ. وننقل إليكم الآن أخبار هذا الاجتماع.

** 제15과 **

연습4 말바꾸기/변형.

[مثال] الدرس جديد.

١ – الأفلام ٢ – الكلمة ٣ – الطالبات ٤ – الطلّاب ٥ – الجمل

٦ – الوزراء ٧ – الأخبار ٨ – الأستاذات ٩ – الشبابيك ١٠ – الدرس

** 제16과 **

연습3 반복하기: 동명사.
269~271쪽.

연습4 만들기: 동명사

١ – نشر ٢ – سكن ٣ – شرب ٤ – درس ٥ – ذهب

٦ – قرأ　　٧ – رجع　　٨ – بدأ　　٩ – ذكر　　١٠ – عمل

** 제17과 **

연습3　말바꾸기-변형: 지시사 단수형 → 복수형.

[مثال] (أ) قابلت هذا الأستاذ أمس. ← قابلت هؤلاء الأساتذة أمس.

(ب) قابلت ذلك الزائر أمس. ← قابلت أولئك الزوّار أمس.

١ – هذه المعلّمة　　٢ – هذا الوزير　　٣ – تلك البنت

٤ – هذا الرجل　　٥ – ذلك الولد　　٦ – تلك المرأة

٧ – هذه المديرة　　٨ – ذلك الطبيب

연습4　반복하기: 시간 표현.

* (أ) هناك اجتماع هامّ صباح اليوم.

١ – غدا في المساء　　٢ – اليوم صباحا　　٣ – صباح غد

٤ – اليوم　　٥ – غدا صباحا　　٦ – مساء اليوم

٧ – اليوم في الصباح

(ب) كان هناك اجتماع هامّ أمس.

١ – صباح أمس　　٢ – أمس في المساء　　٣ – أمس مساء

٤ – اليوم صباحا　　٥ – أمس في الصباح

연습8　동사활용: II형.

* (أ) درّسهم اللغة العربيّة.

(ب) (هو) يعيّن المدرّسين والمدرّسات.

١ – أنتَ　　٢ – هم　　٣ – هي　　٤ – أنا　　٥ – أنتم

٦ – هنّ　　٧ – نحن　　٨ – أنتنّ　　٩ – أنتِ　　١٠ – هو

연습11　쓰기, 녹음 자료의 문장에 대한 물음.

صديقتي كريمة جزائريّة. أكملت دراستها الثانويّة في مدينة الجزائر. ثمّ حصلت على

البكالوريوس في التاريخ من جامعة الجزائر. قرّرت كريمة بعد ذلك الذهاب إلى أوربّا للحصول على الماجستير في التاريخ.

بعد حصولها على الماجستير من جامعة سوربون في باريس رجعت إلى الجزائر. قابلت كريمة بعد رجوعها موظّفا كبيرا في وزارة التربية والتعليم الجزائريّة. وصباح أمس عيّن الموظّف كريمة مدرّسة في مدرسة ثانويّة.

** 제18과 **

연습2 반복하기: 우선급.
308~309쪽.

연습7 동사활용: III형 동사.

* (أ) قابله صباح أمس هنا.

١ – أنا ٢ – هم ٣ – أنتم ٤ – هي ٥ – أنتنّ
٦ – نحن ٧ – هنّ ٨ – هو

(ب) الطالب يشاهد فلما كلّ يوم.

١ – الطلّاب ٢ – البنت ٣ – النساء ٤ – أنا ٥ – المعلّمون
٦ – أنتِ ٧ – الولد ٨ – نحن ٩ – ابني ١٠ – الطالب

(ج) لم يشارك في ذلك.

١ – هو ٢ – أنا ٣ – هنّ ٤ – أنتم ٥ – أنتنّ
٦ – نحن ٧ – هي ٨ – هم

** 제19과 **

연습2 동사활용: IV형(완료형·미완료형·단축법)

* (أ) أظهرتُ له الترحيب.

١ – أنتم ٢ – نحن ٣ – أنتَ ٤ – هو ٥ – هنّ

٦ – هم　　　٧ – هي　　　٨ – أنا

(ب) يسرعون لإكرامه.

١ – أنتَ　　　٢ – هو　　　٣ – هي　　　٤ – أنتنّ　　　٥ – هنّ

٦ – أنا　　　٧ – أنتِ　　　٨ – نحن　　　٩ – أنتم　　　١٠ – هم

(ج) لم يكرمه.

١ – أنا　　　٢ – أنتم　　　٣ – نحن　　　٤ – أنتَ　　　٥ – هو

٦ – هي　　　٧ – أنتِ　　　٨ – هم　　　٩ – هنّ

연습12　쓰기, 받아쓰기.

١ – يقبل عليهم الزائر فيكرمونه.　　　٢ – تعيّن وزارة التربية المعلّمين والمعلّمات.

** 제20과 **

연습2　동사활용: V형.

* (أ) (هو) تقدّم بطلب للعمل.

١ – أنتَ　　　٢ – هي　　　٣ – نحن　　　٤ – أنا　　　٥ – هم

٦ – أنتنّ　　　٧ – أنتِ　　　٨ – هنّ

(ب) (هو) لم يتمكّن من الإقامة في تونس.

١ – أنتَ　　　٢ – هي　　　٣ – نحن　　　٤ – أنا　　　٥ – هم

٦ – أنتنّ　　　٧ – هنّ　　　٨ – أنتم

(ج) البدويّ يتحدّث إلى الزائر.

١ – زوجته　　　٢ – المدير　　　٣ – الأساتذة　　　٤ – الطبيب

٥ – سعاد وكريم وحسين　　　٦ – سعاد وأنا　　　٧ – أنتَ وسامي وسعاد

연습4　동사활용: VI형.

* (أ) المراسل تعاون معهم.

١ – والد فريد　　　٢ – الحكومة　　　٣ – الطلّاب　　　٤ – أخواتهم　　　٥ – الوزير

(ب) (هو) يتناول الوضع الاقتصاديّ في مقالاته.

(ج) (هو) لم يتناول الوضع الاقتصاديّ في مقالاته.

١ – أنا　　٢ – أنتم　　٣ – أنتنّ　　٤ – هم　　٥ – هنّ

٦ – أنتَ　　٧ – أنتِ

연습7 동사활용: 접속법.

* (أ) (هو) لن يتقدّم بطلب للعمل في الجامعة.

١ – أنتَ　　٢ – هو　　٣ – هي　　٤ – أنا　　٥ – هم

٦ – أنتم　　٧ – هنّ　　٨ – أنتِ　　٩ – نحن　　١٠ – أنتنّ

(ب) سوف يتحدّث الرجل إلى الزائر. ← لن يتحدّث الرجل إلى الزائر.

١ – سوف تتعاون الدول في بناء المصنع.　　٢ – المراسلون سيتمكّنون من الإقامة هنا.

٣ – ستبحثين عن عمل في نيويورك.　　٤ – سوف يقدّم له القهوة العربيّة.

٥ – سننظر في طلبك للعمل في شركة.　　٦ – ستطلبن المساعدة في كتابة المقالة.

연습14 듣고 이해하기 위한 문장.

ميخائيل نعيمة

ميخائيل نعيمة كاتب لبنانيّ مشهور. درس في لبنان وفلسطين. ثمّ ذهب إلى روسيا، وتابع دراسته الجامعيّة هناك. رجع بعد ذلك إلى لبنان. ثمّ رحل إلى أمريكا، وأكمل دراسته في مدينة واشنطن. كان نعيمة صديقا لجبران خليل جبران. رجع ميخائيل نعيمة من أمريكا إلى الشرق الأوسط، وسكن في لبنان. كتب نعيمة كتبا كثيرة منها 'جبران خليل جبران'.

** 제21과 **

연습1 동사활용: VII형.

* (أ) انصرف بعد الاجتماع.

١ – أنا　　٢ – نحن　　٣ – هي　　٤ – هم　　٥ – أنتنّ

٦ – أنتِ　　٧ – هنّ　　٨ – هو

(ب) سينصرف والدي غدا.

١ – أختي ٢ – الأولاد ٣ – الطبيبات ٤ – نحن ٥ – أنتم

٦ – أنتِ ٧ – أنا ٨ – والدي

연습2 동사활용: VIII형.

* (أ) اجتمع مع الرئيس صباح أمس.

١ – أنا ٢ – هي ٣ – أنتم ٤ – أنتِ ٥ – نحن

٦ – هنّ ٧ – هو

(ب) لن يعتمد على أحد.

١ – هي ٢ – أنا ٣ – أنتم ٤ – نحن ٥ – هنّ

٦ – هم ٧ – أنتِ ٨ – هو

연습8 동사활용: 동사의 쌍수.

* (أ) الولدان سمعا الأخبار من صديق.

١ – البنتان ٢ – المرأتان ٣ – هما (مؤنّث) ٤ – الرجلان ٥ – أنتما

٦ – الولدان

(ب) المراسلان سيتناولان هذا الموضوع.

١ – المراسلتان ٢ – الكاتبان ٣ – أنتما ٤ – هما (مذكّر) ٥ – الأستاذان

٦ – المراسلان

** 제22과 **

연습2 말바꾸기: يَجِبُ أَنْ.

* يجب أن تتوفّر للشعب حرّيّة الرأي.

١ – يطالب الطلّاب بحقوقهم. ٢ – ينعقد الاجتماع في مدينة كبيرة.

٣ – ينتخبون المرشّحين اليوم. ٤ – تعتبر الحرّيّة أمرا هامّا.

٥ – يتناول المراسل الموضوع في المقالة. ٦ – تعتمد عليه.

٧ – تظهرين للزائر الإكرام.　　　　٨ – نبحث الوضع الاجتماعيّ.

연습10　완료형 → 미완료형.

[مثال] منحت الحكومة الشعب حقوقا كثيرة. ← تمنح الحكومة الشعب حقوقا كثيرة.

١ – تحدّث الأساتذة إلى الطلّاب كلّ يوم.　　٢ – منحت حكومة الولايات مساعدة كثيرة.

٣ – اعتمدتُ على مساعدة أصدقائي.　　٤ – تابع مشاركته في كتابة المقالات.

٥ – أثّرت التجارة تأثيرا كبيرا على حياة المدينة.

٦ – النساء تعاونّ مع الرجال.　　٧ – أقبل البدويّ على الزائر ورحّب به.

٨ – هل درست قواعد هذا الدرس اليوم؟

연습12　쓰기, 받아쓰기.

استمع طلّاب الجامعة إلى محاضرة عن انتخاب رئيس الجمهوريّة في أمريكا. قال الأستاذ في المحاضرة: أصبح بعض المفكّرين السياسيّين يعتبرون وظيفة الرئيس الأمريكيّ أهمّ وظيفة في العالم. ويبذل كلّ حزب أعظم الجهود لينتخب الشعب مرشّحه رئيسا.

** 제23과 **

연습8　쓰기, 질문.

نجيب محفوظ

نجيب محفوظ من أهمّ قوّاد النهضة الأدبيّة في العالم العربيّ. وهو كاتب ساعد على تطوّر الأدب المصريّ وتقدّمه. حصل على شهادة البكالوريوس من جامعة القاهرة، وعمل بعد إكمال دراسته في وظائف حكوميّة كثيرة. كتب نجيب محفوظ عددا كبيرا من الكتب والمقالات تحدّث فيها عن الأوضاع الاجتماعيّة في مصر.

وقد أظهر رجال الأدب، ومنهم الكاتب المشهور طه حسين، إعجابهم العظيم بنجيب محفوظ. واعتبروه مدرسة أدبيّة هامّة، وقالوا إنّه من الأدباء الّذين خدموا الأدب العربيّ خدمة كبيرة. قال نجيب محفوظ في مقابلة إنّ أدبه تأثّر بالأوضاع الاجتماعيّة في مصر.

** 제24과 **

연습2 동사활용: X형.

* (أ) ١- استقبلتُ ← أستقبل　　٢ – استقبلتم ← تستقبلون

٣ – استقبلا ← يستقبلان　　٤ – استقبلتَ ← تستقبل

٥ – استقبلتما ← تستقبلان　　٦ – استقبلتا ← تستقبلان

٧ – استقبلنا ← نستقبل　　٨ – استقبلوا ← يستقبلون

٩ – استقبلتِ ← تستقبلين

(ب) لم تستقبل الزائر في مكتبك.

١ – أنتِ　　٢ – أنا　　٣ – هم　　٤ – أنتَ　　٥ – هي

٦ – أنتم　　٧ – هما (مذكّر)　　٨ – هنّ　　٩ – أنتما　　١٠ – هو

١١ – أنتنّ

연습3 말바꾸기: X형.

* يجب أن أستقبل الوزير في المطار.

١ – أنتما　　٢ – أنتَ　　٣ – هم　　٤ – هما (مذكّر)　　٥ – نحن

٦ – هنّ　　٧ – هو　　٨ – أنا

연습11 받아쓰기/옮기기.

١ – شارك هؤلاء المهندسين في حفر قناة السويس.

٢ – يعتقد معظم المفكّرين أنّ القوميّة العربيّة تجمع العرب معا.

** 제25과 **

** 제26과 **

연습2 동사활용: 시작동사.

* (أ) ١- أخذنا نعمل على تحقيق التقدّم الاقتصاديّ.

١ – هو　　٢ – هنّ　　٣ – نحن　　٤ – هي　　٥ – أنا

٦ – هما (مذكّر) ٧ – هم

(ب) جعل الأصدقاء يتراسلون.

١ – الحبيبان　　٢ – النساء　　٣ – المهندسون　　٤ – المرأتان　　٥ – الطبيبات

٦ – سوزان وعليّ

(ج) متى سيبدأ يدرس؟

١ – أنتَ　　٢ – أنتم　　٣ – أنتِ　　٤ – أنتما　　٥ – أنتنّ

٦ – هي　　٧ – هم

연습6　변형: 완료형 → كَانَ + 미완료형.

[مثال] اعتمد علينا. ← كان يعتمد علينا.

١ – فكّرت به كثيرا.　　٢ – اجتمعنا في مدينة لندن في الصيف.

٣ – انصرفوا قبل بداية الصفّ.　　٤ – رحّب الناس به.

٥ – قرّرت الوزارة تعيين الأساتذة الجامعيّين.　　٦ – ترك بيته بعد الساعة السابعة صباحا.

٧ – خرّجت الجامعة طلّابا كثيرين.　　٨ – قدّمن القهوة للزوّار.

연습8　동사활용: كَتَبَ يَسْأَلُ ....

* كتب يسأله عن الوضع الحاضر.

١ – هي　　٢ – أنا　　٣ – نحن　　٤ – هم　　٥ – هو

٦ – أنتم　　٧ – هما (مذكّر) ٨ – هنّ　　٩ – أنتَ

연습11　듣고 이해하기.

قيس وليلى

قيس وليلى حبيبان بدويّان مشهوران في الأدب العربيّ. أحبّها حبّا عظيما وأحبّته. قال لها : يا حبيبتي. قالت : يا حبيبي. انقطع اللقاء. تقابل بعد مدة. قال : أحبّك يا ليلى. قالت : وأنا

ايضا أحبّك يا قيس. قال : تزوّجيني. قالت : لكن عائلتي ... قال : ولكنّي أحبّك يا ليلى. وانقطع اللقاء.

ويتحدّث العرب بعد ذلك عن حبّ ليلى وقيس. طلبها قيس من والدها، ولكن والدها منع من الزواج. وقد حدّث قيس في أكثر شعره عن حبّه لليلى، ولا يزال العرب يقرؤون ذلك الشعر.

** 제27과 **

** 제28과 **

연습2 능동분사.

١– فكّر　٢ – شارك　٣ – تأكّد　٤ – تعلّم　٥ – تزوّج

٦ – حمل　٧ – انتشر　٨ – أقبل　٩ – رغب　١٠ – تكلّم

١١ – تعاون　١٢ – استقبل

연습9 능동분사: 연결형 안의 جَمِيعٌ → جَمِيعٌ + 대명사 → 부사.

[مثال] قرأت جميع الجرائد. ← قرأت الجرائد جميعها. ← قرأت الجرائد جميعا.

١ – حضر جميع المرشّحين المؤتمر.　٢ – يعتقد جميع الناس أنّ هذا أمر هامّ.

٣ – جميع المجلّات باللغة العربيّة.　٤ – يعجب الشعر جميع العرب.

٥ – حضرت جميع مؤتمرات الحزب.

연습10 능동분사: 연결형 안의 جَمِيعٌ → اَلْجَمِيعُ.

[مثال] رجع جميع الطلّاب أمس. ← رجع الجميع أمس.

١ – استقبل جميع الوزراء في المطار.

٢ – جميع أصدقائي مخلصون.

٣ – نعتبر جميع هؤلاء الرجال مفكّرين كبارا.

٤ – جميع الطلّاب متأكّدون من أهمّيّة دراسة العربيّة.

٥ – خرج جميع الزوّار من البيت.

٦ – جميع المراسلين وصفوا في مقالاتهم الوضع السياسيّ.

** 제29과 **

연습1 동사활용: 사자음 동사.

* (أ) ترجم الكتبَ الفرنسيّة.

١ – هي ٢ – أنتم ٣ – أنا ٤ – نحن ٥ – هما (مذكّر)

٦ – هنّ ٧ – أنتِ ٨ – هو

(ب) يجب أن تترجم هذه المقالات.

١ – هو ٢ – أنا ٣ – نحن ٤ – أنتنّ ٥ – أنتم

٦ – هما (مذكّر) ٧ – هنّ ٨ – هم ٩ – أنتَ

연습2 동사활용: 완료형 수동태.

* (أ) أُكرم هناك. (ب) شوهد هناك.

(ج) أُحترم هناك.

١ – هو ٢ – هم ٣ – نحن ٤ – أنتما ٥ – هنّ

٦ – أنتَ ٧ – هما (مذكّر) ٨ – أنا

연습7 쓰기, 묻고 대답하기.

كان لي صديق أمريكيّ اسمه فرانك ولیامز. عرف بحبّه لمصر وإعجابه بآثارها القديمة. وكان يذهب كلّ صيف إلى مصر لزيارة متاحفها. ذهبت يوما لزيارة ولیامز، فشاهدت عنده صورا من الحياة اليوميّة في مصر القديمة. كنت قد شاهدت هذه الصور في متحف القاهرة. وكنت أعلم أنّ الحكومة المصريّة تمنع أخذ الصور في المتحف.

سألت صديقي كيف حصل على الصور. فقال: طلبت من مدير المتحف أن يسمح لي بالتصوير، فلم يفعل. لهذا قرّرت أن أرسم الصور، وأخذت أذهب كلّ يوم إلى المتحف، فأجلس أمام الصور وأنظر إليها طويلا. ثمّ أنصرف بعد ساعات وأرجع إلى بيتي فأرسمها. وبعد

شهرين تمّ رسم الصور. سألت صديقي : هل علم مدير المتحف بذلك؟ قال : لمّا أكملت رسم الصور أخذتها إلى مدير المتحف، فضحك وطلب منّي أن أرسم له مثلها في زيارتي القادمة.

** 제30과 **

연습4 동사활용: 미완료형 수동태.

* (أ) يُعتبر مفكّرا كبيرا. (ب) يُشاهَد كثيرا في المطعم العربيّ.

١ – هي ٢ – هم ٣ – نحن ٤ – هما (مذكّر) ٥ – أنتَ

٦ – أنتما ٧ – أنا ٨ – أنتِ

연습8 능동·수동분사.

١ – أكمل ٢ – عمل ٣ – احترم ٤ – استقبل ٥ – حكم

٦ – شاهد ٧ – ترجم ٨ – فضّل ٩ – اتّفق على ١٠ – أخرج

١١ – عرف ١٢ – رغب في ١٣ – وصف ١٤ – استخدم ١٥ – اعتبر

연습9 수동태 동사 → 수동분사.

[مثال] كُتبت هذه الرسالة أمس. ← هذه الرسالة مكتوبة أمس.

١ – فتح الباب. ٢ – نشرت المقالة في المجلّة.

٣ – ذكر هذا الأمر في المقالة. ٤ – قرّرت السياسة.

٥ – حفرت القناة سنة ١٩٧٠. ٦ – يمنع هذا التصرّف

٧ – يحترم هذا الرجل. ٨ – ولد الجاحظ في البصرة.

٩ – يعرف هذا الكاتب بإنتاجه الكبير. ١٠ – لا يحمل هذا الوضع.

연습14 변형: كُلُّ + مَنْ / مَا.

[مثال] كلّ بناء في هذه المدينة جميل. ← كلّ ما في هذه المدينة جميل.

١ – كلّ الطلّاب الّذين درسوا كثيرا نجحوا في الامتحان.

٢ – اتّفقوا على كلّ موضوع بحثوه.

٣ – توفّرت لهم كلّ الحقوق الّتي طالبوا بها.

٤ – أخرجت كلّ الناس الّذين كانوا في مكتبه.

٥ – اتّفق على هذا كلّ المهندسين الّذين تحدّثت إليهم.

٦ – أعرف كلّ القواعد الّتي في هذا الدرس.

[지명 형용사, 거주민](* 지명, 국명)

١ – الأسبان = الإسبان = الإسبانيّون (* إسبانيا)

٢ – الإغريق = الأغارقة = الإغريقيّون = اليونان = اليونانيّون (* اليونان)

٣ – الإفْرَنْج = الفِرَنْجة = الإفرنجيّون (* بلاد الإفرنج = فرنجة = أوربّا)

٤ – أفريقيّ = إفريقيّ –ون، أفارقة (* أفريقيا = إفريقيا)

٥ – الأفغان = أفغانستان،= الأفغانيّون

٦ – الألبان = الألبانيّون (* ألبانيا) = الأرناؤط = الأرناؤوط

٧ – الألمان = الألمانيّون (* ألمانيا) [* الجَرمان – جرمانيّ]

٨ – الأمريكان = الأمريكانيّون = الأمريكيّون

٩ – الإنكليز = الإنجليز = الإنكليزيّون = الإنجليزيّون (* إنكلترا = إنكلترة)

١٠ – بدو – بدويّ = بُداة – بادٍ = بادية – بوادٍ

١١ – بغداديّ –ون، بغاددة

١٢ – بيروتيّ –ون، بوارتة، بيارتة

١٣ – تُرك = أتراك = تركيّون (* تركيا)

١٤ – الروس = الروسيّون (* روسيا)

١٥ – الروم = بيزنطيا،= البيزنطيّون = الروميّون = الأرمان [* الرومان = الرومانيّون]
(* روما = رومة = رومية، رومانيا)

* ديك روميّ turkey[영]; Truthahn[독]; dindon[프]; pavo[에스]; peru[포]; tacchino[이탈]; kalkoen[네]; kalkon[스웨]; kalkun[노르,단]; hindi[터]; indyuk[러]; galapoula[헬]

١٦ – الصين = بلاد الصين،= الصينيّون

١٧ – الطُلْيان = الإيطاليّون (* إيطاليا)

١٨ – القُبط = القِبط – الأقباط = القبطيّون

١٩ – قُبرُصيّ – (الـ)قبارصة (* قبرص = قبرس)

٢٠ – عرب – عروب، أعرُب، عُربان، أعراب (عربيّ) [* أعرابيّ – أعراب : بدويّ]

٢١ - عجم (عجميّ) = أعجام = أعاجم (أعجمُ، عَجماء) = أعجميّون = فارسيّون، أجانب (* العجم = بلاد العجم = الفُرس = بلاد الفُرس = فارس)

٢٢ - الفُرس = فارس،= الفارسيّون

٢٣ - الكُرد = الأكراد (كرديّ) (* كردستان = بلاد الكرد)

٢٤ - اللاتين = اللاتينيّون

٢٥ - المُغول = المغوليّون (بلاد المغول = مُنْغوليا)

٢٦ - النَبَط - الأنباط = النبطيّون

٢٧ - هنديّ - هنود (* الهند = بلاد الهند)

٢٨ - الهود = اليهود = اليهوديّون

٢٩ - الحَبَش = الحبشة = بلاد الحبشة = أثيوبيا،= الحبشيّون = الأحباش = الأثيوبيّون

٣٠ - الأرمَن = الأرمنيّون (* أرمينيا)

٣١ - الأُزبَك = الأزبكيّون

٣١ - الباشْقِرْد

٣٢ - البَربَر (بربريّ - برابرة)

٣٣ - البَلقان = البلقانيّون

٣٤ - التتر = التتار - تتريّ

편저자 소개

이규철(yikc@bufs.ac.kr)

[학력 및 경력]

한국외국어대학교 아랍어과(문학사, 1977. 2.)

한국외국어대학교 대학원 아랍어과(문학석사, 1981. 2.)

서울대학교 대학원 언어학과(문학박사, 1991. 8.)

부산외국어대학교 동양어대학 아랍어과 교수(1983. 3. ~ 2017. 2. 현)

대학수학능력시험 등 각종 국가고시 출제 및 문제선정 위원(현)

부산지방경찰청 통역전문위원(현)

부산외국어대학교 동양어대학장(2006. 2. ~ 2008. 2.)

한국아랍어·아랍문학회 회장(2007. 10. ~ 2009. 9.)

[저서 및 논문]

≪종합아랍어≫ 제 1 권·제 2 권, ≪아랍어 말소리 연구≫ 등 아랍 및 중동, 이슬람에 대한 저서 25권

"아랍어 문어체와 구어체의 음운론적 연구" 등 아랍어 일반, 음운 및 중동문화와 종교에 대한 논문 47편